北京市教育科学基金
立项编号：AJEA22022
课题名称：北京市绿色低碳校园建设研究

面向碳中和社会的
可持续大学建设体系
和标准研究

张志敏 李晨光 刘倩 等◎编著

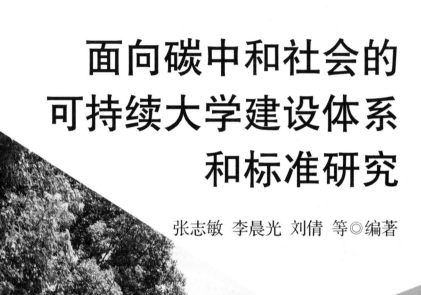

中国财经出版传媒集团

经济科学出版社
Economic Science Press

·北京·

图书在版编目（CIP）数据

面向碳中和社会的可持续大学建设体系和标准研究／
张志敏等编著 . -- 北京：经济科学出版社，2025. 1.
ISBN 978 - 7 - 5218 - 6658 - 2

Ⅰ . G649. 2

中国国家版本馆 CIP 数据核字第 20257KW598 号

责任编辑：李一心
责任校对：郑淑艳
责任印制：范　艳

面向碳中和社会的可持续大学建设体系和标准研究
MIANXIANG TANZHONGHE SHEHUI DE KECHIXU DAXUE JIANSHE
TIXI HE BIAOZHUN YANJIU
张志敏　李晨光　刘　倩　等编著
经济科学出版社出版、发行　新华书店经销
社址：北京市海淀区阜成路甲 28 号　邮编：100142
总编部电话：010 - 88191217　发行部电话：010 - 88191522
网址：www. esp. com. cn
电子邮箱：esp@ esp. com. cn
天猫网店：经济科学出版社旗舰店
网址：http://jjkxcbs. tmall. com
北京季蜂印刷有限公司印装
710 ×1000　16 开　16. 5 印张　240000 字
2025 年 1 月第 1 版　2025 年 1 月第 1 次印刷
ISBN 978 - 7 - 5218 - 6658 - 2　定价：66. 00 元
（图书出现印装问题，本社负责调换。电话：010 - 88191545）
（版权所有　侵权必究　打击盗版　举报热线：010 - 88191661
QQ：2242791300　营销中心电话：010 - 88191537
电子邮箱：dbts@ esp. com. cn）

前言
PREFACE

在全球气候变化、社会不平等和经济不确定的国际背景下，可持续发展成为人类共同的愿景和使命。随着 1972 年首次以环境问题为主题的联合国人类环境会议（United Nations Conference on the Human Environment）召开，国际社会开启了对环境与经济平衡发展的话题探讨。1897 年，世界环境与发展委员会（World Commission on Environment and Development，WCED）首次明确提出可持续发展的概念，在《我们共同的未来》这一报告中将"可持续发展"定义为："既满足当代人的需求，又不对后代人满足其自身需求的能力构成危害的发展。"1992 年，联合国环境与发展会议通过了围绕可持续发展战略、社会可持续发展、经济可持续发展、资源的合理利用与环境保护四个部分撰写的《21 世纪议程》。自此，可持续发展的概念从环境领域延伸至社会和经济领域。2015 年，联合国可持续发展峰会上联合国所有会员国成员一致通过了《2030 年可持续发展议程》。该议程设定了 17 个可持续发展目标（sustainable development goals，SDGs），169 项具体目标和 231 项独特指标，形成了指导国际和国家发展行动的整体框架。自此，"可持续发展"已经从模糊的蓝图转变为具体的行动目标，形成了覆盖经济、社会和环境三大领域的系统性全球行动框架。

教育在可持续发展目标中占据举足轻重的地位。在上述 17 个可持续发展目标中有多个与教育直接或间接相关的目标，包括但不限于"确保包容和公平的优质教育，让全民终身享有学习机会""促进充分的生产性就业和人人获得体面工作"等。不仅教育本身追求可持续发展，可持续教育也以促进环境、社会和经济的可持续发展为目标，发挥教育的正外部性，为社会各个领域培育出具有可持续发展眼光的先进工作者，驰而不息地推动各个领域的可持续发展。基于高等教育在科研创新和为社会输送人才中具有不可替代的作用，可持续大学是可持续教育的重要组成部分，也是可持续教育发展的风向标。可持续大学在融入可持续发展理念的基础上，进行课程、研究、校园运营和社区参与的重构，旨在将理论研究与科研创新、校园绿色建设与运营、人才培育、社会服务等方面融入可持续发展理念。

随着可持续大学的建设与发展，国内外均开始构建高校可持续性的评价体系。当前，国外的评价体系已转向实际应用，多由非政府组织和准官方机构进行评价和测度，尤其是在北美和欧洲地区，对于大学校园可持续性的评估已经较为系统化；相较于国外，国内可持续大学评价体系多元化程度与国际认可度较低。

为全面客观地反映我国大学可持续发展的现状及问题，更好地为可持续大学的建设提供参考，本书从以下几方面展开：第一，介绍了可持续发展和可持续教育的概念，为引入可持续大学提供理论基础。第二，在剖析可持续大学内涵的基础上，对国际上有一定认可度的 10 个大学校园可持续性评级工具和体系进行细致分析和归纳总结，为国内可持续大学评价体系的建立以及国际评价体系本土化提供参考。第三，本书总结了国内现有的 3 个大学校园可持续性评价体系，针对其不同的考虑方面与关注重点进行系统性梳理，为进一步完善我国可持续大学评价体系打下基础。第四，本书从教学与科研、环境治理、基础设施建设、社会参与和与社区合作五个方面整理了 10 所国外大学及 7 所国内大学可持续转型的优秀实践成果。第五，本书聚焦北京市高校，详细分析了北京市高校能源使用及碳排放现状，选取 47 所北京市高校作为实证案例，分析研究型、特色型和应用型大学可持续发展情况。第六，本书从国家、高校和青年三个层面对我国可持续大学的发展路径提供建议。

具体来说，本书共分为八章：

第一章：可持续大学的内涵、文献梳理与评述。本章详细介绍了可持续发展和可持续大学的相关理念及内涵，对可持续大学进行了概念辨析，并使用文献计量方法对国内外可持续大学的相关研究进行了总结分析。

第二章：国外可持续大学的评价标准。本章选取国际权威的 10 个大学校园可持续性评估工具，详细分析了其产生背景、目的、构成、范围、功能和发展状态。

第三章：国内可持续大学的评价标准。本章系统分析了国内3个大学校园可持续性评价体系，阐释了体系的构建原则和各项指标的含义。

第四章：构建中国可持续大学的评价体系。本章在明确构建中国可持续大学评价体系必要性的基础上，借鉴国内外现有评价体系，结合中国实际发展情况，构建了中国可持续大学的评价体系。

第五章：国外可持续大学的发展实践。本章深入探讨了10所大学在可持续大学建设实践方面的卓越成果，从教学与科研、环境治理、基础设施建设、社会参与和与社区合作五个角度进行深入分析，提炼出了可持续型大学的办学模式与发展路径。

第六章：国内可持续大学的发展实践。本章从教育、研究、校园可持续改造、社会服务等方面总结了5所国内大学的可持续转型经验。

第七章：北京市高校可持续发展情况的评价。本章聚焦北京市高校，对北京市高校的能源使用与碳排放现状进行阐述与分析。此外，本章选取北京市47所高校，对北京市研究型、特色型和应用型高校的教育教学可持续、绿色校园可持续、社会发展可持续等方面进行定性评价。

第八章：中国大学可持续发展的建议与展望。本章从国家、学校和青年三个层面对我国高校未来可持续发展提出建议。

本书主要具有如下特点：

第一，全面系统地梳理了国内可持续大学的理论和相关研究。本书基于文献计量学，使用CiteSpace6.2.R4和VOSviewer1.6.19版本软件对自1996年以来的281篇中文文献和2002年以来的230篇英文文献进行了计量分析，绘制了相关可视化图谱，结合Excel绘制统计图表，从发文量分析、国家、机构和作者的合作网络分析、关键词分析、共被引分析等角度，对可持续大学在国内外的发展脉络和研究热点进行了全面的对比分析，从而对人们能总体把握相关文献研究提供了重要参考。

第二，搭建了大学可持续发展的分析框架。虽然可持续大学是可持续发展领域的重要组成部分和可持续教育的风向标，但当前我国可持续大学的建设缺乏成熟的理论框架和具体的行动指南。本书不仅详细地介绍了可持续发展理念在高等教育方面的内涵，还动态分析了两者之间的相互作用，并从理论、实践、现状、评价体系、典型案例分析等要素搭建一个可持续大学的分析框架。

第三，梳理全面，分析详细，案例丰富。本书详细地介绍了国内外可持续大学的评价体系和建设实践。在国外可持续大学方面，本书选取 10 个国际上认可度较高的评价工具和较为成功的国际可持续大学建设案例，总结出发展路径，提炼出国际经验，为国内可持续大学建设提供参考；在国内可持续大学方面，本书系统分析了国内 3 个高校可持续性评价体系的建构原则与指标框架，并且分析了当前国内可持续大学的优秀实践案例。

第四，针对性强，具有现实意义。本书在分析国内外可持续大学发展现状的基础上，聚焦北京市高校的可持续转型动向，依据高校的特点将各高校划分为研究型、特色型、应用型和技能型高职，并就科研活动可持续、教育教学可持续、绿色校园可持续、社会发展可持续等方面对不同类型高校进行定性和案例分析与评价。

第五，语言简明通俗，结构科学研究。各章节正文前均有导读，最大限度地方便读者。并且各章节依照合理的逻辑结构排布，有利于读者由浅入深地理解可持续大学。

李文琪、王晓娟、董雅楠、王元哲、王乐欣、白睿宁、赵丰、杨蕊菱、周涛、张竞越、石烁参与书稿的资料收集和书写工作。张志敏、李晨光、王晓娟、刘倩参与了书稿提纲的讨论，并由张志敏对书稿进行全面梳理和修改。

编写组虽然力图全面而准确、系统而深入地阐述可持续大学的相关内容，力求与国家可持续发展目标有机结合，力争达到高质量、高标准，但由于水平有限，不当、不妥甚至错误在所难免，敬请广大读者批评指正。同时，本书的修订工作虽暂时告一段落，但其完善和提升仍然任重道远，在此恳请各位读者提出宝贵的意见和建议，以便我们在再版时进行修正。

目录
CONTENTS

第一章

可持续大学的内涵、文献梳理与评述

在全球政治、经济、环境、资源、人口等因素的综合作用下，可持续发展已经成为当今世界的共识，并扩展到不同领域，可持续发展的概念被人们广为接受。教育作为人类文明发展的重要维度，其可持续发展同样引人关注。国内外提出的关于可持续发展的倡议和计划中都反复强调教育对可持续发展的重要意义。在此背景下，可持续大学这一高校发展的新形态应运而生。

1972 年，《联合国人类环境会议宣言》中明确提出，"对青年一代（包括成年人）有必要开展环境教育"；1982 年联合国在《世界自然宪章》中指出，"要使有关大自然的知识，特别是生态教育，成为普通教育的一个组成部分"；1988 年，联合国教科文组织（United Nations Educational，Scientific，and Cultural Organization，UNESCO）提出"可持续发展教育"（education for sustainable development，EFS）的思想倡议；1992 年联合国在《21 世纪议程》重申，"教育是促进可持续发展和提高人们解决环境与发展问题的能力的关键"；1994 年，为响应联合国大会《21 世纪议程》要求，中国政府出台《中国 21 世纪议程》，提出"让可持续发展思想贯穿从初等到高等的整个教育过程中"。自 20 世纪八九十年代，许多大学积极投身于与可持续教育相关的行动，并形成了《塔卢瓦尔宣言》等相关宣言，强调大学必须担负起环境保护与可持续发展的社会责任。随着全球可持续发展进程的不断推进，可持续大学的建设与发展在推动可持续发展议程方面发挥着重要作用。本章首先对可持续发展由来和内涵进行考察，并分析其在教育领域应用的必要性；其次，围绕可持续大学理念和内涵及不同观点进行介绍，并从教育、科研、校园建设、社会服务、监督管理等方面对可持续大学进行规范界定；再次，对国内大学可持续发展的现状进行分析；最后，对可持续大学相关文献进行全面梳理，并绘制可视图表。

第一节　可持续发展内涵及在教育中的应用

一、可持续发展概念的由来与发展

可持续发展思想古而有之。老子在《道德经》中就提出"人法天，天法地，地法道，道法自然"的主张，认为人和自然应该和谐相处，维护人与自然界的平衡状态。范蠡也提出："夫人事必将与天地相参，然后乃可以成功。"西汉时期，董仲舒提出"天人合一"的思想主张，这一思想成为之后很长时间政治统治的主导思想，而董仲舒"天人合一"的观点，引申到人与自然的关系中，则强调人应与自然和谐相处，不要一味地征服自然。由于经济发展水平低和对自然认知的不足，我国古代对可持续发展的认知是比较单一的，对可持续发展的理解长期停留在人与自然的关系上，缺少对可持续发展概念的深层次认识和理解。

可持续发展（sustainable development）概念的明确提出，最早可以追溯到 1980 年，是在由世界自然保护联盟（International Union for Conservation of Nature，IUCN）、联合国环境规划署（United Nations Environment Programme，UNEP）、世界野生动植物基金会（World Wildlife Fund，WWF）共同发表的《世界自然保护大纲》中提出的。[①] 1987 年，以布伦特兰夫人为首的世界环境与发展委员会（World Commission on Environment and Development，WCED）发表报告《我们共同的未来》，这份报告中第一次正式使用了可持续发展概念，并对其作出系统阐述，

---

① CisoiBOOK. http：//www. cisoibook. com/? p＝418.

将可持续发展定义为："能满足当代人的需要，又不对后代人满足其需要的能力构成危害的发展。"其中包含了可持续发展的公平性原则、持续性原则和共同性原则。20 世纪 90 年代，联合国又先后发布了关于重视环境和气候等方面的相关议程和公约，保护环境逐渐成为很多国家的共识。

进入 21 世纪，可持续发展的理念不再停留在环境层次，逐步扩展至社会发展的方方面面，教育的可持续发展被提到议事议程上来。2016年，联合国大会上通过《2030 年可持续发展议程》，明确提出优质教育、可持续社会等 17 项可持续发展目标，而高等教育是促进可持续发展的关键，各国也都将教育融入国家教育战略和行动中。可持续发展包含诸多内容和要素，处于一种动态变化之中。教育将这种变化转化为个人能力的培养和社会的发展进步，可持续发展经教育这一路径由抽象转化为现实。可持续大学作为社会可持续发展和可持续教育的一部分，对生态环境和经济社会的可持续发展有重要的推动作用。

二、可持续发展的内涵及基本内容

可持续发展是以保护自然资源环境为基础、以激励经济发展为条件、以改善和提高人类生活质量为目标的发展理论和战略。它是一种新的发展观、道德观和文明观，是人类文明发展的产物。

可持续发展从提出到不断发展，人们对其概念及内涵的认识也得到深化，相关的解读已经渗透和辐射到经济学、社会学、生态学等多个领域。

第一，从生态学角度进行阐述。

可持续发展的思想源于生态平衡和环境保护。可持续发展的核心也是研究人类发展和生态环境系统之间的一种规范或模式。因此，较多的定义都偏重于生态平衡和环境保护。1991 年，国际生态学联合会（The International Association for Ecology，IAE）和国际生物科学联合会（International Union of Biological Science，IUBS）联合举办的关于可持续发展问题的专题研讨会提出，可持续发展就是"保护和加强环境系统的生产和更新能力"，即可持续发展是不超越环境系统的再生能力的发展，以自然资产为基础，同环境承载能力相协调。可持续发展是指寻求一种最佳的生态系统以支持生态的完整性和人类愿望的实现，使人类的生存环境得以持续。它要求人类在增加生产的同时，必须注意生态环境的保护与改善。从生态学角度出发，可持续发展以生态平衡、自然保护以及资源环境的永续利用作为基本内容，以环境保护与经济发展之间取得合理平衡作为重要指标和基本手段。

第二，从经济学角度进行阐述。

1996 年，英国环境经济学家皮尔斯认为，可持续发展是指"当发展能够保证当代人的福利增加，也不使后代人的福利减少"，即可持续发展是持续的经济增长或社会福利水平的提高，是以区域开发、生产力布局、经济结构优化和实现供需平衡等作为基本内容的发展观。可持续发展并不否定经济增长，但要重新审视如何实现经济增长。可持续增长政策应致力于在不耗尽自然资源资本的前提下，维持人均实际收入的适当增长率。具体而言，当前的资源利用不应影响未来的实际收入水平，不应降低环境质量，也不应破坏全球自然资源的基础。这一发展观强调，在保障当代福利增加的同时，应确保不损害后代的福利，并力求满足每一代人平等获取资源和机会的需求。

第三，从社会学角度进行阐述。

从社会学视角来看，可持续发展强调了世界上存在着环境种族主义、自然资源利用决策中的利益集团及收入分配不平等问题。1992 年，由世界自然保护联盟（IUCN）、联合国环境规划署（UNEP）和世界自然基金会（World Wide Fund For Nature，WWF）① 共同发表的《保护地球——可持续生存战略》指出，可持续发展是"在不超过维持生态系统承载能力的情况下，尽量改善人类的生活品质"，其最终落脚点是人类社会，重点是改善人类生活品质、创造美好的生活环境。可持续发展的内在要求是克服现代社会将人异化为工具的弊端，将人从物的奴役

① 于 1986 年改名为"世界自然基金会"。

中解放出来。它旨在关注人的精神生活，满足人的文化需求，塑造健全的人格与和谐的人际关系，强调人的自我实现和全面发展。社会学可持续发展的根本要义在于挑战传统工业文明，摒弃传统工业对自然进行无限度的征服和索取，从根本上克服以牺牲自然为代价来换取增长的弊端，从尊重自然、遵循生态理性经济原则出发，维护人与自然的整体利益，实现人类社会发展模式的转变。

三、可持续发展理论在高等教育中的应用

（一）高等教育的可持续发展

高等教育可持续发展是一个由数量、质量、结构和效益四要素组成的相互依存、相互协调的系统。这些要素在高等教育发展的全过程起作用，只有这四个要素协调发展、平衡统一才能实现高等教育的可持续发展（刘华东，2001）。

高等教育可持续发展的内涵包括两个方面：一是高等教育如何为经济和社会的可持续发展战略服务；二是高等教育自身如何根据可持续发展的理论与原则进行改革。

高等教育的可持续发展观包括三个方面：一是实现高等教育资源的可持续开发和利用，进而实现高等教育规模、结构、质量和效益的协调发展；二是实施可持续发展教育，培养可持续发展人才；三是强化高等教育在科技开发与服务、文化传承与发展等方面的功能，使其直接作用于经济和社会，促进经济和社会的可持续发展。

高等教育可持续发展包括四个方面的内容：一是合理调配、利用高教资源，预留连续发展的空间；二是通过教育实现人与社会、人与自然之间的平衡协调发展；三是与整个社会各个领域的可持续发展相衔接，使学生既有实施可持续发展战略的信念和责任感，又有实施可持续发展战略的知识与能力；四是社会的进步，可持续发展战略目标的实现均依赖于高等教育产业的进步与发展。

（二）大学的可持续发展教育

大学的可持续发展教育最初是从环境教育开始的。我国大学的环境教育起步于 20 世纪 70 年代，可分为两种类型：一是环境专业教育，是指大学通过设立环境类专业，培养环境类专业高级专门人才的环境教育；二是环境普及教育，是与环境专业教育相对而言的非专业环境教育，主要是指在大学的非环境类专业中开设环保类选修课程。刘静玲（2005）认为，大学的可持续发展教育应充分利用大学学科专业齐全的自身优势，积极开拓跨学科教育，使环境科学与工程与其他自然科学、工科、理科、社会和人文学科有机融合和交叉，在教育理论和实践方面实现创新和突破，为可持续发展教育提供理论依据和技术支援。朱丽萍（2007）认为，素质教育的核心思想是"以人为本"，素质教育的终极目的就是促进学生的可持续发展，它与可持续发展"以人为本"的核心内涵及追求人的全面发展的最终目标是相同的。大学可持续发展的根本目的就是为社会的发展培养可持续发展的人才，因而，它对大学人才培养目标、人才培养模式及其教育教学改革都提出了新的要求，要通过明确办学指导思想和办学定位，制订科学的培养方案，运用现代的教学手段，全面实施素质教育，培养全面发展的"人"。

（三）大学的可持续发展

进入 21 世纪以来，一些大学开始进行大学可持续发展的理论研究和实践活动，其中最为典型的是关于"绿色大学"概念的研究。王大中（1998）认为，绿色大学应该立足于进行环境教育，包括环境本位和人本位的环境教育。张远增（2000）认为，绿色大学是以可持续发展理念为指导，立足学校长远发展来组织和实施学校当前的各项工作，保持学校持续发展潜力的大学。

关于绿色大学的评价指标体系的制定也出现了不同的主张：一是改良主张，认为绿色大学不是对现行的名牌大学标准的全盘否定，而是扬弃、补充和修正；二是重建主张，认为绿色大学和名牌大学是两个不同的概念，名牌大学所体现的是社会或他人对大学存在价值的认可，而绿色大学体现的是大学自身对自己存在价值的判断和发展模式的选择。

第二节　可持续大学的理念形成

一、高等教育可持续的内涵

进入 21 世纪以来，高等教育的规模迅速扩张，从"精英化教育阶段"进入到"大众化教育阶段"（李世新，2010）。从高等教育可持续发展的范围看，高等教育可持续发展系统是教育资料、教育社会、科学研究和人才培养四个方面协调发展、相互作用的有机整体（杨欢，2005）。高等教育可持续发展的社会服务功能，尤其是教育对经济发展的服务功能，主要体现在对优化人才结构、维护政治稳定、推动科技创新、促进经济发展所发挥的作用；同时，经济与社会的可持续发展影响着高等教育可持续发展的教育方向、政策导向、社会环境以及经济保障，二者相互促进、密不可分。从高等教育可持续发展的系统性和关联性看，高等教育可持续发展是以保证教育资源可持续开发和利用为基础，以与经济和社会的协调发展为前提，以建立绿色教育生态环境和大学智力生态环境为核心，以实现规模、结构、质量、效益协调发展和人才培养的可持续发展，其最终目的为人与自然、社会的协调发展。高等教育就是要通过政治、法律、道德、科学技术等方面的教育，转变人类的观念，规范人类的行为，从而推动人、自然与社会的全面和谐发展，真正担负起推动和促进人类文明、社会进步和可持续发展的历史使命。

二、高等教育需要可持续发展的原因

1987 年，联合国可持续发展大会发布的《我们共同的未来》中对"可持续发展"定义为："既满足当代人的需求，又不对后代人满足其自身需求的能力构成危害的发展。"教育作为一种资源，自然也需要满

足可持续发展的要求。1972 年，联合国第一次人类环境会议通过的《联合国人类环境会议宣言》明确提出，要想扩大实现环境保护的社会、企业、个人基础，就要对青年与成年人进行更深层面的教育，让社会成员拥有环境保护的意识。1992 年，联合国环境与发展大会通过的《21 世纪议程》中明确提到，教育是关系到各个领域的大事，在实现可持续发展与提高解决环境、发展问题能力的过程中，教育起到了关键性的作用。在教育章节所涉及的三个领域中，都提到要培养可持续发展意识，尤其是第一个领域，即"朝向可持续发展重订教育方针"，更是明确将教育定为可持续发展的导向。为了推进这一目标的实现，让全球愿意接受可持续发展教育的人可以得到培养可持续发展素质和能力所需的知识，2001 年联合国提出《联合国可持续发展教育十年（2005 – 2014）国际实施计划》，强调必须把可持续发展加入到教育的各个领域与各个层次之中。《我们希望的未来》中明确提出"有必要提高初等教育之后的教育质量"，因为未来是属于青年的。而《塑造未来教育》用事实证明了在高等教育中纳入可持续发展，不仅能帮助当地的可持续发展，也能助力全球的可持续发展。2015 年通过的《联合国 2030 可持续发展议程》明确提到，"事实已经证明教育是可持续发展的最大推动力之一"，因此推动教育的发展将有助于实现消除贫困与饥饿、性别平等关系到多个领域的目标。

毫无疑问，教育在可持续发展中起到了关键作用。要实现可持续发展，需要社会、个人的广泛基础，需要环境保护意识成为社会共识并拥有可以解决环境问题能力的人才，而这些都离不开教育的推动。《21 世纪议程》中提到，培养环境保护的公共共识需要鼓励教育机构发挥作用，而培训需要培养人们解决问题的能力，以便他们能投入到解决环境问题的工作中去，高等教育在其中发挥着关键作用。决定一个国家社会未来发展走向的领导人与高素质人才大多由高等教育培养，代表社会未来的青年的价值观与能力素养大多也在高等教育时期培养，因此，高等教育在可持续发展中占据了重要地位。但教育在可持续发展中的地位并不是最初就被人们承认的，其曾被认为是导致"不可持续性"的罪魁祸首，正是因为教育中没有涉及环境保护，才会导致人们对环境问题的漠不关心与环境问题的无法解决并不断加重。基于此，在教育中加入可持续发展内容就成为联合国可持续发展工作重点之一。联合国在不同的会议、文件中不断强调要建立以可持续发展为导向的教育。

三、可持续大学的解读

高等教育机构作为知识的传播者，通过校园运营、制度设计以及与外部利益相关者的合作，在可持续发展方面发挥着巨大的作用，而大学作为高等教育的主力军，是人才培养的摇篮，其可持续发展可以在一定程度上推动整个教育领域甚至全社会的可持续发展。时至今日，可持续发展已经成为全世界高校建设发展的共识。多年来，国内外大学在可持续发展方面不断探索和前进，进而衍生出了"可持续大学"（sustainable university）的概念。可持续大学是指致力于从区域或全球层面上参与、促进并解决环境、经济、社会和健康问题的高等教育机构。委拉斯开兹等（Velazquez et al.，2006）认为，要教育公民积极参与可持续发展，为社会问题提供相关建议。格拉巴拉等（Grabara et al.，2020）认为，要积极利用大学社区的知识来应对我们现在和未来面临的生态和社会挑战。赵宗锋（2008）指出，可持续发展大学意味着人的可持续发展，意味着大学自身的可持续发展和对社会可持续发展承担的责任。张希胜（2012）认为，可持续大学是指大学主动吸收可持续发展理念和原则并将其作为指导思想，既包括大学本身的可持续，也包括大学对经济社会可持续的推进。总的来说，当前对可持续发展大学的定义侧重人才培养、大学运作的可持续，也强调大学在推动整个经济社会可持续发展方面的先锋作用。可持续大学理念已经超出了校园建设，包含着承担社会责任、起到示范作用以及引领人与社会可持续发展三层含义。高桂娟和蔡文迪（2014）认为，可持续发展大学的实质是超学科知识生产模式，可持续发展大学的全球实践与经验是大学社会责任的体现。因此，为了建立良好的生态环境，大学应主动承担起社会责任，通过与外部利益相关者开展相关合作，推动自身教学、科研、社会服务功能的转型，从而促进城市或区域的可持续发展（刘文杰，2023）。总之，可持续大学作为全球公认的高等教育机构，旨在教育和培养全球公民可持续发展的意识，在社会挑战和热点问题上提供相关的见解，在运营上减少校园范围内的环境污染和碳排放，教导全校师生以及工作人员约束污染环境的行为，并将可持续性发展作为首要优先事项。可持续发展涉及可持续经济、可持续生态和可持续社会三方面的协调统一，可持续大学成为一个关注社会经济全面性发展的高等教育机构。具体来说，可持续大学应当包含以下要素。

（一）教育

在教育方面，大学在为社会各界输送人才，在培养企业管理者和国家行政管理者中扮演着重要的角色，同时也肩负着教育全世界公民实现可持续发展的社会责任。伴随着世界经济的高速发展，人类正以前所未有的方式改变地球的气候、自然、生态。这要求学生用新的视角去理解现在瞬息万变的世界，如果不重视环境的保护，经济增长就变得不可持续。一国的环境问题不仅是一国的问题，如果处理不好将成为世界性的问题。可持续发展教育使受教育者能够为后代的环境完整性、经济可行性和社会公平性作出明智的决定和负责任的行动，同时，可持续发展教育强调尊重文化多样性、生物多样性和生态多样性。学生应该能够成为改革推动者或改革缔造者，而不是成为被动的消费者，不应只是被动地观察社会上正在发生的事情，而是要提出解决问题的办法。

可持续发展教育应该培养学生的系统思维、预期思维、规范思维、战略思维和人际交往思维能力。系统思维是指学生所具有的全面、辩证地观测事物的综合思维能力。例如，当研究能源生产时，学生应学会识别系统中的参与者、动态过程、影响力、切入点和反馈。预期思维能使学生创造性地和批判性地思考未来。当前的消费趋势继续上升，环境会受到怎样的影响？一个可持续发展的世界会是什么样子？可持续发展政策的效果是什么？规范思维让学生们思考可持续性对他们意味着什么，并应该如何规范自己的行为。战略思维教会学生应该通过什么样的方式来完成可持续发展这件事。学习如何设计可持续性项目、政策和活动，如何克服过程中的阻力和批评意见。人际交往思维让学生明白还需要影响身边的人以及更多的人，才能实现变革。要成为可持续发展的领导者并让更多人追随，建立联盟并跨文化交流，让学生能够为自己和他人思考和行动，为一个可持续的世界而努力。

可持续发展教育不仅仅是将可持续发展融入课程之中，还要求可持续大学对课程、治理、校园运营和社区参与四个方面进行重新思考。要将课程重新定位于可持续发展教育，融入可持续发展教育的理念，组织会议或研讨会，分享发现。让教授参与讨论、主持特定主题引发学生思考；将可持续性融入组织文化、政策和结构，大学应该思考想要培养什么样的毕业生，制订一个共同的定义或愿景；创建绿色办公室促进可持续发展教育。制订具有明确项目、职责和预算的行动计划，以实现创新的教育计划。将校园运营作为学习者了解可持续发展的数据信息中心，将校园和建筑物用作学生在大学本身进行可持续发展问题课程项目的生活实验室；在校园内实现可持续发展项目，并让学生在课程作业中研究其实施和影响。帮助当地社区变得更加可持续化，为学生和当地公民组织一个可持续发展日，让城市的倡议和组织参与进来；让学生为公司、民间社会组织或城市管理部门的可持续发展挑战制订解决方案；授权学生举办以学校或幼儿园儿童教育可持续发展为主题的研讨会。广泛推广可持续教育，让当地公民都参与进来。

（二）研究

在研究方面，传统大学强调理论导向，可持续大学则强调问题导向，因此需要转向从实践中的理论问题出发开展实践研究。创业型大学与研究型大学思想上是有分歧的，科学研究分为纯理论研究和工程应用型的非纯理论研究，研究的目标各不相同，而可持续大学应当是可以将二者结合起来的，既关注理论研究又关注实践研究。值得讨论的问题是：谁决定研究问题的方向？是否能够得到政府的支持？研究方法是否合乎道德标准？研究项目本身是否在环境友好的方式下进行？在研究成果的推广和传播上，研究结果是否发表在只有科学家才会阅读的学术期刊上？研究结果是否有助于影响大众？研究是否在一定程度上对社会产生积极的影响？如果所研究问题与社会相关，并且调查结果可以向所有人公开并产生正向影响，那么，大学的可持续方面的研究将有助于促进社会的可持续发展与转型。

（三）社会服务

在社会服务方面，与传统大学有所不同，可持续大学更强调大学的社会服务功能，认为服务社会发展是大学的重要责任和存在价值，而要服务社会，就需要系统集成性的解决方案和可持续发展的社会责任。以往通常是项目导向，现在应该提倡整体的社会改进，为地区发展提供系统的解决方案。大学将所有的学科拿出来，综合交叉研究，集成、系统地解决问题，而不是单个项目地解决。此外，学生团体是否在社区内积极促进可持续发展？是否大力宣传他们的环保可持续活动或者环保材料？各部门员工是否在工作之余促进校内的可持续行为？这些都是需要关注的问题。可持续大学应该通过学生团体、教师、全校员工与社区积极配合，创建一个可持续发展变革社区。

（四）校园建设

在校园建设方面，传统大学基本不考虑校园运行的生态效果和效率，或者偶尔有一些象征性的校园建设的绿色化项目，可持续大学则强调校园建设系统的意义。在环境方面，建设资源节约型和环境友好型的大学校园，如建筑运用环保材料，配备太阳能电池和节能照明。不仅要节能减排，采用低碳的供暖设备，还要建设高科技实验室，合理处理实验废物和污染物。可持续大学应将科学技术成果源源不断地转移出去，引导社会企业发展清洁高效可持续性的产业。

（五）监督管理

在监督管理方面，可持续大学还应该将环境管理纳入学校管理体系中，做到规范化、制度化、程序化。要将可持续性作为决策优先考虑的要素或者大学战略计划的核心组成部分，形成绿色办公室，拥有足够的资源来协调校内各部门，对可持续性高校建设发挥枢纽效应。此外，还应该通过现代数字技术科技实时监测能源消耗，形成智慧校园网络体系。

四、绿色大学

关于什么是绿色大学，社会各界有不同的认识和理解。绿色大学于20世纪80年代被提出，发展到今天，其内涵不断得到丰富。从国内外学术的发展轨迹看，20世纪90年代的相关文献较少，进入21世纪以来明显增加。国内较早提出这个概念的是清华大学环境系教授钱易、井文涌等（1992）。清华大学原校长王大中院士（1998）在《创建"绿色大学"，实现可持续发展》一文中提出，绿色大学的建设核心就是围绕着人的教育展开，将可持续发展的原则和理念贯彻到教育的全过程。随后，清华大学提出主要从"绿色教育""绿色科技""绿色校园"三个方面建立绿色校园。因此，围绕这三个方面的内容展开分析的文献先后出现，并把绿色大学的内涵不断拓展，先后提出了其还应该包括绿色服务、绿色文化氛围、绿色制度等。例如，李久生、谢志仁（2003）认为绿色大学应该制订系统的绿色行动计划、开展有效的绿色教育活动、创设良好的绿色文化氛围。苏瓦尔塔等（Suwartha et al.，2013）将绿色大学概括为从大学的长期可持续发展的角度来组织和实施活动的大学。郭永园、白雪赟（2019）将绿色大学解释为以绿色校园为空间载体、以绿色教育为内核根基和以绿色制度为保障体系的大学。国内关于对绿色大学的认识和界定，是随着社会经济发展不断被深化的。一方面，这个概念的内涵不断被拓展；另一方面，相关研究具有明显的时代特征和政策性特征。

目前，学界仍然不断结合政治经济形势发展变化，给绿色大学赋予新的内涵和新的要素。但是，无论怎么界定，绿色大学的核心要素应该包括如下的内容：（1）绿色大学是可持续发展大学的一部分内容，是一个积极倡导环保意识、强调保护环境、促进可持续发展的社区，其范围比可持续大学小。（2）绿色大学以"教育"为核心，通过构建绿色教育体系、树立绿色教育观念，将环境教育渗透到各学科教学和实践中，使每个学生都接受环境教育，让绿色教育成为学生基础知识结构的一部分。（3）绿色大学强调大学校园建设要环保和绿色。用绿色材料建设绿色建筑，使用绿色设备。要形成一个清洁优美、布局合理、环境宜人并与校园文化融为一体的校园生态。（4）绿色大学开展绿色科技创新、落实节能减排理念，将环境保护和可持续发展理念融入科研工作，引导科研实现绿色发展，达到环境与经济效益双赢的科学研究目标。

第三节　可持续大学的发展现状

一、国内可持续大学的发展状况

我国于 1994 年 3 月发布《中国 21 世纪议程——中国 21 世纪人口、环境与发展白皮书》，正式确立了可持续发展战略，指出"让可持续发展思想贯穿从初等到高等的整个教育过程中"。1998 年，清华大学在国内首先提出建设"绿色大学"，即围绕人的教育这一核心，通过推进绿色教育、绿色科研和绿色校园示范工程建设等活动，将生态文明理念和节能环保思想融入大学的方方面面，并将建设"绿色大学"作为创建世界一流大学的一个重要组成部分，可持续大学建设初具萌芽。2001年，国家环保总局颁布《全国环境宣传教育工作纲要》，提出"在全国高等院校逐步开展创建'绿色大学'活动"。① 自此，国内越来越多的高校开展绿色大学实践并取得了一定成效。

2007 年，同济大学树立了全国第一个节约型校园示范，一批高校

---

① 关于印发《2001 年—2005 年全国环境宣传教育工作纲要》的通知，中华人民共和国生态环境部，2001 年 4 月 20 日，http：//www.mee.gov.cn/gkml/zj/wj/200910/t20091022_172494.htm。

引领和推进着我国绿色大学建设事业的可持续发展，现已覆盖全部部属院校并带动了一批地方院校的示范校园，建设数量超过 300 所，形成了中国绿色大学和中国绿色校园社团两个联盟组织。2008 年 1 月，由教育部组织的"建设可持续发展校园研讨会"在同济大学召开，会议发表了《建设可持续发展校园宣言》，这是我国高校第一次对大学可持续发展战略达成共识，但在这一阶段，我国可持续发展大学建设更多地关注节能减排、校园基础设施建设和绿色技术改造等，侧重可持续发展三重底线中的环境维度，其对社会、国家乃至全球的可持续发展的责任担当和引领作用并不明显。基于此，同济大学又率先提出要建设以可持续发展为导向的大学，从节约型校园的具体实践逐渐扩展到可持续发展的教学和科研领域，更加强调大学在人与社会可持续发展中的引领作用。2009 年 10 月 23 日，华润集团与中国人民大学签署协议并向人大捐资1000 万元成立中国人民大学—华润可持续发展专项基金，双方共同为可持续发展高等研究院揭牌，旨在加强高校可持续发展研究和人才培养，扩大和强化中国人民大学在人文社会科学方面多学科交叉研究的优势，从而为解决人类面临的共同问题和实现可持续发展作出努力。2013年，同济大学把形成以可持续发展为导向的办学特色写进了学校的"十三五"规划。

中国绿色大学联盟（China Green University Network，CGUN）于2011 年在同济大学成立，由同济大学、天津大学、浙江大学、香港理工大学、华南理工大学、重庆大学、山东建筑大学、江南大学 8 所高校，以及中国建筑设计研究院、深圳建筑设计研究院 2 所科研机构共同发起。该联盟致力于加强大学之间在绿色校园建设领域的合作交流，促进校园设施及建筑节能减排技术创新、合作研发与推广，为国家和地方政府制定绿色校园建设及管理相关政策、深入持久推进绿色校园建设提供科技支撑，并推动校园节能减排领域高级人才培养。[①] 2016 年 11 月，

---

① "中国绿色大学联盟"在同济大学成立，http://edu.sh.gov.cn/xwzx_bsxw/20110620/0015 - xw_62188.html。

中国绿色校园社团联盟（China Green Campus Association Network，CG-CAN）正式成立，第一批会员包括清华大学、同济大学、浙江大学、厦门大学等48所高校。该联盟以"绿色校园、绿色领袖、绿色未来"为宗旨，开放整合全国各级校园优秀绿色社团及相关优势资源，在绿色校园主题实践、绿色创新创业与就业辅导、绿色领袖训练营、绿色媒体传播和国际交流等领域开展活动，促进全国绿色校园社团的合作交流以及联盟与各主管部门、相关社会企业的有效对接，推动我国绿色校园建设的软实力发展。①

近年来，中国绿色大学联盟成员高校在绿色校园建设方面不断进行探索和实践。同济大学和浙江大学都在学校开设了如"环境与可持续发展"等相关通识课程与新生研讨课；浙江大学还建立了校园能耗监管平台，实现了对校园能源、供水系统、集中蒸汽系统、中央空调系统、路灯、可再生能源系统全方位立体化的实时监测与控制管理；天津大学在校区的每一盏灯上都安装了红外线感应开关，通过人体红外感应，人来灯开，人走灯灭；山东建筑大学则为学生宿舍楼"穿衣戴帽"，给30栋学生宿舍楼的门窗和屋顶进行了保温改造。②

根据全球高等教育分析机构（quacquarelli symonds，QS）发布的2023世界大学可持续发展排名，我国大陆地区有北京大学、清华大学、浙江大学、同济大学、上海交通大学等共计37所高校入围榜单，该数量为全球第四。此外，香港大学、台湾大学和香港理工大学跻身前100名。

二、可持续大学的相关政策

多年来，我国在推动可持续发展方面出台了一系列政策，其中也涉及高等教育领域的可持续发展。1994年，国务院第十六次常务会议审

---

① "中国绿色校园社团联盟"将于今年10月成立，http：//edu. people. com. cn/n1/2016/0617/c367001 – 28453447. html。

② 中国绿色大学联盟研讨高校绿色校园评价标准，https：//www. zju. edu. cn/2012/0320/c41533a63027/pagem. htm。

核通过《中国 21 世纪议程》，提出"将可持续发展思想贯穿于从初等到高等的整个教育过程中"，将可持续发展高等教育的建设上升到国家层面；2006 年，教育部发布《教育部关于建设节约型学校的通知》，要求各学校将建设节约型学校作为发展战略纳入学校的"十一五"规划和中长期发展规划之中，同时建议有条件的高校加强节约资源技术的开发，在科研规划、课题安排、科研经费等方面给予支持；2010 年颁布的《国家中长期教育改革规划和发展纲要（2010～2020 年）》明确提出重视可持续发展教育。2022 年 10 月，教育部印发《绿色低碳发展国民教育体系建设实施方案》，要求高校将绿色低碳发展理念融入国民教育体系的各个方面，培养绿色低碳发展领域的科技创新人才，为实现碳达峰碳中和目标作出贡献。

总体来看，自 20 世纪末提出可持续发展理念以来，各国纷纷启动与可持续发展相关的战略规划，在联合国可持续发展教育倡议和各大学联盟、公益组织的推动下，各国也开始将目光放到高等教育领域的可持续发展中，但目前各国对可持续发展高等教育的政策主要停留在教育总体规划、引导层面，没有更为具体、针对高等教育的细则。与可持续发展高等教育相关的政策，当前主要关注绿色校园的建设和将可持续理念融入教学育人之中。

三、可持续大学的研究评述

可持续发展的评述主要围绕着核心观点、研究视角和研究方法三个方面展开分析（见图 1-1）。

（一）可持续大学的发展现状

1. 利益相关者对可持续大学的看法

研究表明，可持续大学的发展离不开大学所有层次的利益相关者，包括行政人员、科研人员、学生和教师的共同努力（McMillin et al., 2009）。在国外，有许多文献聚焦可持续大学利益相关群体开展调查研究，调查内容包括但不限于对可持续大学的了解与认识、影响大学可持续发展的因素、可持续大学的发展障碍等。赖特等（Wright et al.，2012）对37位来自加拿大大学的设施管理主任进行深度采访，了解他们对实现可持续未来的想法和感受，结果显示，多数人在考虑可持续性时更倾向于环境因素，而不是社会和经济因素。穆斯塔法等（Mostafa et al.，2013）设计并使用标准量表对379名大学生进行调查，从学生的角度确定了可持续大学的关键因素，包括社区外展、可持续发展承诺和监测、废物和能源、土地使用和规划，以评估大学和高等教育机构的可持续发展实践。赖特等（2013）通过深入访谈的形式研究了加拿大的大学老师如何理解可持续发展和可持续大学，如何认识大学在实现可持续的未来中所扮演的角色以及大学可持续发展面临的关键问题。大多数参与者表示，他们之前对可持续发展有过自己的理解，但很少想到并使用这个词。莫西尔等（Mosier et al.，2018）基于2015年使用在线调查软件收集的原始调查数据，对来自可持续发展水平高的社区的官员的态度和看法进行调查研究。结果表明，他们对其与高校的互动非常满意。

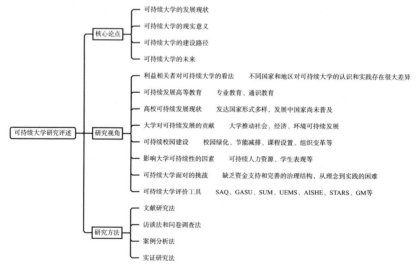

图1-1　国内外可持续大学研究进展框架

资料来源：笔者绘制。

2. 可持续发展高等教育

可持续发展高等教育，可以分为通识教育和专业教育。国外大学的可持续教育研究与实践起步较早，无论是课程设计、校园活动还是人才培养均已积累了很多经验，可以为我国高校可持续发展提供参考。刘静玲（2005）认为我国的可持续高等教育存在"课程设置学科综合性不够""开展环境教育内容单一化""非专业环境知识普及不足"问题。毛程锦（2008）认为在高校开展可持续发展教育有利于优化学生的知识结构、提升学生的素养和能力、促进高等教育改革。王巍（2012）指出我国的高校可持续发展教育存在的问题包括"学科交流障碍""功利主义""组织管理问题"。周晨虹（2014）发现西方大学普遍认为可持续发展教育应成为大学课程体系的组成部分，不同于传统的环境教育，可持续发展教育的课程设置强调"以学生为中心"，培养学生的可持续发展"关键素质"，即能够将可持续发展理论与现实问题相结合。以美国为例，张其香等（2016）发现由于培养目标、参与模式、关键能力的不同，美国大学的可持续发展专业人才培养可划分为环境公民、环境科学家和环境问题解决者三种模式；根据不同跨学科环境与可持续发展学位点对可持续发展知识和能力的重视程度不同，形成了自然系统、社会系统和可持续发展问题解决方案三种课程模式；人才培养模式和课程设计模式的选择主要取决于组织形式。孙静艺（2016）比较分析了中美两国高校在可持续发展教育中存在的差异，具体包括社会化推动与高校自身发展的差异、多样化发展与学科本位的差异、可持续发展意识与实用主义的差异，提出只有立足于国情，积极借鉴美国高校的发展经验，充分整合社会资源，才能改变现状，促进我国高等教育可持续发展。

3. 高校可持续发展现状

当前，国内外有许多高校积极投入可持续大学的建设与研究。其大部分集中在欧美发达国家。发展中国家的情况与发达国家形成鲜明对比，关于大学的可持续发展举措，发展中国家无论是在校园运营还是课程安排以及学术研究方面都比较缺乏。阿尔舒瓦伊哈特（Alshuwaikhat，2016）研究发现，部分发展中国家高校可持续发展缓慢甚至并未将可持续发展作为学校发展的重点。科西切尔尼亚克（Kościelniak，2014）以波兰的华沙大学（University of Warsaw，UW）和波兹南密茨凯维奇大学（Adam Mickiewicz University in Poznan，UAM）为例研究波兰高等教育中可持续发展的状况，结果显示，在波兰大学中还未出现过可持续发展的相关活动，关于可持续发展在高等教育中的作用也尚未展开讨论。谢菲（2015）从可持续设计教育的视角出发，对比分析英国诺丁汉大学和湖南大学的建筑设计专业课程设置，认为国内多以理论教学分科授课为主，缺乏跨学科的知识整合型可持续课程，应该借鉴欧洲大学的教学经验，弥补这方面的缺陷与不足，同时强调借助网络技术建设跨学科交流平台，培养学生的终身可持续性学习习惯。许洁（2017）以哈佛大学为例，分析其建设的治理结构与运行机制，指出哈佛大学具备自下而上的建设路径、建设清晰的治理结构和项目驱动的建设机制。纳吉等（Nagy et al.，2020）利用重要性绩效分析（importance performance analysis，IPA）方法调查学生对大学可持续发展的期望和满意度，结果表明匈牙利的大学在可持续购买和可再生能源使用方面表现不佳，但为垃圾分类作出了很大的努力，而可持续发展绩效评估结果显示学生对大学为可持续发展所作出的努力并不满意，他们认为匈牙利的大学是不可持续的。斯托扬等（Stoian et al.，2021）聚焦可持续性及其在高等教育机构中的作用，对罗马尼亚 12 所顶尖大学在 2020～2024 年战略计划中明确使用可持续性概念的情况进行定量和定性分析，结果显示与 2016～2020 年战略计划相比，其对大学可持续性的兴趣有所增长，但可持续性仍然不是大学的优先考虑的事项，在罗马尼亚建设可持续发展的大学仍然是未来要实现的目标。此外，阿马拉尔等（Amaral et al.，2015）通过系统梳理文献发现，大学在其可持续性报告中倾向于关注经济和环境层面，教育维度则较少被提及。

（二）建立可持续大学的现实意义

李莉（2010）认为绿色校园建设带来经济和社会双重效益，既有利于节约能源利用，也有利于人才培养。在赖特等（2012）的采访中，大多数参与者都认为大学在可持续发展中普遍发挥着关键作用并为校园可持续建设作出过努力。崔艳丽（2013）提出可持续发展观对于思考大学出现危机的根源和化解危机具有启发意义。贝纳吉等（Beynaghi et al.，2014）采用定性趋势分析法，通过全球视角研究可持续发展对高等教育特别是大学未来的影响，在"里约＋20"峰会的影响下，高等教育和大学在可持续发展的影响下正在进入了一个新的时代。扎西德等（Zahid et al.，2017）以马来西亚的国油科技大学（University Teknologi PETRONAS，UTP）为例，分析其在推动可持续发展方面的作用，指出大学在可持续发展的所有三个方面（经济、社会、环境）均作出了贡献。莫西尔等（Mosier et al.，2018）通过对美国高度可持续发展城市的调查发现，大学与社区的伙伴关系经常发生在高度可持续发展的社区，同时，建立大学—社区伙伴关系有助于当地的可持续发展。萨利赫等（Saleh et al.，2021）通过实证研究发现，可持续大学的品牌对国际学生就读马来西亚理科大学（University Sains Malaysia，USM）的求学意愿有正向影响，因此大学应当加大力度支持可持续议程，创建可持续大学品牌。席尔瓦等（Silva et al.，2022）以坎皮纳斯大学（Campinas University，UNICAMP）的"可持续校园"光伏子项目中的六个光伏工厂为例进行案例分析，提出在建设可持续发展世界的过程中，大学扮演着提出解决方案、培养人才的重要角色。达斯等（Das et al.，2022）在南洋理工大学（Nanyang Technological University，NTU）校园进行了详细调查和实地研究，发现通过技术和可持续性举措，学生的学习环境和大学居民的日常生活质量均有所提高，这也为可持续校园的研究提供了一个亚洲大学的视角。综上所述，可持续大学在发展自身的同时也能推动社会、经济、环境的可持续发展，而可持续发展对当代高等教育和大学的发展也具有重要意义。

（三）可持续大学的建设路径

1. 可持续校园建设

国内外有许多文献致力于可持续大学相关案例的研究，这些文献多以某高校的可持续实践策略展开具体分析，对我国可持续大学建设与研究具有重要的参考价值。委拉斯克斯等（Velazquez et al.，2006）从世界各地约80所高等教育机构获得数据，基于文献和实证研究结果建立了一个可持续大学综合管理模型，确定了四种可持续发展策略：教育、研究、对外合作以及校园可持续发展，其中，最受关注的是教育。麦克米林等（McMillin et al.，2009）通过探讨澳大利亚国立大学（Australian National University，ANU）学生参与校园可持续发展倡议所带来的效益，提出采用"全校参与"的方式将研究、教育、运营与推广活动联系起来。姜霄（2012）提出高校实施可持续发展教育一方面需要政府的宏观调控；另一方面其自身可以加强师资队伍建设、开设相关课程、成立环保组织和建立可持续发展教育信息资料室。余海波（2013）以爱丁堡大学为例，介绍了该校《社会责任与可持续发展的策略（2010 ~ 2020）》，及其在教学安排、科研工作、校园实践、社区合作、机构设置这五个方面的可持续发展实践，揭示了其对我国高等教育的启示。此外，社交媒体在促进高校可持续发展的过程中也发挥着作用。卡彭特等（Carpenter et al.，2016）发起的一项针对美国21所大学的29名校园可持续发展官员和8名可持续发展小组学生负责人的定性访谈结果显示，美国顶尖可持续大学主要依赖社交媒体来接触大量受众，包括学生、教师、校园管理领导、当地居民以及新闻媒体从业者。张祥永等（2017）认为，应通过贯彻国家绿色发展战略，以形成系统的环境教育机制、普及可持续发展的基本知识和理论、提倡文化与科技融合创新等方式来实现大学的可持续。张晓新等（2017）提出区域性大学联盟可持续发展路径，具体包括明晰建设系统、构建发展体制、完善发展体制、强化政府的宏观引导和政策支持。尹新珍等（2018）提出应用型大学的可持续发展需要有合理的定位，要根据自身特点进行特色发展，同时注重理念内涵的培养。拉莫斯等（Ramos et al.，2019）系统回顾了有关高校可持续发展经验的33篇文献，发现高等教育机构在可持续发展方面所做的努力涉及可持续发展的实施、利益相关者的参与、校园运营、可持续性报告、组织变革管理和课程开发等主题。阿马拉尔等（Amaral et al.，

2020）收集了自2010年以来发表的期刊文章、会议记录以及书籍资料，对大学校园内实施的可持续行动和倡议进行了全面的文献综述，结果表明，当前增加校园能源发电和减少建筑能耗是大学可持续发展的主要措施，但其影响有限。马宗等（Mazon et al.，2020）使用Scopus数据库获取了584篇有效文献，主要对引用、共同引用和最常搜索主题这三种类型的文献进行了计量分析，旨在研究高等教育机构的可持续发展方法，涉及对大学可持续性的评估、可持续性教育、作为可持续性推动者的大学以及有助于大学可持续发展的因素，研究表明，可持续大学的发展通常是自上而下的，即学生通常是大学可持续制度的接受者，同时也是可持续发展倡议的核心参与者。姜英敏、贾瑞棋（2022）从人才培养、科研创新与社会服务三个方面出发，总结了荷兰的大学在推动可持续发展进程方面的经验；即应当从多方面改革大学系统，使其成为实现可持续发展目标的价值传播者、知识贡献者及合作组织者；同时，确立理念和探索实践路径也是缺一不可的。

2. 影响大学可持续性的因素

通过建模、实证等定量研究方法研究与可持续大学相关的问题，找出影响大学可持续发展的关键因素，可以有效促进可持续大学发展，对政策制定者作出恰当决策具有重要意义。杜米特拉斯库等（Dumitrascu et al.，2015）采用问卷调查法收集数据，通过建模技术并以图形可视化的方式分析大学可持续性的影响因素。研究结果表明，大学的可持续性可能会受到学生的表现、学生的课外活动参与程度以及大学的吸引力等因素的影响，同时也会间接影响大学的可持续管理。克顿等（Cotton et al.，2019）针对绿色联盟中不同可持续发展排名的5所大学，探究学生的能源素养、环境态度和对学校节能工作的看法。实证研究结果显示，学生的能源素养与大学的可持续发展排名没有直接联系，而不同大学中学生的环境态度存在显著差异，排名较高的大学的学生对大学的节能工作更加积极。塞尔班等（Serban et al.，2020）使用普通最小二乘法研究了印度尼西亚大学用于评估大学学术可持续性水平的五个绿色指标，结果显示，这些指标（即位置和基础设施、能源和气候变化、水、交通运输、教育和研究）与可持续发展大学得分和排名之间高度关联，其中，水资源对可持续大学的得分影响最大。格拉巴拉等（Grabara et al.，2020）以 3 所波兰的大学为研究对象，采用问卷调查法收集了这些大学员工的数据，通过偏最小二乘法进行数据分析，研究发现可持续人力资源和企业家精神通过可持续创新在提高大学可持续发展方面有重要作用。

（四）可持续大学的未来及评价工具

1. 可持续大学面对的挑战

2000 年，在南非约翰内斯堡举行的第一届可持续发展世界首脑会议（World Summit on Sustainable Development，WSSD）明确提出，尽管大多数领导人都拥有世界一流大学的高等教育学位，但他们却无法应对可持续发展的挑战。基于此，马丁等（Martin et al.，2005）探讨了大学在应对可持续发展议程时面临的一些关键挑战，即当前可持续性对员工的影响力不足，强调大学应当承担起培养具有可持续发展知识的未来领导者，并为解决社会问题作出贡献。赖特等（2012，2013）认为大学可持续发展面对的最大障碍来自资金和资源。周光迅等（2018）提出我国绿色大学建设仍存在"教育理念陈旧""非理性消费""重理轻文"等人文、社会、教育和环境生态失衡问题。关于可持续大学建设的不足方面，目前的研究着重在课程的设计、组织架构、相关人员可持续意识的角度展开。奥亚马等（Oyama et al.，2019）分析了墨西哥国立自治大学（National Autonomous University of Mexico，UNAM）在校园管理活动中取得的可持续发展，并通过建立数据库，结合定量与定性数据研究宏观大学可持续发展所面临的挑战，进一步为区分内部与外部挑战，认为机构间的衔接是整合可持续举措的关键因素，也是宏观大学可持续发展的主要挑战之一。姜英敏、贾瑞棋（2022）以荷兰的大学为例，认为大学在推行《2030 年可持续发展议程》的过程中，普遍面临着如何将理念层面的可持续发展概念转化为具体实践的难题。

2. 可持续大学评价工具

可持续大学的建设除了需要具体可行的实践操作，还离不开相应的评价与指导，针对大学可持续性的评价指标体系应运而生。目前，国际上已有一些具有影响力的、可供参照的评价指标，如大学可持续性图形评估（GASU）、可持续跟踪、评估与评级系统（STARS）等。亚里梅等（Yarime et al.，2012）利用定量和定性的方法对16种可持续发展评估工具进行综合比较分析，将教育、研究、业务、外延和治理这五个领域的不同指标分类，指出了当前方法的特点及存在的问题，并提出改进建议。菲舍尔等（Fischer et al.，2015）比较分析了12种可持续性评估工具，结果显示，这些工具中的大多数指标集中在运营领域，其次是教育、研究和社区参与领域，少数评估工具涵盖四个领域，有助于深化高等教育机构对不同可持续性评估方法的思考。索内蒂等（Sonetti et al.，2016）回顾了最常见的国际校园可持续发展评估工具（campus sustainability assessments，CSAs）并概述了它们的局限性，通过研究两个个案比较分析校园可持续发展评估工具的应用情况，提出了一种新的方法，该方法强调将不同类型的大学集群分析。基福尔等（Kifor et al.，2023）关注到可持续大学中的能源管理，对校园的智能能源系统提出了一个关键绩效指标（key performance indicator，KPI）框架，以评估大学校园的智能能源系统绩效。在实际运用中，阿尔舒瓦伊哈特等（Alshuwaikhat et al.，2016）利用可持续性评估问卷（sustainability assessment questionnaire，SAQ）从教学和课程、研究和奖学金、校园运营、管理和社区、财务管理五个方面对沙特阿拉伯的公立大学进行了评估。

相比之下，国内则较为缺乏相应地受到广泛认可的评价指标，因此，国内在该方向的文献多是基于对国外可持续评价指标的研究，并对其进行分析评价。张远增（2000）将绿色大学评价分解为办学理念、科研、实践过程、教育过程、校园建设和对社会可持续发展的促进力六个一级指标，并挑选二级指标，合成整体的评价体系。陈文荣等（2003）根据目标层—准则层—指标层建立评价体系，以教育、校园、科研、实践和办学为准则，采用专家调查打分并划分等级的方式对绿色大学进行评价。周天寒等（2012）系统梳理了国际上 17 种可持续大学评价体系，分析其评价指标和评价方式，并依据评价内容将它们分为三类：综合类、校园环境类、管理教育类。多数大学排名系统聚焦于教育与科研领域，而黄宇（2017）关注到了大学排名体系中的可持续性测度，重点介绍了印度尼西亚大学在 2010 年提出的一项世界性的大学可持续性排名系统——绿色指数大学排名（UI Green Metric，GMUR），该系统重点关注大学的环境表现，将其与绿色校园评估工具（GREEN-SHIP）、STARS、可持续发展报告卡（CSRC）等既有可持续大学评测系统进行比较，GMUR 相对来说更加简便、易于操作；此外，还提到设计可持续大学排名面临两方面的困难：一是设计出的评价工具要在全球范围内适用于不同国家、不同地区、不同规模和不同层次的大学；二是评价工具应兼顾操作上的简便可行与科学性。此外，还有部分学者在此基础上继续深入，结合国内实际情况与国外经验，尝试提出国内的评价体系。例如，吕斌等（2011）参照了国外综合性强、成熟度高的校园可持续评价框架（CSAF）、宾夕法尼亚州立大学指标报告（Penn State Indicator Report）、俄勒冈大学校园可持续评价（2010UOCSA）等评价指标体系，进行对比分析，将之进行本土化处理，从而构建了一套适用于我国高校情况的可持续校园评价指标体系，并以北京大学为例论证其可操作性。未来，只有采用科学的量化标准构建适用于我国的可持续大学评价标准，评估高校的可持续性并给出可行的指导意见，大学的可持续建设才能切实推进。

综上所述，国内大学主要通过校内活动实现可持续，包括课程设置、讲座安排、垃圾分类等，特别强调节能减排和环境保护，但校内缺乏完善的可持续治理机构和具体的措施，一些大学的可持续策略仍停留在顶层设计，并未真正融入校园文化和师生的日常生活和工作中；在校外通过与政府和企业合作推动可持续发展的力度仍有待加强，目前无法最大化可持续大学的溢出效应；国内研究提出了不同的指标体系，体系所考量的维度比较相似，但选用的指标和打分方式不同。相比之下，许多国外大学专门设立了"可持续发展办公室""可持续发展委员会"等相关机构，制定相关政策、开展相关活动，课程设置与科研项目更加多样化，通过校企合作充分整合社会资源，全面推动可持续大学发展。

第四节　国内外可持续大学文献计量分析

一、数据来源与研究方法

（一）数据来源及筛选标准

本书的文献计量分析分为国内和国外两部分。国内文献数据源于中国知网（CNKI）数据库，考虑到在我国大学通常是指实施普通高等学历教育的学校，包括本科院校、专科院校和成人高等学校，因此，选择以"可持续大学 OR 可持续高校"为主题进行检索，检索时间范围为1994 年 1 月 ~2022 年 12 月，语言为中文，最后检索时间为 2023 年 9月 25 日，共得到 2435 篇文献，通过阅读文献标题及摘要，人工剔除会议、论坛、新闻等无效文献，并运用 CiteSpace 软件去重，获得 2217 篇相关中文文献。国内的可持续大学研究领域，有一支文献专门研究民办大学的可持续发展，具体内容包括影响民办大学可持续发展的因素、民办大学的竞争优势、民办大学的财务可持续发展等；有一支文献专门研究高校图书馆、出版社、学报、教师等可持续发展情况，由于这部分文献涉及内容与本文想要研究与分析的"可持续大学"相关度较低，因此不在我们的讨论范围内，全部剔除后最终获得 281 篇有效中文文献，这部分文献分布于 1996 ~ 2022 年，其中"中文社会科学引文索引（CSSCI）"核心期刊收录 56 篇文献。

国外文献数据来源于核心合集数据库（Web of Science，WoS）中的科学引文索引扩展版（SCI‐E）与社会科学引文索引扩展版（SSCI）网络数据库。以"可持续大学"为主题，检索式为 TS = （"sustain *university *"）OR TS = （"sustain * college *"）OR TS = （"sustain * campus ＊ "），设定文献检索类型为 Article 和 Review，检索时间范围为 2002 年 1 月~2022 年 12 月，语言为 English，最后检索时间为 2023 年 9 月 25 日，共得到 273 篇文献。通过阅读标题、摘要和关键词剔除不相关文献，并运用 CiteSpace 软件去重，最终得到 230 篇有效英文文献，这部分文献分布于 2002~2022 年。检索方式如表 1-1 所示。

表 1-1 文献检索流程

检索流程	CNKI 数据库	Web of Science 数据库
数据库	—	社会科学索引（SSCI） 科学引文索引扩展版（SCI-E）
检索式	主题＝可持续大学＋可持续高校	TS = ("sustain ＊ university ＊ ") OR TS = ("sustain ＊ college ＊ ") OR TS = ("sustain ＊ campus ＊ ")
文献类型	学术期刊	Article，Review
语言	中文	English
检索时间范围	所有年份（1994.01~2022.12）	所有年份（2002.01~2022.12）
最后检索时间	2023 年 9 月 25 日	2023 年 9 月 25 日
检索结果	2435 篇	273 篇

资料来源：CNKI 数据库、Web of Science 数据库。

（二）研究方法与工具

文献计量学是文献学、统计学、数学交叉形成的学科，是围绕布拉德福定律、洛特卡定律、齐普夫定律对学术文献的数量、地区分布、作者及引用等指标进行定量分析。CiteSpace 是由陈超美教授基于 Java 语言开发的科学文献可视化工具，功能强大，可用于关键词、作者、机构、国家的共现分析以及聚类、突现、共被引等可视化分析，量化研究某领域的热点、发展趋势与前沿。科学文献分析与可视化软件（VOSviewer）是由内斯·扬·范·埃克（Nees Jan van Eck）和卢多·沃尔特曼（Ludo Waltman）共同开发的知识图谱绘制工具，主要用于分析文献计量网络，提供网络可视化、覆盖可视化和密度可视化三种可视化图像，很好地弥补了 CiteSpace 图谱结构过于拥挤或分散、标签和节点过大或过小等问题。这两款软件相辅相成，被广泛运用于文献计量分析。

基于文献计量学，使用 CiteSpace 6.2.R4 和 VOSviewer 1.6.19 版本软件对自 1996 年以来的 281 篇中文文献和 2002 年以来的 230 篇英文文献进行计量分析，绘制了相关可视化图谱，结合 Excel 绘制统计图表，从发文量分析、国家、机构和作者的合作网络分析、关键词分析、共被引分析等角度，对可持续大学在国内外的发展脉络和研究热点进行全面的对比分析，参数设置：WoS 文献的时间范围为 2002 年 1 月 ~2022 年 12 月，CNKI 文献的时间范围为 1996 年 1 月 ~2022 年 12 月；时间切片均为 1 年；裁剪方法为 Pathfinder（寻径网络）、Pruning sliced networks（对每个切片的网络进行剪裁）；g 指数的选择，以获取清晰、美观的图谱为原则根据具体情况设置，其他参数采用系统默认值。

二、国内外可持续大学研究的文献计量分析

（一）发文情况分析

某研究领域的发文数量是判断该领域发展阶段的重要指标，可以反映该领域的研究热度，发文量的年际变化能够反映出研究热度的变化趋势。1996~2022 年可持续大学研究领域国内外期刊年发文情况如图 1-2 所示。国内学者对可持续大学的关注和研究始于 1996 年，郭秀青、张鸣（1996）最先探讨了高校人才培养在可持续发展战略中的地位与作用，他们意识到应该将可持续发展的思想贯通进整个教学过程。中文文献的发文量变化趋势大致可分为三个阶段：（1）初步探索阶段（1996~2003 年），该阶段相关研究较少，年发文量小于 10 篇，处于缓慢增长状态。（2）快速发展阶段（2004~2012 年），该阶段发文量持续快速上升并趋于稳定，年均发文量大于 15 篇，其中，2012 年发文量为 19 篇，达到峰值，9 年总发文量为 138 篇，占总发文量的 49.11%，表明这一时期可持续大学研究受到国内学者的重视。（3）发展放缓阶段（2013~

2022 年），这一阶段年发文量从 2012 年的 19 篇下降至 10 篇左右持续波动，2020 年回升至 18 篇，2021 年又跌至 5 篇。CNKI 核心期刊发文量的变化趋势与总发文量基本一致。

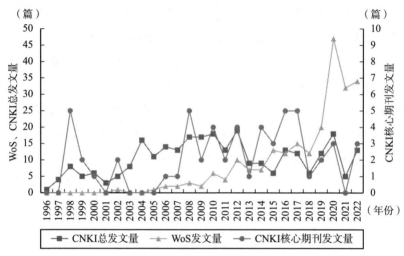

图 1-2   1996～2022 年国内外可持续大学研究年发文量

资料来源：CNKI 数据库、Web of Science 数据库。

在国外，可持续大学领域的研究文献最早出现在 2002 年，研究期间英文文献的发文量总体呈上升趋势，变化趋势大致可分为三个阶段：（1）萌芽期（2002～2009 年），2002 年 12 月联合国决议通过，将 2005～2014 年确定为"可持续发展教育十年"，指定由联合国教科文组织负责领导，通过各种形式的教育、宣传和培训活动，提高人们对可持续发展的认识，进一步突出教育在可持续发展中的重要作用；这一时期开始出现与可持续大学相关的文献，但数量较少，年发文量小于等于 3 篇，增长较慢，部分年份仍有空缺，可以看出此时可持续大学研究并未引起广泛关注，整体关注度较低。（2）发展期（2010～2018 年），该阶段可持续大学英文文献数量平稳增长，年发文量小于等于 15 篇，逐渐受到学者们关注。（3）爆发期（2019～2022 年），可持续大学英文文献呈现迅速上升态势，年发文量大于等于 20 篇，2020 年达到峰值年发文数量为

47 篇，说明该领域研究受到学者们的密切关注。

整体来看，该领域国内外发文量均较少，仍属于有待开发的新兴领域。其中，国内学者的相关研究开始早于国外，中文文献主要隶属于高等教育、环境科学与资源利用、建筑科学与工程学科，关注可持续大学的案例研究与可持续发展教育，发文量变化趋势为先增长后下降；英文文献主要属于环境科学、可持续科学和教育类学科，关注可持续大学发展面临的挑战以及可持续性评估工具的对比分析。国外核心期刊的发文量总体大于国内，且呈稳步上升趋势，个别年份有小幅波动，尤其是近年来该领域国外发文量明显大于国内，一方面是因为有不少国内学者将文章发表在外文期刊上未统计在国内数据库中；另一方面是因为目前国内关于可持续大学领域的研究关注度还不够，未来仍需加强。

通过分析文献的来源期刊分布，一方面可以反映出该领域研究的核心期刊及其水平；另一方面也可以据此持续关注该领域未来的研究情况。国内可持续大学领域研究文献共涉及 214 种期刊，其中核心期刊有33 种，发文量排名前 5 名的核心期刊载文情况及影响因子如表 1 - 2 所示，2022 年这些期刊的平均复合影响因子约为 2. 732，影响因子最高为4. 790。中文文献的来源期刊主要是教育类，其中《中国高等教育》《黑龙江高教研究》《江苏高教》载文量最多，占总发文量之比约 32%，为该领域文献的主要载文期刊，而大部分期刊载文量只有一到两篇，可以看出可持续大学领域的中文文献较为分散。

表 1 – 2   国内可持续大学研究核心期刊载文情况（前 5 名）

排名	期刊名称	发文量（篇）	占比（%）	2022 年复合影响因子
1	《中国高等教育》	6	10.71	1.899
1	《黑龙江高教研究》	6	10.71	1.628
1	《江苏高教》	6	10.71	2.354
4	《高等工程教育研究》	3	5.36	4.790
4	《大学教育科学》	3	5.36	2.990

资料来源：CNKI 数据库。

国外文献共涉及 72 种期刊，载文量排名前 7 名的期刊如表 1-3 所示，其中有 2 个来自瑞士，2 个来自英国，其他 3 个分别来自美国、罗马尼亚和德国，影响因子最高达 11.1；收录期刊所属类别主要是环境科学与生态学（Environmental Science and Ecology），还涉及经济学（Economics）、能源与燃料（Energy & Fuels）等。《可持续发展》（*Sustainability*）和《国际高等教育可持续性期刊》（*International Journal of Sustainability in Higher Education*）是载文量最多的期刊，合计发文量占总发文量之比约 45%，为该领域文献的主要载文期刊。

表 1-3　　国外可持续大学研究主要载文期刊情况（前 7 名）

期刊名称	所属国家	载文量（篇）	占比（%）	影响因子（2022 年）	JCR分区
《可持续发展》（*Sustainability*）	瑞士	51	22.17	3.9	Q2
《国际高等教育可持续性期刊》（*International Journal of Sustainability in Higher Education*）	英国	51	22.17	3.1	Q2
《清洁生产期刊》（*Journal of Cleaner Production*）	美国	35	15.22	11.1	Q1
《经济论坛》（*Amfiteatru Economic*）	罗马尼亚	12	5.22	2.6	Q4
《环境教育研究》（*Environment Education Research*）	英国	4	1.74	3.2	Q2
《能源》（*Energies*）	瑞士	3	1.30	3.2	Q3
《环境科学与污染研究》（*Environmental Science and Pollution Research*）	德国	3	1.30	5.8	Q1

资料来源：Web of Science 数据库。

（二）主要研究力量与合作网络

1. 发文国家分布

国外可持续大学领域研究英文文献来自 22 个国家，发文量排名前

10 的国家发文量及其篇均被引频次如表 1－4 所示。结果显示，发文量超过 20 篇的国家有美国、中国（含中国台湾）、巴西、英国（含英格兰、苏格兰、威尔士、北爱尔兰），这 10 个国家的发文量占可持续大学领域文献总数的 84.34%，其中加拿大、澳大利亚、葡萄牙等发达国家的发文数量虽然不多，但篇均被引频次却远高于中国、巴西和罗马尼亚。整体来看，国际上，对可持续大学的研究仍是发达国家占据主导地位，发展中国家近年来对该领域的关注度也较高，可持续大学领域的研究已在世界许多国家和地区逐渐兴起。

表1－4　可持续大学研究主要发文国家的发文量及占比（前10名）

排序	国家	发文量（篇）	发文量占比（%）	篇均被引频次
1	美国	32	13.91	26.38
2	中国	28	12.17	12.46
3	巴西	24	10.43	11.13
4	英国	22	9.57	34.05
5	罗马尼亚	18	7.83	5.67
6	德国	17	7.39	32.18
7	西班牙	15	6.52	18.07
8	葡萄牙	15	6.52	41.07
9	加拿大	12	5.22	55.50
10	澳大利亚	11	4.78	44.00

资料来源：Web of Science 数据库。

利用 CiteSpace 软件对英文文献来源国家进行分析，得到国家合作网络如图 1－3 所示。在共现图谱中，节点数量 N＝51，关系连线 E＝100，网络密度 Density＝0.0784。图中节点越大，表示该国发文量越多；连线粗细与合作紧密程度成正比，连线越粗，代表国家之间合作越紧密。可以看出，在可持续大学领域我国的发文量逐年递增、研究力量逐渐加强，与美国、英国、日本和印度尼西亚之间有合作关系；国际上，国家之间的合作主要围绕英国与美国开展，其中美国几乎与图中所有国家都有合作关系，而土耳其、芬兰、瑞士在图中表现为孤立的点，这意味着在可持续大学领域的研究中该国与其他国家没有合作关系。

图 1-3　可持续大学研究国家合作网络

资料来源：Web of Science 数据库。

2. 研究机构

国内中文文献中涉及从事可持续大学领域研究的机构共有 208 所，主要研究机构有清华大学、同济大学、北京师范大学等，发文量及占比情况如表 1-5 所示。总体来看，在国内从事该领域研究的机构多为"双一流"建设高校，这些高校主要分布在东部地区，这与我国的教育资源分布有关，发文量排名前 8 名的机构共发文 68 篇，占总发文量的24.2%，30 所机构发文量为 2 篇，而 162 所机构发文量仅为 1 篇，缺乏对该领域的持续关注与研究。

表1-5　　　　　国内可持续大学研究的主要研究机构（前8名）

研究机构	所在地区	初次发文年份	发文量（篇）	占比（%）
同济大学	上海市	2003	17	6.05
清华大学	北京市	1998	14	4.98
北京师范大学	北京市	2005	9	3.20
浙江大学	浙江省	2002	8	2.85
河北科技大学	河北省	1998	6	2.14
武汉理工大学	湖北省	2004	5	1.78
南京大学	江苏省	2012	5	1.78
华南理工大学	广东省	2006	4	1.42

资料来源：CNKI 数据库。

图 1-4 为国内研究机构的合作网络，在共现图谱中，节点数量 N=236，而关系连线 E=67，网络密度 Density=0.0024，可以看出，国内机构间合作较少，仅同济大学、清华大学、北京师范大学、浙江大学与其他高校和机构之间有较为密切的联系，少数高校与国外机构有联系，研究合作仍有待加强。

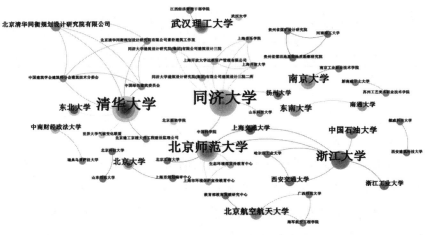

图 1-4　国内可持续大学研究机构合作网络

资料来源：CNKI 数据库。

国外文献中发文作者所在研究机构共有 179 所，主要为高校，所有研究机构中发文量排名前 5 名的情况如表 1-6 所示，只有 1 所机构位于发展中国家，其他 4 所均位于发达国。可以看出目前可持续大学领域的研究力量主要集中在发达国家，但发展中国家也在奋力追赶。表 1-6 为国外可持续大学主要研究机构。整体来看，该领域的研究机构之间有一定合作，但发文量普遍都不大，形成了以英国研究型图书馆（RLUK - Research Libraries UK）、汉堡应用技术大学（Hochschule Angewandte Wissenschaft Hamburg）为中心的诸多小圈子。

表 1-6　　　　国外可持续大学研究的主要研究机构（前 5 名）

排序	机构	所在地区	初次发文年份	发文量（篇）	占比（%）
1	Bucharest University of Economic Studies（布加勒斯特经济研究大学）	罗马尼亚	2020	10	4.35
2	RLUK - Research Libraries UK（英国研究型图书馆）	英国	2005	8	3.48
3	Dalhousie University（达尔豪斯大学）	加拿大	2010	5	2.17
4	Hochschule Angewandte Wissenschaft Hamburg（汉堡应用技术大学）	德国	2014	5	2.17
5	Leuphana University Luneburg（吕讷堡大学）	德国	2008	4	1.74

资料来源：Web of Science 数据库。

3. 发文作者

利用 VOSviewer 对可持续大学领域的研究作者进行分析，中英文文献的核心作者及发文情况如表 1-7 所示。根据普莱斯定律，$M \approx 0.749\sqrt{N_{max}}$，$N_{max}$ 指发文量最多的作者的发文数量，在某个研究领域中，发文量大于 M 篇的作者被认为是核心作者。因此，国内研究中，由于发文量最多的作者发文数量为 4，$M = 1.498$，当作者发文数量大于 2 时，即被认为是核心作者，共有 2 位，其中核心作者黄宇来自北京师范大学，研究领域包括环境教育、可持续发展教育、高等教育与可持续发展、地理教育等，自 2010 年起陆续发表了 4 篇文章研究大学可持续性的评估方法以及教育对可持续发展的作用和意义，探讨大学可持续发展面临的挑战。国外研究中，由于发文量最多的作者发文数量为 6，M = 1.835，当作者发文数量大于 2 时，即被认为是核心作者，共有 4 位，发文量最多的核心作者利尔（Leal，W）自 2014 年起通过开展各类调查分别研究了私立大学的可持续发展实践、大学的可持续发展领导力、可持续大学的参与式过程将参与与可持续性评估联系起来等问题。可以看出，中英文文献的核心作者数量都不多，但国外英文文献核心作者论文的篇均被引频次远高于国内。

表 1 - 7   国内外可持续大学研究核心作者及发文情况

国内			国外		
发文量（篇）	篇均被引频次	作者	发文量（篇）	篇均被引频次	作者
4	0.50	钟周	6	45.83	利尔（Leal，W）
4	3.00	黄宇	4	60.25	赖特（Wright，T）
			3	117.00	卡埃罗（Caeiro，S）
			3	9.00	阿德恩勒（Adenle，YA）

资料来源：CNKI 数据库、Web of Science 数据库。

利用 VOSviewer 对国内外可持续大学的研究作者进行可视化分析。国内外研究作者共现图谱如图 1 - 5、图 1 - 6 所示，不同颜色的节点代表不同的年份，可以看出，在该领域中文文献作者的发文时间普遍早于英文文献，国内外部分研究作者之间均存在少量合作关系，但总体比较分散，独立作者较多。

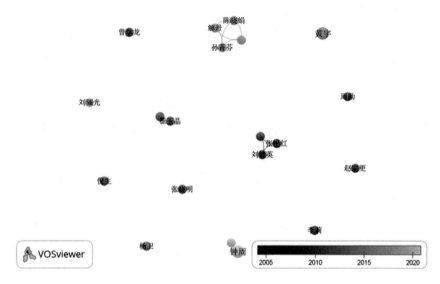

图 1 - 5　国内可持续大学研究作者合作网络

资料来源：CNKI 数据库。

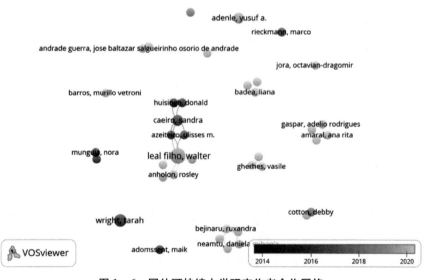

图 1 - 6　国外可持续大学研究作者合作网络

资料来源：Web of Science 数据库。

（三）关键词分析

1. 关键词词频

通常认为，作者在文献中所使用的术语都是经过认真选择的，关键词是对文章研究内容的高度概括，代表了文章的核心观点。因此，高频关键词能够在一定程度上反映该领域的研究热点与方向，而中介中心性大于等于0.1的节点为关键节点，意味着关键词在该领域内的影响力较大。在国内中文文献中，共有295个关键词，表1-8为国内可持续大学研究文献中的高频关键词的出现频次及其中介中心性，高频次出现的关键词有"高校""大学""可持续""高等教育"等，其中中介中心性大于等于0.1的关键词共有3个。

表1-8 　　　　　国内可持续大学研究文献高频关键词（前10名）

排序	关键词	首次出现年份	频次	中介中心性
1	高校	2002	23	0.21
2	大学	1997	15	0.12
3	可持续	2008	9	0.10
4	高等教育	2000	9	0.06
5	可持续性	2004	7	0.03
6	绿色校园	1998	5	0.02
7	校园规划	2003	4	0.01
8	地方高校	2007	4	0.01
9	大学理念	2002	4	0.00
10	民办高校	2009	4	0.02

资料来源：CNKI数据库。

在国外文献中，共有294个关键词，表1-9为国外可持续大学研究文献中的高频关键词的首次出现年份、出现频次及其中介中心性，其中中介中心性大于等于0.1的共有8个，"higher education（高等教育）""sustainable university（可持续大学）""sustainable development

（可持续发展）""management（管理）"等关键词出现频率较高，其中，从关键词首次出现的年份可以看出，"高等教育"和"可持续发展"在早期研究中就受到关注。

表1-9　　　　国外可持续大学研究文献高频关键词（前10名）

排序	关键词	首次出现年份	中介中心性	频次
1	higher education（高等教育）	2005	0.40	70
2	sustainable university（可持续大学）	2005	0.33	59
3	university（大学）	2016	0.11	38
4	sustainable campus（可持续校园）	2019	0.03	29
5	sustainable development（可持续发展）	2007	0.13	26
5	management（管理）	2012	0.09	26
7	campus sustainability（校园可持续发展）	2008	0.15	23
8	system（系统）	2015	0.18	21
9	education（教育）	2012	0.15	18
10	higher education institution（高等教育机构）	2006	0.06	15
10	campus（校园）	2011	0.22	15

资料来源：Web of Science 数据库。

2. 关键词共现

国内可持续大学研究关键词共现图谱如图1-7所示，其中，节点数量 N=295，关系连线 E=294，网络密度 Density=0.0068，关键词节点越大，对应的关键词出现频次越高。由关键词年轮可以看出，中文文献对于可持续大学的研究早期主要集中在绿色大学领域，包括绿色教育、环境教育、德育教育以及校园规划，经过多年发展逐渐过渡到可持续领域。国外可持续大学研究关键词共现图谱如图1-8所示，其中，节点数量 N=294，关系连线 E=861，网络密度 Density=0.02，最大的节点是 higher education，出现频次最高、中心性最大，是可持续大学领域的研究热点，与之相关的关键词有 sustainable university、sustainable development、campus sustainability、management 等，可以看出，可持续

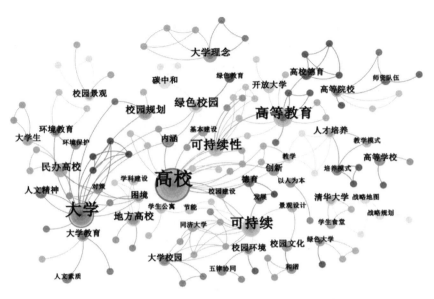

图 1 – 7　国内可持续大学研究关键词共现图谱

资料来源：CNKI 数据库。

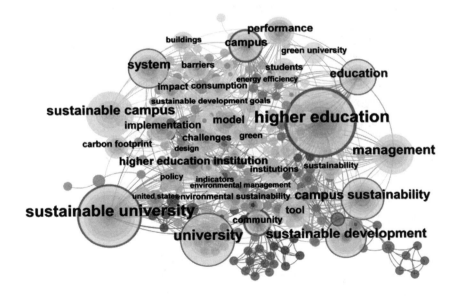

图 1 – 8　国外可持续大学研究关键词共现图谱

资料来源：Web of Science 数据库。

大学的建设与发展不是仅限于校园建设领域，高等教育与人才培养在其中扮演着重要的角色。对比中英文关键词共现图谱，英文文献中关键节点更多，关键连线更多，高频关键词之间联系更紧密。

3. 关键词聚类

利用 CiteSpace 的聚类功能，按照关键词进行聚类，聚类标签的大小代表该聚类中关键词的数量，序号越小聚类中所包含的关键词越多。国内可持续大学研究的所有关键词可以被划分为 7 个类别，聚类标签及每个聚类所含关键词如表 1 - 10 所示，其中，聚类模块值（Modularity，Q）为 0.9063 > 0.3，表明聚类结构显著；聚类平均轮廓值（Silhouette，S）为 0.9855 > 0.7，意味着聚类结果是可信的。国外可持续大学领域关键词聚类的聚类标签如表 1 - 11 所示，其中，聚类模块值（Modularity，Q）为 0.6483 > 0.3，表明聚类结构显著；聚类平均轮廓值（Silhouette，S）为 0.8317 > 0.7，意味着聚类结果是可信的。

表 1 - 10　　　　　　国内可持续大学研究关键词聚类

序号	聚类标签	关键词
#0	高校	高校改革、以人为本、教学模式、绿化、科研融合等
#1	可持续	发展、生态效率、人才培养、建筑经济、节能等
#2	大学	绿色教育、素质、环境保护、大学校园、设计方法等
#3	困境	现实背景、培养方法、地方高校、构建指标体系等
#4	高等教育	高校德育、社会责任、开放大学、教育公平等
#5	可持续性	建筑教育、大学排名、再生材料、雨水管理等
#6	清华大学	学生食堂、清华大学、哈佛大学、战略规划等

资料来源：CNKI 数据库。

表 1 - 11　　　　　　国外可持续大学研究关键词聚类

序号	聚类标签	关键词
#0	higher education institutions（高等教育机构）	carbon footprint, students, implementation, environment sustainability, consumption

序号	聚类标签	关键词
#1	sustainable commitment（可持续发展承诺）	higher education, culture, environmental management, top down
#2	sustainable campus（可持续校园）	sustainability, green, barriers, buildings, sustainable development goals
#3	energy efficiency（能效）	green university, environment, system, case study
#4	sustainable universities（可持续大学）	ecological footprint, index model, faulty and staff
#5	subjective norms（主观规范）	attitudes, framework, knowledge, pro environmental behavior
#6	sustainable development（可持续发展）	management, educational personnel, future

资料来源：Web of Science 数据库。

进一步地，通过分析关键词共现聚类时间线图，可以找出该领域的研究热点，也可用于预测未来的研究趋势。图 1-9 和图 1-10 分别为国内和国外的关键词共现聚类时间线图，该图在关键词聚类的基础上，进一步反映了每一个聚类中的关键词随时间的演进过程。根据关键词聚类结果以及每个聚类中所包含的高频关键词，中文文献中可持续大学研究可以分为三个领域：（1）可持续大学的建设，关键词包括校园建设、学生公寓、校园景观、绿化等；（2）可持续大学的困境，关键词包括学科建设、民办高校、指标体系等；（3）可持续的高等教育，关键词包括人才培养、建筑教育、高校德育、教育公平等。可以看出，在国内，早期的研究热点主要集中在绿色大学、校园环境、校园规划等对可持续大学的狭义理解层面，这部分研究开始的时间早持续时间长，随着 1997 年党的十五大正式提出可持续发展战略，研究范围逐渐扩大到了教育、科研及人才培养等领域，可持续大学不再局限于建设节能、环保的校园，更多的是成为一种理念，与高校发展的方方面面相结合，近年来，碳中和成为新的研究热点。在国外的研究中，可持续大学这一概念自出现起就与高等教育息息相关，包括 higher education institutions（高等教育机构）、education for sustainable development（可持续发展教育），此外还有 ecological footprint（生态足迹）、environment sustainability（环境可持续），近年来，carbon footprint（碳足迹）、innovation（创新）和 social responsibility（社会责任）也成为该领域的研究热点。关键词聚类分析表明，可持续大学发展的未来方向仍是拓展建设范围、创新发展方式，体现了一种全新的大学理念与发展模式。

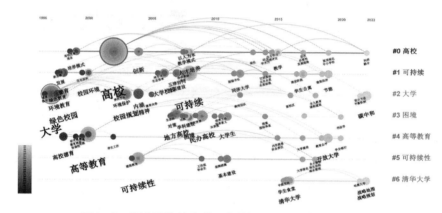

图 1-9　国内可持续大学研究关键词共现聚类时间线图

资料来源：CNKI 数据库。

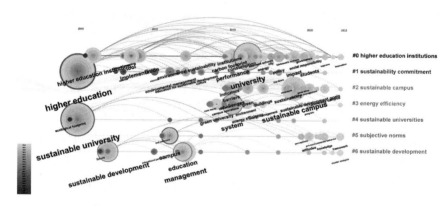

图 1-10　国外可持续大学研究关键词聚类时间线图

资料来源：Web of Science 数据库。

（四）共被引分析

在文献计量分析中，某一领域中的一篇或多篇文献可能同时引用了两篇及两篇以上相同的论文作为参考文献，则这两篇及两篇以上的论文就构成共被引关系，且共被引文献之间是相互关联的。共被引文献集合是施引文献的研究基础，而施引文献集合是共被引文献的研究前沿。由于知网无法导出中文文献的参考文献数据，因此，本书仅对 WoS 的英文文献进行共被引分析。国外可持续大学研究共被引文献中被引频次较高的文献情况如表 1-12 所示，其中，被引频次最高的文献是索内蒂（Sonetti，G）的《真正的绿色和可持续大学校园？——面向聚类的方法》（True Green and Sustainable University Campuses? Toward a Clusters Approach）共被引用了 25 次，作者认为校园绿化是高校可持续发展的第一步，可持续发展报告方法和排名的传播仍处于早期阶段，通过回顾已有的校园可持续评估方法，结合两个具体案例提出了一种新的评估方法，即将相同类型的大学集群进行有意义的比较与排名，在衡量尺度方面除了纯粹的能源效率，更加关注当地和社区的约束，有助于建立对同质大学的研究。阿莱绍（Aleixo，AM）的《可持续高等教育机构的概念、角色、障碍和可持续挑战：葡萄牙的一项探索性研究》（Conceptualization of Sustainable Higher Education Institutions，Roles，Barriers，and Challenges for Sustainability：An Exploratory Study in Portugal）共被引用了 15 次，文中通过调查来自 4 所葡萄牙公立高等教育机构的 20 名利益相关者的观点，发现尽管不同的利益相关者对可持续发展的概念有所了解，但他们对可持续发展高等教育机构的概念并不熟悉；此外，财政资金支持不足是该国高等教育可持续发展的主要障碍。

表 1-12　　　国外可持续大学研究共被引文献（前 10 名）

题目	作者	期刊	年份	被引频次
True Green and Sustainable University Campuses? Toward a Clusters Approach	Sonetti, G	Sustainability	2016	25

续表

题目	作者	期刊	年份	被引频次
Quest for a Sustainable University: A Review	Amaral, LP	International Journal of Sustainability in Higher Education	2015	19
Sustainable Development Goals and Sustainability Teaching at Universities: Falling Behind or Getting Ahead of the Pack?	Leal, W	Sustainability	2019	16
Conceptualization of Sustainable Higher Education Institutions, Roles, Barriers, and Challenges for Sustainability: An Exploratory Study in Portugal	Aleixo, AM	Journal of Cleaner Production	2018	15
A Review of Commitment and Implementation of Sustainable Development in Higher Education: Results from a Worldwide Survey	Lozano, R	Journal of Cleaner Production	2015	15
Sustainability Reporting in Higher Education: A Comprehensive Review of the Recent Literature and Paths for Further Research	Ceulemans, K	Journal of Cleaner Production	2015	14
Greening of a Campus Through Waste Management Initiatives: Experience from a Higher Education Institution in Thailand	Tangwanichagapong, S	International Journal of Sustainability in Higher Education	2017	13
Sustainable Universities-a Study of Critical Success Factors for Participatory Approaches	Disterheft, A	Journal of Cleaner Production	2015	12
University Culture and Sustainability: Designing and Implementing an Enabling Framework	Adams, R	Journal of Cleaner Production	2018	10
Strategies for a Sustainable Campus in Osaka University	Yoshida, Y	Energy and Buildings	2017	10

资料来源：Web of Science 数据库。

第二章

国外可持续大学的评价标准

随着高等院校的可持续发展，国际上出现了许多用于测量大学可持续性的评价工具和体系，分别从不同角度对大学的环境、社会、经济等方面进行评价。这些评价体系大多集中在经济发达地区，尤其是北美地区和欧洲，对校园可持续性的审计评估已经非常系统化。本章选取并回顾的10种校园可持续性评估工具，其在产生背景、目的、构成、范围、功能和发展状态上有很大差异。根据可持续性的三个主要方面（经济、社会和环境），各个评价体系在维度、指标内容划分以及比例分配上存在显著不平衡。结果表明，大多数可持续性评估工具将更多的指标分配到社会和环境方面，而在经济方面分配的比例相对较低；大多数可持续性评估工具根据他们认为重要和关键的因素来分配指标，例如可持续性跟踪评估评级系统（STARS）将许多指标分配到运营要素中，而可持续发展评估问卷（SAQ）则更强调管理和课程要素。

近年来，评价体系逐渐偏向于综合类，评价内容包括校园环境类和管理教育类，关注的领域涵盖环境、管理、教育、社会、经济五个方面。然而并非所有评价工具都涵盖了这五个领域，不同评价工具对指标的选择各有其侧重点，但几乎所有的综合类体系都选择了环境类和教育类指标，可以看出教育及环境是影响校园可持续性最重要的因素。

第一节　绿色度量体系

随着校园可持续发展问题日益重要，绿色度量体系（green metrics

university ranking，GM）评价体系和其排名系统应运而生，GM 被公认为第一个关于可持续性的世界大学排名。它没有使用研究和教育指标，而是主要采用环境指标，目的是生成一个替代的国际排名系统，以便能够评估"世界各地大学的绿色校园和可持续性"，比较各大学在校园内促进和推动绿色可持续发展活动的进展，作为自我评估的工具，为校园可持续发展提供有效的信息和策略。

绿色度量体系（GM）是一个由印度尼西亚大学开发的大学可持续发展评价体系和排名系统，该排名工具于 2010 年 4 月推出，强调全球气候变化、清洁能源和水资源保护、废物回收和绿色交通等方面。它有一个明确的生态效率重点，但没有考虑可持续性的其他关键方面，如多样性和公平表现。GM 评价体系以生态环境为切入点，共有 6 个子维度，每个维度的指标分配比例不同（见表 2 - 1）。六个要素为环境和基础设施（15%）；能源和气候变化（21%）；废弃物（18%）；水（10%）；交通运输（18%）；教育和研究（18%）。评价体系分为三个层次，共有 35 项指标。每个指标的得分是某种事物的技术或按标准划分的等级，在计算出每个子维度得分后，根据给定权重加权平均后得出最终分数，排名积分系统允许基准和比较。

表 2 - 1　　　　　　　　　　GM 评价指标构成

因素	权重（%）	指标
环境和基础设施	15	开放空间面积占总面积的比率
		校园内森林覆盖面积
		校园吸水面积
		单位人员开放面积
		大学可持续工作预算
能源和气候变化	21	节能设施使用情况
		智能建筑应用情况
		可再生能源数量
		校园人均用电量

因素	权重（%）	指标
能源和气候变化	21	生产的可再生能源占能源使用比
		建筑和翻新中反映的绿色建筑实施要素
		温室气体减排计划
		校园人均碳足迹
废弃物	18	大学垃圾回收计划
		减少校园纸和塑料使用计划
		有机废物处理
		无机废物处理
		有毒废物处理
		污水处理
水	10	节水计划实施情况
		循环用水计划实施情况
		节水设备（水龙头、马桶冲洗等）使用情况
		处理水的使用情况
交通运输	18	人均车辆数目
		班车服务情况
		校园零排放车辆政策
		人均零排放车辆
		停车面积与校园总面积比例
		限制校园停车面积的交通计划
		校园人行道政策
教育和研究	18	可持续课程占比情况
		可持续性研究经费占比情况
		环境与可持续性学术出版物数量
		是否存在大学运营的可持续性网站
		是否存在已发布的可持续性报告

资料来源：UI Green Metric. Available online：http：//greenmetric. ui. ac. id/.

GM 与其他评价体系相比有以下优点：第一，评价体系规模适中，在保持简洁的同时掌握足够多的信息，同时能保持信息可比性；第二，对所需数据的要求相对较低；第三，评价体系和排名系统深度结合，在世界的应用广泛，更加突出其对大学可持续的比较和激励作用。但其也存在一定局限性：第一，GM 局限于对大学的生态效率方面的评价，评价范围较为狭窄。第二，在使用中无法添加或删除指标，评价体系对不同环境的灵活性较差。

第二节　校园可持续发展评估框架

校园可持续发展评估框架（campus sustainability assessment framework，CSAF）由林塞·科尔（Lindsay Cole）在其他 15 名研究人员的协助下于 2003 年开发。CSAF 评价体系分为人和生态两大子系统，每个子系统分为五个维度，维度内有两到三层评价指标，评价指标的总数超过 175 个。每个指标分值均为 1 分，达到标准即得 1 分。每一个维度的分数等于该维度各指标得分之和除以参与评测的指标数，评测的指标数必须为该维度总指标数的 60% 以上，否则不得分。总分为各维度得分的加权和，满分共 10 分。10 个倡议要素为：生态［土地（8%）、空气（8%）、水（7%）、能源（9%）、物质（9%）］；人［社区（15%）、治理（11%）、知识（11%）、健康和福祉（11%）、经济和财富（11%）］（见表 2 - 2）。适用地区为加拿大。

表 2 - 2　　　　　　　　　　CSAF 评价指标构成

子系统	一级指标	二级指标
人	健康和福祉（11%）	娱乐
		食物
		安全
		健康服务
		环境

续表

子系统	一级指标	二级指标
人	社区（15%）	参与和凝聚力
		多元群体
		服务
	知识（11%）	培养
		研究
		课程
	治理（11%）	政策
		执行
		监督
	经济和财富（11%）	个人
		机构
生态	水（7%）	消费
		管理
		暴雨与废水
	物质（9%）	建筑
		纸
		食物
		设备
		垃圾
	空气（8%）	室内
		室外
	能源（9%）	来源
		使用强度
		管理
	土地（8%）	绿地管理
		自然区域
		使用强度

资料来源：Assessing Sustainability on Canadian University Campuses：Development of A Campus Sustainability Assessment Framework.

CSAF 评价体系的构建出于以下几方面现实需求：第一，确立清晰统一的标准，加强教职工和学生群体在大学可持续发展方面的沟通理解配合；第二，便利各高校之间可持续绩效的平行比较，发挥激励作用；第三，协调统一不同高校在可持续大学方面的工作，加强高校间沟通与协作；第四，提高社会对大学可持续发展重要性认识，引导政策变革；第五，帮助高校制定量化清晰的可持续发展目标，指导可持续发展工作。

与其他指标体系相比，CSAF 评价体系有以下优势：第一，评价体系结构分明，逻辑清晰，层次丰富。指标数量充足，覆盖全面，客观性强，能确保对校园可持续发展评价的深度、广度和准确性。第二，指标选择灵活。高校可根据实际情况适当放弃部分指标或增加指标，提高了评价体系的适用范围。第三，高校调整指标需要在一定格式规范要求下，确保子评价体系灵活性与可比性的统一。模型同样存在一定缺点：第一，CSAF 立足于加拿大高校实际情况设立，在国际实际运用中，对其他地区高校的兼容性较差。第二，CSAF 评价体系部分指标信息获取难度大，实际操作困难，部分指标难以评估。第三，CSAF 评价体系指标繁多，评价较困难。

第三节 可持续评估问卷

可持续评估问卷（sustainability assessment questionnaire，SAQ）由《塔瓦尔宣言》签署方秘书处编制，是一种定性调查工具，旨在帮助大学确定其教学、研究、运营和对外联系活动的可持续程度。SAQ 定义的可持续包括自然、社会、政治和经济方面。根据 SAQ 的定义，"可持续性"意味着一所大学的主要活动是生态健全、社会公正、经济可行和人道的，对后代的要求也是如此。

SAQ 是出现在国际上的首批可持续发展问卷之一，它通过问卷的形式，推动世界高等教育机构的可持续进程。作为一种定性调查工具，

SAQ 旨在为其用户提供高等教育可持续性的全面定义，提高其对可持续发展的认识，评估大学的各种可持续目标；鼓励就高等教育机构的关于可持续性问题进行辩论，描绘学校的可持续性状况，提供其在可持续发展道路上的"快照"，并讨论实现可持续性的下一步措施。

SAQ 是涵盖了高等教育机构多项举措的可持续性调查工具。该评价体系会向各内部利益相关方发送调查问卷，包含 25 个调查问题，分为高等院校可持续发展的七个主要领域，更加重视校园运营。问卷调查了可持续性倡议的 7 个维度（见表 2-3）：课程（20%），研究和奖学金（12%），运营（12%），教职员工的发展和奖励（12%），推广和服务（8%），学生机会（12%），行政、任务和规划（24%），共 35 个指标。

表 2-3　　　　　　　　　　　　SAQ 评价指标构成

一级指标	二级指标
课程（20%）	可持续相关课程
	应开设未开设的课程
	传统学科教育
	本科生可持续课程
	可持续批判性思考
研究和奖学金（12%）	可持续领域教师和学生开展研究数量
	可持续问题的教师情况
	建立的相关跨学科机构
运营（12%）	可持续性运营实践
	制度约束
	综合性实践
教职员工的发展与奖励（12%）	招聘标准
	教职工相关贡献
	教职工的发展机会
推广和服务（8%）	正式伙伴关系或联系
	当地可持续发展相关服务

续表

一级指标	二级指标
学生机会（12%）	在校可持续机构相关机会
	对学生可持续相关的激励
	学生团体
行政、任务和规划（24%）	可持续相关的正式文件
	相关职位和委员会
	可持续相关广泛关注事件（会议、演讲）
	环境进步因素
	下一步计划

资料来源：ULSF. Sustainability Assessment Questionnaire（SAQ）. Available online：http：//ulsf. org/sustainability-assessment-questionnaire/。

　　与其他的评价指标相比，SAQ 有以下几方面优势：第一，SAQ 评价体系旗帜鲜明地关注可持续性和可持续过程，并对可持续性及其融入校园的问题进行了探讨，能够引发使用者对于校园可持续的优势、劣势和目标方面的思考。第二，SAQ 重视评估横向组织结构和流程，如将可持续性纳入激励奖励、人员配置和正式文件声明。第三，SAQ 的体系简单，较多的定性和开发式的提问降低了对数据的要求和参与的难度。同时，SAQ 也存在一些缺陷，如：第一，其问卷的问题主要是定性的、印象式的、开放式的，准确性较差，难以进行严格的评价或进行横向比较，难以进行量化，因此作为追踪评价工具的效果较差。第二，指标比例有所失衡，侧重于管理和课程，经济指标占比较少。大型机构可能无法全面回答许多问题，例如列出与可持续性相关的课程。

第四节　可持续发展跟踪、评估和评级系统

　　可持续发展跟踪、评估和评级系统（sustainability tracking，assessment & rating system，STARS）由北美非政府机构协会开发，高等教育可持续发展促进协会（Association for the Advancement of Sustainability in Higher Education，AASHE）协调，旨在促进高等教育的可持续发展，最初为美国和加拿大的高等教育机构开发，但适用于任何地区。其开发机构 AASHE 提供网络平台，让各大高校信息共享。该体系有一套保证数据真实的方法：要求参评大学的数据提供者声明、校长担保以及在网上将评价数据公开。鉴于其公开的咨询过程，该模型正在不断地被改进。

STARS 包含 74 个指标，5 个维度：学术（17%）、关键行为者的参与（23%）、运营（35%）、规划和管理（22%）、创新和领导力（3%）。该指标体系构成、评价方法以及最后的结果表达都借鉴了绿色建筑评价体系（leadership in energy and environmental design，LEED），采用三层嵌套的方式，第一层三大指标群各有 100 分，每个指标得分为 0.25 到 10 不等，最后取三大项平均分，再加上创新措施得分 4 分，共 104 分。其评价结果可比性强且允许排名，具有绿色校园标签功能。对已评价学校根据得分授予铜奖、银奖、金奖以及铂金奖，标签有效期 3 年。

与其他的评价指标相比，STARS 有以下优势：第一，STARS 是一个可持续发展自我报告系统，用于衡量高校的可持续发展水平。第二，它也被称为高等教育机构最好的综合衡量工具之一、国际上最常用的工具之一，每年进行更新，体系较为全面成熟，在校园推广方面做得较好。第三，STARS 涵盖了五个主要领域的举措：教育研究、运营、规划、管理参与（POE）以及创新。第四，STARS 对支持高等教育机构的可持续发展非常有用，它作为一个路线图，通过提议的指标、理由和标准介绍了更多先进机构的经验，已经成为当今使用的最全面和最流行的工具之一。应用这个工具有两个主要障碍：第一，它最初是为有更大发展环境设计的，如美国或加拿大（García，2010），那里的可持续发展更广泛，并得到机构的支持。第二，它需要机构方面的积极参与，以便获得所有必要的信息。

第五节　高等教育可持续性评估工具

高等教育可持续性评估工具［assessment instrument for sustainability in higher education（latest version），AISHE］是荷兰高等教育可持续委员会根据企业质量管理 EFQM - INK 模型对高等教育过程进行改造而成，目前发展到 2.0 版本。AISHE 强调过程管理，但系统复杂，体系涵盖 5 个模块（经营、教育、研究、社会、本体），较少强调环境部分（仅 1 项指标），可以按不同模块分别评价，每个模块有 6 个指标，分属计划、实践、检查 3 个步骤，一共 30 个指标，定性定量指标都从 1 到 5 打分，指代所处的五个发展阶段。最后评价结果为一星到五星，总体性能用雷达图表示。

该工具由 24 个标准组成，按五个发展阶段（活动导向、过程导向、系统导向、连锁导向、全面质量）进行评估。例如，如果组织的可持续发展政策以社会和技术发展为基础，那么员工发展就处于全面质量阶段（最高）。纳入戴明（Deming）循环方法，通过对每个项目的阶段性评估和优先排序（在 4 ~ 6 小时内以 10 ~ 15 人为一组），一所学院或大学形成了一个状态和目标的矩阵（24 × 5），并配有协助推进的工具。

AISHE 主要有以下目的：（1）为内部和外部可持续性审计提供标准和框架。（2）衡量校园实施可持续发展是否成功。（3）建立交流经验和动机的机制。（4）在欧洲和世界范围内扩展，为用户和仪器本身带来证书、奖励和其他形式的官方认可。AISHE 注重过程而非内容、定性而非定量、描述性而非规定性措施；AISHE 既是一种审计方法，也是一种政策工具，其他的可持续发展工具（如 ISO14001），可以围绕它来形成。预期目标是使大学系统在各大学中广泛应用，根据整个大学、校园、建筑物或研究机构的大学结构对应用领域进行调整；AISHE 第一版是在 2000 年和 2001 年开发的，只关注大学的教育作用，但是，AISHE2.0 在研究、运作和与社会的关系方面具有更广泛的范围，由欧洲的研究人员开发，工具无法在线获得，只有手册。

与其他指标体系相比，AISHE 评价体系有以下优势：AISHE 的流程导向捕捉了可持续发展管理所涉及的动态决策。此外，发展阶段鼓励衡量进展，而不强制采取量化措施。因此，AISHE 提供了潜在的跨机构比较。同时，AISHE 也存在一些缺陷：第一，标准有些抽象，理解难度大（AISHE 的创建者正在开发援助工具、示例、参考清单和培训计划，以使标准更加具体和易于理解）。第二，没有明确包括关于追求可持续性动机的指标。

第六节 可持续校园评估系统

可持续校园评估系统（assessment system for sustainable campus，ASSC）是一种问卷形式的评估系统，适用于日本。该系统于 2013 年由北海道大学可持续发展校园管理本部开发，隶属于日本校园可持续发展网络（CAS – NET JAPAN），也在日本其他大学使用，2014 年开始，以本校为首的国内外大学开始运用该项评价系统。该评估系统的结果可以反映每个机构在可持续性方面的优势和劣势，这将有助于机构制定可持续的未来战略。

ASSC 采用包容性的观点来定义"可持续校园"的概念，其评估共包括 25 项指标，分为 4 个维度：管理，教育和研究，环境，当地社区（见表 2 - 4），每个维度下共设置了 170 个细化评价指标，评级系统有 4 个级别，可以获得铂金、金、银和铜认证。基于调查问卷并以图形形式呈现结果，同时结合其他工具如 STARS，Uni-metrics，GM，BIQ – AUA 进行报告。该标准涵盖了第一层管理领域的整个大学管理，与管理领域的标准相对应，第二层的其他三个领域（教育和研究、环境及当地社区）评估了大学的整体活动。

表 2 – 4 　　　　　　　　　　ASSC 评价体系结构

类别	指标	方面
管理	政策和总体规划	教育与科研
		校园
	组织考虑可持续性	专职人员
		活动
		决策支持机制
	财务资源管理	长期规划
		确保预算和获取资金
		运营
	资产管理	大学资产的社区利用
		大学资产的服务
	设施管理	—
	加强可持续发展网络	—
	人员培训	教师评价
		人才招聘
	采购和合同	采购
		合同
教育和研究	教育	课程
		可持续发展知识
	研究	可持续发展研究
		生活实验室
		社区实用研究
	学生	鼓励和支持学生活动
		学生参与大学管理
环境	生态系统	—
	土地	绿地和森林
		其他空地
	公共场所	—
	景观	—
	废弃物	—

续表

类别	指标	方面
环境	能源和资源	能源管理
		温室气体
		可再生能源
		其他资源
	基础设备	—
	设施	环境绩效
		室内环境
	运输	流程规划
		行人和自行车
		与当地社区建立联系
	校园历史资产的使用	—
	防灾地点	—
当地社区	工业界、学术界和政府之间的合作	—
	社区服务	系统
		活动
	信息传播	—

资料来源：CAS – NET Japan. Good Practices on Campus Sustainability in Japan. Available online：https：//www. osc. hokudai. ac. jp/en/action/assc。

该评价系统涵盖了整个大学的管理领域，评估了大学的整体活动并提供有关高等教育机构实施可持续发展方面的优势和劣势信息，帮助他们决定未来的战略。相较于其他评价体系，ASSC 提出的可持续校园概念认为，可持续校园不仅包括减少校园对自然环境的影响，同时关注校园为可持续发展计划及其与其他部门如当地的产业、附近社区的合作与互动。

第七节 人类与地球绿色联盟

人类与地球绿色联盟（people & planet university league，P&P）由英国学生网络 People & Planet 为英国大学开发，并在英国多所大学进行测试，是英国唯一一个综合和独立的大学排名，根据环境、道德表现和实践，它是由学生运动组织"人类和地球"编辑的。2007~2010 年 People & Planet Green League 在《泰晤士报高等教育增刊》上发布排名，2011 年开始在《卫报》上发布，目前最新的排名在其官方网站上发布。① 英国大学在推动环境绩效显著和持续改善方面，需要依托三个关键制度因素：首先是大学高级管理层（尤其是副校长或校长）对环境绩效改善计划的积极公开支持；其次是配备全职员工负责环境管理；再者是对所有环境影响进行全面调查；最后是制订并公开发布书面的环境政策。每年，人类与地球绿色联盟会在其官方网站上发布排名结果，并与一家全国性报纸联合出版，旨在通过庆祝和分享最佳实践、揭露不作为行为，提升高等教育中环境管理的全国形象。

人类与地球绿色联盟每年都会调整和修改其方法。这个过程的目的是回应新的环境问题，进一步推动过渡，并纳入前几年的反馈和批评，以提高绿色联盟的准确性和透明度。2012 年，绿色联盟根据 13 个关键指标对大学进行了衡量：该机构是否有公开的环境政策；每 5000 名 FTE 学生的全日制等效（FTE）环境管理职位数量；环境审核；道德投资；碳管理；道德采购和公平贸易状况；可持续食品；教职员工和学生参与；课程中的可持续发展；能源；废物和回收；减少碳排放；减少用水量，不划分维度。大学根据表现获得"第一"、"2：1"、"2：2"或"第三"评级。结果由图形呈现（见图 2-1），数据收集在大学的网页和英国高等教育统计局进行。运行数年，允许年度比较和年度排名，更

---

① The People & Planet Green League, https://www.wikiwand.com/en/articles/Green_League_2007.

多地关注环境运营，减少对社区的关注。

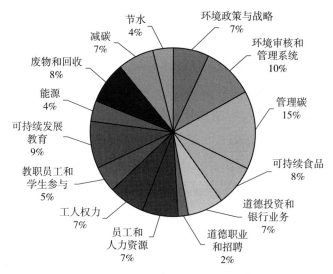

图 2 - 1　具体评价指标和权重

资料来源：P&P 官网。

第八节　大学可持续发展政策评估及其与国际卓越校园计划的关系

大学可持续发展政策评估及其与国际卓越校园计划（Assessment of University Sustainability Policies and Their Relation to the International Campus of Excellence Program，AUSP）评价体系由 CRUE 环境质量可持续发展和风险预防 De La Crue 部门委员会与西班牙大学校长会议共同开发，是专门为西班牙的高等教育机构进行评估和分析的工具，已经在部分西班牙大学进行了测试。该项调查方法通过问卷调查和访谈（自我评估）收集数据，并由外部组织审查，指标通过图形表示。目的是改善社会责任、环境（包括公共采购）、经济和可持续发展目标实施方面的绩效和政策，最后一次更新是在 2018 年。该评价体系共有 176 项指标，分为 4 个维度：组织、教学、研究、环境管理，较少强调社会成分。在加权方法上，该项指标采取的是专家建议并且没有解释指标选择原因。

与其他评价体系相比，AUSP 评价体系的优点在于涵盖了几乎所有的重要事项，较为全面和详细，同时有助于被评价机构从内部进行自我审核，促进全面发展。缺点是评估过程需要在机构的某些部分上花费较多的精力，结果编制也相对较为烦琐，尽管该工具涵盖了与高等教育可持续性相关的所有重要问题，但它高度依赖于各机构对自我评估的承诺，并需要第三方的支持来审查这一过程。

第九节　宾州州立大学指标报告

宾州州立大学指标报告（Penn State Indicator Report，PSIR）含 33 项指标，涵盖校园的环境（能源、水、材料和废弃物、食物、土地）、交通、建筑环境、决策支持、研究和学校社区，以报告形式呈现，每个指标的结果在 4 个执行级别上报告，并提出了改进建议。较少强调社会指标，没有教学和课程组成部分，最新版本于 2000 年提供。由宾夕法尼亚州立大学绿色命运委员会开发，适用于宾夕法尼亚州的美国大学，并向公众传达如何实施可持续性。

宾夕法尼亚州立大学的可持续发展指标项目确定了 10 个被认为对大学的可持续发展潜力产生重大影响的"系统"：能源、水、材料资源和废物处理、食品、土地、交通、建成环境、社区、研究和决策。对于这 10 个系统，都确定并概述了被认为与该类型系统的可持续性有关的特征。这在任何指标项目中都是一个关键因素，因为澄清这些特征是建立对社区可持续发展至关重要的共同价值观的基础。宾夕法尼亚州立大学研究的一些具体指标包括：能源（总能耗和人均能源消耗、校园天然气与煤炭消费、校园燃煤排放、节能举措）；运输（汽车依赖、绿地改建为停车位、运输相关安全）；建筑环境（建筑决策流程、构建优先级、建筑生态设计）；物质资源和废物处理（纸张消耗、非回收固体废物生产、回收固体废物生产）。

第十节 大学可持续性评价图示

大学可持续性评价图示（graphical assessment of sustainability in universities tool，GASU）是基于 GRI 报告，并针对高等教育机构进行了调整，以环球报告倡议 GRI 2002 准则（GRI，2002b）为基础，增加了教育层面，这就产生了 4 个层面：经济、环境、社会和教育；8 个维度：直接经济影响，环境，劳工实践和体面工作，人权，社会，产品责任，课程，研究，服务；126 项指标：10 项核心指标和 3 项附加经济指标、16 项核心指标和 19 项附加环境指标、24 项核心指标和 24 项附加社会指标以及 10 项核心指标和 20 项附加教育指标。每个指标使用以下范围进行评分：0 - 完全缺乏指标信息。1 - 所提供的信息表现不佳，相当于所需全部信息的 25% 左右。2 - 所提供的信息是正常的，相当于指标所要求的全部信息的 50% 左右。3 - 所提供的信息被认为表现良好，相当于大约 75%。一旦报告中的所有指标都被评分，它们就被相加并除以每个维度可达到的最高分（经济 44 分、环境 45 分、社会 134 分、教育 83 分）。这给出了每个维度的相对表现。例如，如果经济维度的相对表现为 22，那么它的相对表现将为 50%。结果由图形呈现并显示在九个图表中：一个总图表显示了经济、环境、社会和教育层面的表现；一个是经济层面；一个是环境层面；五个是社会层面（一个是总体层面，一个是劳动实践和体面工作层面，一个是人权层面，一个是社会层面，一个是产品责任层面）；一个是教育方面。

与其他指标体系相比，GASU 评价体系有以下优势：第一，GASU 是一种有用的方法，可以促进对可持续发展报告所汇编信息的理解和交流。它依靠 AMOEBA 图的使用，提供了高等教育机构绩效的可视化表示（Ten Brinks et al.，1991）。第二，该模型可以全面反映该机构的业绩，涵盖所有重要问题。第三，GASU 允许对报告的可持续发展绩效进行简单的比较，这可以帮助大学领导、可持续发展倡导者和其他个人相对容易地比较和衡量他们的可持续发展绩效。模型同样存在一定缺点：众多指标意味着它需要大量数据，这使得实施 GASU 变得困难，也使纵向比较和基准制定变得复杂（见表 2 - 5）。

表 2 - 5　　　　　　　　　　GASU 评价体系结构

类别	维度	方面
经济	直接经济影响	客户
		供应商
		雇员
		资本提供者
		公共部门
环境	环境	材料
		能源
		水
		生物多样性
		排放、废水和废物
		供应商
		产品和服务
		合规
		运输
		总体
社会	劳工实践和体面工作	就业
		劳动/管理关系
		健康和安全
		训练和教育
		多样性和机会
	人权	策略和管理
		无歧视
		结社自由和集体谈判

续表

类别	维度	方面
社会	人权	童工
		强迫和强制劳动
		纪律措施
		安全措施
		土著权利
	社会	社区
		贿赂和腐败
		政治捐款
		竞争和定价
	产品责任	客户健康与安全
		产品和服务
		广告宣传
		尊重隐私
教育	课程	将可持续发展纳入课程
		可持续发展能力建设
		课程中的可持续发展监测
		行政支持
	研究	一般研究
		补助金
		出版物和产品
		项目和中心
	服务	社区活动和服务
		服务学习

资料来源：Incorporation and institutionalization of SD into universities：Breaking through barriers to change（工具不能在网上免费获得，只能付费使用）。

第十一节　总结与评价

早期的评价体系多采用问卷调查的形式进行评价，针对答案得出校园的可持续性评价结果；后来的评价体系开始出现定量指标，达到指标要求就可得分，得分相加即为评价结果；现阶段一些评价体系使用分段打分的评价方法，指标依照实现水平分级，满足某一级别的要求即得相应分数，能更精确地反映校园的可持续发展状态，可比较性也更强。随着评价方式的发展，评价结果也逐渐从纯文字描述转变为量化分析，根据最终的整体得分划分级别，进而出现了雷达图等方式直观地表达各项指标群的得分。

根据国外一些学者的看法，这些工具的总体实施率仍然很低，其开发仍处于早期阶段。评估高等教育机构可持续性的各种工具大多以指标为基础，使用图表或最终排名来传达结果，基于指标的工具具有更加透明、一致和可比较的优势，因此有助于监测和决策支持。本章中所列出的这些工具的一个共同特征是：它们是通过自我评估填写的，只需要领导者或研究人员来完成。创建一所可持续发展的大学，不仅要将评估工具用于实践，还要将高等教育机构的不同利益相关方整合到这个过程中。此外，利益相关者的参与对于实现可持续大学的愿景和目标至关重要。《高等教育人民可持续性条约》第二稿将高等教育利益相关方分为三大类：（1）从事高等教育机构活动的人：行政人员、学术管理人员、教育工作者、研究人员和学生。（2）从事高等教育系统工作的人员：行政官员、各部、评估机构、国际组织。（3）高等教育制度所服务社区的组成部分：地方社区、专业团体、公司等。因此，具有社会责任感的高等教育机构应考虑利益相关者的行为和看法，以更好地了解他们的期望和优先事项，并利用这些来确定战略和目标，监测目标，以促进活动和问责制，并加强社区与大学的接触。因此，可持续性反映了基于利益相关者和高等教育机构之间关系的条件。

同时，这些工具都有各自的优势和缺陷。许多评估工具在获取环境和可持续性表现的基线数据以及关于校园如何开始管理可持续性的过程性信息方面表现出色。这些工具通过确定重要的问题以及制定和实现优先的可持续性目标的方法，为战略规划提供了基础。然而，大多数评估工具并没有提供将校园的努力与其他机构或国家/国际平均水平进行比较的机制。在衡量校园"做什么"和"怎么做"的同时，大多数评估忽略了"为什么"开始和保持这些举措（即动机）。此外，尽管理论和实践都指出需要在各职能领域进行可持续性整合，但许多工具都集中在运营生态效率上。不管具体的优势和劣势，可持续性评估工具通过其结构和内容为高等教育中可持续性的基本属性提供了有价值的洞察力，本章所评论的工具在以下参数上趋于一致。

（1）减少物质使用量。所有的评估工具都反映了校园需要减少能源、水和其他材料的使用和投入。面向可持续发展的工具包括将产量调整到与生态系统承载能力相当水平的目标。

（2）渐进和系统的过程。认识到可持续性是一个长期和困难的目标和过程，这些工具反映了一个双管齐下的方法。首先，校园应该采取渐进的步骤，向生态效率迈进（如节约用水）。较弱的评估工具停留在渐进的步骤上，而较强的工具则同时包含了系统性的变化，包括激励和奖励结构、使命和目标声明、程序、年度报告和其他组织决策过程。

（3）可持续发展教育作为一项核心功能。虽然专门关注可持续性的选修课程是必要的，也是值得称赞的，但最先进的评估工具承认可持续性教育需要被纳入许多学科的核心课程中。关于可持续性的课程必须包括对高等教育机构以及更大的生态和社会问题积极学习的内容。此外，教育必须超越课堂，以确保学生和教师在可持续运营、研究和服务方面的支持。

（4）跨职能的范围。强大的评估工具可以衡量结合教学、研究、运营和服务问题的进展，如土地管理和生态建筑设计。融合多种功能确保了对可持续发展倡议中相互关联的环境、经济和社会方面的关注。

（5）跨机构的行动。在可持续性方面领先的机构和领先的评估工具通过倡议和跨校园的比较跨越了机构的界限。例如，对校园投资以及外联和毕业生就业的评估涉及高校通过促进可持续性在社会发展中发挥的关键功能。此外，校园通过分享成功经验、制约因素和机会相互帮助。

评估高校可持续性的跨机构工具正在迅速出现，反映了从环境管理（生态效率）到可持续性管理的思想转变。大学可持续性评价体系应满足以下条件：第一，专门为评估高等院校可持续性实施绩效而开发的工具；第二，涵盖高等院校实施可持续发展的不同层面（设施或校园运作、教学和课程、组织管理、外部社区、研究、评估和交流）；第三，包含可持续发展的三大支柱（环境、社会和经济）。除此之外，大学可持续性评估工具不仅要描述大学的状况（根据不断发展的可持续性基线进行衡量），还要将动机、过程和结果整合到一个可比较的、可理解的和可计算的框架中，远远超过生态效率。这些工具需要解读方向和过程，同时强调优先改变的机会。关于可持续性评估工具的总结如表 2-6 所示。

表 2-6　　　　　　　　　　可持续性评估工具总结

可持续性评估工具	要素总数（个）	要素分布及占比	指标总数（项）	适用地区
GM	6	环境和基础设施：15%；能源和气候变化：21%；废弃物：18%；水：10%；交通运输：18%；教育和研究：18%	35	印度尼西亚/国际
CSAF	10	土地：8%；空气：8%；水：7%；能源：9%；物质：9%；社区：15%；治理：11%；知识：11%；健康和福祉：11%；经济和财富：11%	175	加拿大
SAQ	7	课程：20%；研究和奖学金：12%；运营：12%；教职员工的发展和奖励：12%；推广和服务：8%；学生机会：12%；管理、使命和规划：24%	35	国际

续表

可持续性评估工具	要素总数（个）	要素分布及占比	指标总数（项）	适用地区
STARS	5	学术：17%；关键行为者的参与：23%；运营：35%；规划和管理：22%；创新和领导力：3%	74	美国/国际
AISHE 2.0	5	经营；教育；研究；社会；本体	30	荷兰/国际
ASSC	4	管理；教育研究；环境；当地社区	26	日本
P&P	14	减碳：15%；环境审核和管理系统：10%；可持续发展教育：9%；废物和回收：8%；节水：8%；管理碳：7%；道德投资和银行业务：7%；员工和人力资源：7%；工人权利：7%；能源：7%；教职员工和学生参与：5%；环境政策与战略：4%；可持续视频：4%；道德职业和招聘：2%	14	英国
PSIR	10	能源；水；物质资源和废物处理；食品；土地；交通；建成环境；社区；研究；决策	33	美国，宾夕法尼亚州
GASU	8	直接经济影响；环境；劳工实践和体面工作；人权；社会；产品责任；课程；研究和服务	126	英国/国际

资料来源：本文绘制。

第三章

国内可持续大学的评价标准

近年来，伴随可持续大学相关概念研究的逐步深入，国内外可持续大学的评价标准都有一定发展。国外可持续大学的评价标准特点鲜明，如绿色度量体系（CM）、校园可持续发展评估框架（CSAF）等。国内学者有关可持续大学的评价标准的研究基于不同原则，侧重于不同方面，构建了针对不同研究视角的评价指标体系。主要成果包括：中国大学校园可持续性评价体系、民办高校可持续发展评价指标体系、校园环境可持续发展评价指标体系与绿色大学指标体系，下文将详细介绍各指标体系。

第一节　中国大学校园可持续性的评价指标体系

国际上对可持续校园的评价和测度已经转向实际应用，多由非政府组织、准官方机构等进行，这些机构已经发布了大量理论严密、数据充分、效果明显的大学可持续性评价报告。这些宝贵的实践和研究成果为中国大学校园可持续性评价指标体系的构建提供了指导。然而，在实际构建指标体系的过程中，不能简单地套用外国的指标，原因如下：（1）中外社会经济的发展阶段不同，某些指标的要求对我国来说过高且不必要；（2）中外政体和高校管理体制不同，某些指标反映的问题对我国来说根本不存在，如高校内土地纠纷和人种差异；（3）各个指标体系的评价对象和目的各不相同，有些指标体系对校园可持续性的反映相对片面，有些指标体系虽然综合性较强，但对校园可持续性关注不够具体。因此，要想全面并具有针对性地反映可持续校园测度的客观要求，需要综合各相关指标体系的优点，建立科学、合理且用户友好的计算体系，以便能够进行机构间的指标比较，凸显指标体系构建的价值。根据前文对比分析的综合结果，可持续大学校园的要素应包括能源（energy，E）、水（water，W）、空气（air，A）、交通（traffic，T）、建筑环境（built environment，BE）、资源与废弃物（resource and waste，RW）、土地（land，L）、空间形态（space，S）等几个主要方面。

基于已有的理论研究和实践，吕斌等（2011）试图借用国外指标体系中适用的指标，对已有的指标进行完善并构建新的指标。最初的指标列表完成于 2009 年 12 月 25 日，设计者邀请了来自学校管理部门、城市与环境学院的专家以及学科多样性的学生（如城市规划学、社会学、人文地理学、教育学等）共 50 人参与指标筛选，随后不断完善。目前，中国大学校园可持续性评价指标体系包括 1 个目标层、8 个准则层，29 个指标层，如表 3 - 1 所示。

表 3 - 1　　　　　　　　中国大学校园可持续性评价指标体系

目标层	准则层	指标层	理想值
大学校园的可持续发展	能源（E）	E1 年度单位面积上的能源使用强度	190000 千瓦/平方米
		E2 可再生能源占总能源比例	80%
		E3 温室气体排放减少比例	60%
		E4 绿色建筑面积占总建筑面积的比例	30%
		E5 来自本地的能源比例	100%
	水（W）	W1 单位面积上水的使用强度	40 升/平方米
		W2 雨水和灰水再利用的比例	100%
		W3 废水处理达到Ⅲ类水质标准的比例	100%
	空气（A）	A1 室外活株	0.25 棵/米

目标层	准则层	指标层	理想值
大学校园的可持续发展	交通（T）	T1 校园通勤平均的碳排放强度	每次通勤排放的 CO_2 不超过 450 克
		T2 人均的交通碳排放	1000 千克/人
		T3 人均的交通能耗	8500 千瓦/人
		T4 交通能耗中可再生能源的比例	10%
		T5 校园停车率	校园使用者与停车位比例 14：1
	建成环境（BE）	BE1 建筑密度	30%
		BE2 容积率	1
		BE3 区域环境噪声等效声级	50dB
		BE4 公共空间比例	25%
	资源和废弃物（RW）	RW1 回收固体废弃物的比例	100%
		RW2 使用非木浆、无氯、循环利用纸张的比例	100%
		RW3 本地食物占食物总预算的比例	30%
		RW4 年度每千人固体废弃物减少量的比例	增量控制在 5% 以内，减量越大越好
		RW5 人均危险废弃物的减少量比例	增量控制在 5% 以内，减量越大越好
	土地（L）	L1 不渗水表面在校园占地中的比例	小于 30%
		L2 本土植物比例	100%
		L3 健康的自然区域比例	100%
		L4 恢复退化的区域的比例	100%
		L5 受保护的自然区域比例	100%
	空间形态（S）	S1 校园平面紧凑度	1

资料来源：吕斌，阚俊杰，姚争. 大学校园可持续性测度及其评价指标体系构建研究[J]. 当代教育科学，2011（13）：30 – 35.

第二节　民办高校可持续发展评价指标体系

黄俭、肖学农（2014）认为，民办高校可持续发展是自身科学发展与经济社会科学发展良性互动的一种状态，应坚持科学性、系统性、层次性、代表性、可行性五条原则。基于五大原则，他们构建了一个包括发展全面性、协调性、高效性、持续性 4 个准则层，11 个子准则层和 23 个评价要素的民办高校可持续发展的评价指标体系。

具体做法如下：首先，黄俭和肖学农认为在选取民办高校可持续发展评价指标时，应综合考虑基本理论和民办高校的特殊属性，坚持以下五条原则。

（1）科学性原则：每个评价指标都应具备科学性，包括规范的名称、明确的含义与可获取的统计数据。指标体系的构建应在科学选定的指标基础上，充分反映民办高校的基本属性和可持续发展的重要特征，并按照科学性原则进行组合。只有符合科学性要求的评价指标体系才能对民办高校的可持续发展进行准确、合理的评价。

（2）系统性原则：民办高校可持续发展评价是一个复杂的系统工程，而非单向、单维的观点。研究者应树立辩证、全面的思维，坚持系统性地构建评价指标体系。因此，评价指标体系必须能够反映民办高校可持续发展的全面性、协调性、高效性和持续性等要求，形成一个相对完备、完整的有机整体。

（3）层次性原则：民办高校的可持续发展是一个多维概念，需要从不同层次进行界定和评价。例如，民办高校的可持续发展首先要求全面发展，包括质量、规模、结构和效益等方面的发展。只有按照层次性原则进行构建，才能确保所选评价指标之间相互关联、层次明确，为构建完整、全面、可靠的评价指标体系奠定坚实基础。

（4）代表性原则：全面、客观地评价民办高校的可持续发展状况显然不仅仅涵盖一个或两个指标，而是一个庞大且复杂的体系。然而，在评价过程中罗列所有指标是不可取的。因此，在选择和构建指标体系时，对于内容上相互交叉、重叠的指标，应适度精简和压缩，确保适度的繁简，以充分代表可持续发展特征。

（5）可行性原则：在选择评价指标和构建指标体系时，要充分考虑可行性，确保可操作性。应优先选择可通过统计数据和客观量化计算等方式获取的指标，并尽量保持相对数、比例数和平均数的一致性。对于一些重要但难以直接获取的指标，应设计科学的调查问卷，并咨询权威专家，以确保选定评价指标和构建指标体系的可行性。

其次，就民办高校可持续发展的指标体系构建而言，我国学者在教育、高等教育和民办高校可持续发展评价指标体系的研究方面取得了一定进展。科学构建民办高校可持续发展评价指标体系需要坚持系统思维的理念，采用分层思考的方法，逐层提出具体的评价指标，并使其逐渐形成体系。按照这一思路，黄俭和肖学农构建了一个层次结构模型：将民办高校可持续发展表示为目标层 A 和准则层 B（主要包括发展全面性 B_1、发展协调性 B_2、发展高效性 B_3 和发展持续性 B_4 四个方面）。为了科学、客观、全面地选择评价指标，他们向教育行政主管部门领导、从事民办高等教育研究的学者、公立和民办高校的教师等不同层次的专家发放了调查表。通过认真统计和反复征求意见，在众多专家意见中筛选出了一部分广泛认可的指标。同时，他们充分考虑了数据的代表性。例如，在人才培养方面，入学新生增长率反映了民办高校的培养能力，是一个重要指标。然而，在筛选过程中，他们认识到其增长与增长速度受国家政策调整等多种因素的影响，因此可以选择更合适的指标。同时，他们也充分考虑了数据的可获取性。对于难以获取或不易获得的指标，一般不予采纳。例如，由于民办高校的管理能力无法进行科学评估，故在最终的指标体系中被删除。在此基础上，他们借助数理统计方法对指标体系进行了再选择和优化，删除了一些不必要且相关性较低的指标，最终确定了 23 个民办高校可持续发展评价指标，如表 3 – 2 所示。

表 3 − 2 民办高校可持续发展评价的指标体系

目标层	准则层	子准则层	要素层
民办高校可持续发展评价 A	全面性 B₁	质量 C₁	1. 学生流失比例
			2. 毕业生深造（专升本、本升硕）比例
		结构 C₂	3. 本科生占学生总数的比例
			4. 师生比
		规模 C₃	5. 学校占地面积
			6. 教学行政用房总面积
		效益 C₄	7. 收入支出比
			8. 资产负债率
	协调性 B₂	人力资源 C₅	9. 专任教师占全体职工比例
			10. 专任教师高级职称比例
		财力资源 C₆	11. 生均事业性经费
			12. 人员经费占事业性经费支出比例
		物力资源 C₇	13. 生均教学科研设备值
			14. 生均图书册数
	高效性 B₃	科学研究 C8	15. 科技论文发表数
			16. 专利授权数
		人才培养 C₉	17. 学生毕业率
			18. 一次性就业率
		社会服务 C₁₀	19. 教职工人均社会服务收入
			20. 科研成果转化率
	持续性 B₄	支撑能力 C₁₁	21. 生均教育经费支出年增长率
			22. 法人治理结构的合理性
			23. 学校知名度和社会满意度

资料来源：黄俭，肖学农. 民办高校可持续发展评价指标体系的构建 [J]. 江西师范大学学报（哲学社会科学版），2014，47（2）：123 − 126，132.

具体准则层指标的含义如下：

（1）反映民办高校发展全面性的指标体现了其可持续发展的首要目标。我国学术界普遍认为，各类高校取得全面发展都需要实现规模、结构、质量和效益的全面提升，而民办高校也不例外。在质量方面，选取学生流失比例、毕业生深造比例两个指标；在结构方面，选取本科生占学生总数的比例、师生比两个指标；在规模方面，选取学校占地面积、教学行政用房总面积两个指标；在效益方面，选取收入支出比、资产负债率两个指标。

（2）反映民办高校发展协调性的指标集中体现了人力、财力和物力资源在民办高校的配置是否协调，这些方面将直接影响其发展的基础是否稳固与其是否能够实现可持续发展。在人力资源方面，选取专任教师占全体职工比例、专任教师高级职称比例两个指标；在物力资源方面，选取生均教学科研设备值、生均图书册数两个指标；在财力资源方面，选取生均事业性经费、人员经费占事业性经费支出比例两个指标。

（3）反映民办高校发展高效性的指标涉及现代高校的三大功能：科学研究、人才培养和社会服务。这些指标的表现和效率是评价民办高校实现可持续发展的重要标准。在科学研究方面，选取科技论文发表数、专利授权数两个指标；在人才培养方面，选取学生毕业率、一次性就业率两个指标；在社会服务方面，选取教职工人均社会服务收入、科研成果转化率两个指标。

（4）反映民办高校发展持续性的指标涉及其在未来一段时期内具备足够支撑能力，不仅要关注眼前效果，还需要实现可持续发展的要求。民办高校的管理水平和社会影响力具有重要意义。为了满足核心要求，并符合代表性和简明性的要求，选取生均教育经费支出年增长率、法人治理结构的合理性、学校知名度和社会满意度三个指标。

第三节　校园环境可持续发展的评价指标体系

关于构建校园环境可持续发展评价指标，郭卫宏、周勤（2008）基于五律协同的原则，对广州某大学校园环境的可持续发展水平进行了综合评价，分析了当前大学校园普遍存在的问题。他们从自然、环境、技术、社会和经济五个方面出发，依据调查数据和评价结果，针对校园规划、环境保护、绿化景观、生态建筑、校园文化和环境教育等方面，对未来校园的可持续性建设与发展提出了具体的探讨、分析和建议。

在有关大学校园可持续发展评价方面，郭卫宏和周勤提出了一些原则和内容。他们认为自然是人类发展的物质基础，经济是推动力，社会是组织力，技术是支撑体系，环境则是约束条件。只有在自然、环境、技术、社会和经济这五个方面达成共识，才能真正实现社会—经济—环境的可持续发展。大学校园环境评价应以"五律协同"为依据，实现定性和定量指标的配合和互补（见表 3-3）。在定量指标的基础上结合问卷调查结果，他们采用层次分析法和综合加权建立评价模型，得出了大学校园环境可持续发展综合指数。计算公式为：

$$S_j = \sum_{i=1}^{n} W_i P_i \qquad (3-1)$$

其中，S_j 为上层指标综合评价值，W_i 为下层各指标对上层指标的贡献权重，P_i 为下层各指标的评价值。为了方便不同大学校园环境的比较和借鉴，或对同一校园不同时期的发展变化进行对比研究，他们将校园环境综合评价指数划分为 5 个等级（见表 3-4）。

表 3-3　　　　　　　　校园环境可持续发展评价指标体系

一级指标	二级指标	三级指标
A 自然 （0.108）	A₁ 规划 （0.250）	A₁₁ 建筑物与自然的和谐度（1.00）
	A₂ 布局 （0.750）	A₂₁ 建筑物日照取暖或遮阳通风性能（0.500）、A₂₂ 建筑物天然光资源合理利用度（0.500）
B 环境 （0.351）	B₁ 环境质量 （0.546）	B₁₁ 室内空气质量达标率*（0.492）、B₁₂ 饮用水水质达标率*（0.305）、B₁₃ 教学区室内噪声达标率*（0.125）、B₁₄ 生活区室内噪声达标率*（0.078）
	B₂ 污染控制 （0.232）	B₂₁ 废水集中处理率*（0.322）、B₂₂ 景观水申诉恶臭人口比例（0.177）、B₂₃ 施工废物管理（0.100）、B₂₄ 垃圾无害化处理*（0.342）、B₂₅ 垃圾箱布局合理度（0.060）

一级指标	二级指标	三级指标
B 环境 (0.351)	B_3 生态绿化 (0.084)	B_{31} 绿化覆盖率*(0.257)、B_{32} 立体（外墙）绿化率*(0.052)、B_{33} 植被丰富均匀度*(0.096)、B_{34} 植物与建筑配合指数（0.041）、B_{35} 对原有绿地、植物的保护（0.101）、B_{36} 绿化生态功能指数（0.154）、B_{37} 绿化景观文化功能指数（0.299）
	B_4 资源承载 (0.138)	B_{41} 人均用水量*(0.272)、B_{42} 人均用电量*(0.272)、B_{43} 生均土地面积*(0.137)、B_{44} 预留发展用地比例*(0.078)、B_{45} 地下空间利用比例*(0.044)、B_{46} 垃圾分类箱使用比例*(0.026)、B_{47} 垃圾回收资源化比例*(0.170)
C 技术 (0.119)	C_1 绿色材料与技术 (0.750)	C_{11} 绿色建材使用比例*(0.134)，C_{12} 太阳能热水器普及率*(0.265)，C_{13} 其他清洁、可再生能源所占比例*(0.044)，C_{14} 节水设施普及率*(0.482)，C_{15} 对现有建筑物的改造比例*(0.075)
	C_2 智能化水平 (0.250)	C_{21} 楼宇自动化系统水平（0.109）、C_{22} 通信自动化系统水平（0.309）、C_{23} 办公自动化系统水平（0.582）
D 社会 (0.351)	D_1 建筑物总体印象 (0.122)	D_{11} 总体布局和分区的合理性（0.466）、D_{12} 历史文化的保护与传承（0.105）、D_{13} 时代文化特征的体现（0.116）、D_{14} 校园文化浸染与训导的展现（0.254）、D_{15} 校园对外敞开性和知名度（0.059）
	D_2 规模容量 (0.257)	D_{21} 教学建筑的满足度（0.277），D_{22} 办公楼的满足度（0.080），D_{23} 图书馆的满足度（0.136），D_{24} 会议室、报告厅、展示场所的满足度（0.044），D_{25} 宿舍的满足度（0.169），D_{26} 高峰时食堂拥挤度（0.171），D_{27} 高峰时文娱场所拥挤度（0.060），D_{28} 室外交往空间的满足度（0.025），D_{29} 其他配套设施的满足度（0.039）
	D_3 功能评价 (0.433)	D_{31} 教学建筑的适用性（0.287），D_{32} 办公楼的适用性（0.196），D_{33} 图书馆的适用性（0.176），D_{34} 会议室、报告厅、展示场所的适用性（0.067），D_{35} 宿舍的适用性（0.108），D_{36} 食堂的适用性（0.087），D_{37} 文娱活动场所的适用性（0.051），D_{38} 其他配套设施的适用性（0.027）
	D_4 交通 (0.098)	D_{41} 道路网密度*(0.234)、D_{42} 路段平均行程车速*(0.067)、D_{43} 步行穿越便捷性（0.594）、D_{44} 对校车频率满意度（0.105）

一级指标	二级指标	三级指标
D 社会 (0.351)	D_5 安全 (0.060)	D_{51} 建筑施工总体质量（0.637）、D_{52} 未完工建筑的影响（0.105）、D_{53} 建筑内部消防设施普及率*（0.258）
	D_6 医疗卫生 (0.030)	D_{61} 病床使用率*（0.230）、D_{62} 心里愉悦性（0.122）、D_{63} 安全卫生性（0.648）
E 经济 (0.071)	E_1 经济实力 (0.750)	E_{11} 基础建设投资比重*（0.750）、E_{12} 环保投资比重*（0.250）
	E_2 经济效益 (0.250)	E_{21} 工程的经济效益（0.117）、E_{22} 工程的社会效益（0.615）、E_{23} 工程的环境效益（0.268）

注：*表示定量指标，其余为定性指标，括号内为指标权重。

资料来源：郭卫宏，周勤. 可持续发展的大学校园环境建设探析——广州某大学为例[J]. 科技通报，2008（5）：738–742.

表 3 – 4　　　　　校园环境可持续发展等级划分标准

项目	一级	二级	三级	四级	五级
S 值	0 ~ 2	2 ~ 3.3	3.3 ~ 4.0	4.0 ~ 4.5	4.5 ~ 5

第四节　绿色大学的指标体系

黄文琦（2009）认为，建设绿色大学是贯彻环境保护基本国策和实施可持续发展战略的重要举措之一，建立一套系统全面且易于操作的评价指标体系对于指导绿色大学建设具有重要意义。绿色大学的建设围绕教育核心，将可持续发展和环境保护的指导思想贯彻到大学各项活动中，融入大学教育的全过程。评价指标体系则按照目标层、准则层和指标层的思路进行构建，准则层包括绿色教育、绿色校园、绿色科研、绿色实践和绿色办学，反映了绿色校园建设应包括的五个主要部分。指标层则包括具体指标和主要参数，用于反映准则层的具体内容。这样的评价体系能够全面地指导和衡量绿色大学的建设进程。具体如表3–5所示。

表 3 – 5 　　　　　　　　　　　　　绿色大学指标体系

目标层	准则层	指标层	
		指标	主要参数
绿色大学绿色度	绿色教育	环境通识课程必修学分	环境通识课程必修学分
		环境教育老师比例	从事环境课程教育教师数量；全体教职工人数
		绿色主题活动数目	绿色主题活动数目
		单位校园面积	校园占地面积
		环保类宣传品数量	环保类宣传品数量
		环保网站建设	环保网站网址
	绿色校园	绿化率	绿化面积；校园占地面积
		环境卫生状况	参照相应卫生标准
		食堂日人均剩饭量	食堂每月就餐人数；每月残羹处理量
		新建建筑节能建筑比例	新建建筑节能建筑数量；新建建筑数量
		中水利用率	中水处理设备处理能力、运行时间；废水产生量
		节能减排、节水投资金额	各节能减排、节水项目投资额
	绿色科研	绿色科研项目数量	申报的绿色科研项目
		发表环境类论文数	发表的环境类论文
		绿色科研基金比例	各项科研项目基金数量
	绿色实践	绿色社会实践项目数量	有登记的绿色社会实践项目
		参与绿色实践学生比例	各绿色社会实践项目的参加人员
	绿色办学	教学楼生均月用电量	某栋教学楼月用电量；学生数量
		宿舍楼人均月用电量	某宿舍楼月用电量；住宿人数
		办公楼人均月用电量	某办公楼月用电量；教职工数量
		建筑单位面积月用电量	某建筑月用电量；建筑占地面积；建筑容积率
		教学楼生均月用水量	某栋教学楼月用水量；学生数量
		宿舍楼人均月用水量	某宿舍楼月用水量；住宿人数
		办公楼人均月用水量	某办公楼月用水量；教职工数量
		人均固体废弃物月产生量	学校垃圾清理量；学生人数；教职工人数

资料来源：黄文琦. 绿色大学评价指标体系设计初探［J］. 环境科学与管理，2009，34（09）：185 – 189.

首先，在绿色大学指标构建原则及体系方面。黄文琦通过选择具有可得性数据的指标来构建评价体系，以客观、直观地评估高校的绿色水平。绿色大学指标体系的建设以可持续发展理论为指导，以综合性、代表性、层次性、合理性和现实性为原则，以目标层、准则层和指标层的思路为基础。一是目标层，以绿色大学绿色度作为指标，用以衡量大学的绿色水平。该指标在时间尺度上反映大学的发展速度和变化趋势，在数量尺度上反映其总体发展规模和生态化水平，在质量尺度上反映大学的综合素质、能力、潜力和后劲。二是准则层，由反映目标层的指标构成，包括绿色教育、绿色校园、绿色科研、绿色实践和绿色办学，反映的是绿色校园建设所应包括的五个主要部分。三是指标层，用于反映各准则层的具体内容，由各单元指标来体现。这些指标不仅可以反映大学的发展现状，而且通过横向与纵向的比较可以反映其变化发展程度。为了做到全面性与可操作性，指标体系选择了更多的平均指标或相对指标。

其次，在该指标的内容和管理意义方面。绿色教育是学校提高学生社会责任感的重要措施之一。大学应树立绿色教育观念，将环境教育渗透到各学科教学和实践中，使每个学生接受环境教育，让绿色教育成为学生基础知识结构的一部分。绿色教育指标主要包括环境通识课程必修学分、环境教育老师比例、绿色主题活动数目、单位校园面积环保类宣传品数量和环保网站建设。绿色校园环境是绿色大学的重要组成部分，其目标是形成一个清洁优美、布局合理、环境宜人并与校园文化融为一体的校园生态。绿色校园不仅具有教育作用，还充当环境无害化技术和清洁生产技术应用的示范区，推广这些可持续发展技术。同时，绿色校园也是一个积极倡导环保意识、强调保护环境、促进可持续发展的社区。绿色校园包括绿化率、环境卫生状况、食堂日人均剩饭量、新建建筑节能建筑比例、中水利用率、节能减排和投资金额几个指标。绿色科研将环境保护和可持续发展理念融入科研工作，引导科研实现绿色发展，以达到环境与经济效益双赢的科学研究目标。相关指标包括绿色科研项目数量、发表环境类论文数和绿色科研基金比例。此外，师生在行动中能够增进对绿色行为的认识，提高参与积极性，并充分发挥自身示范作用，促进学校所在社区的可持续发展和环境保护。绿色科研相关指标具体包括绿色社会实践项目数量和参与绿色实践学生比例。绿色办学包括绿色教学、绿色管理等方面，通过教学楼生均月用电量、宿舍楼人均月用电量、办公楼人均月用电量、建筑单位面积月用电量、教学楼生均月用水量、宿舍楼人均月用水量、办公楼人均月用水量、人均固体废弃物月产生量这些指标综合反映。

第四章

构建中国可持续大学的评价体系

　　大学建设具有多方面要求，其中可持续发展是现今必不可少的要求之一。目前我国已经存在针对不同领域的可持续发展评价体系，在评价体系的指导下，各领域更能有的放矢地进行可持续发展。此外中国的大学具有独特的管理制度及社会环境，国外或其他行业的评价体系并不能完全适用，因此，建设可持续发展大学需要先构建适合中国可持续大学的评价体系。本章结合国内外评价体系内容及构建方法，采用可量化的标准，围绕科研活动、教育教学、绿色校园、社会发展四个方面构建了中国可持续大学评价体系。

第一节　构建中国可持续大学评价体系的必要性

一、引导中国可持续大学建设的方向

　　可持续大学评价体系是可持续大学建设的风向标，不仅能发挥评估作用，也能发挥对大学可持续建设的指引作用。可持续大学评价体系是高校可持续发展理念在实践层面的具体体现，其内容和权重会影响高校可持续建设的方向和力度。建设科学、全面的可持续大学评价体系，能反映对高校教学、科研、社会服务、校园建设、文化传承方面的可持续要求，推动可持续大学的建设从概念落实为实践，引导高校建设的正确方向。

二、激励与推动可持续大学建设

大学的可持续建设具有复杂性，涉及自然环境、设施改造、人才培养、科研创新、社会参与等各方面，只有构建好科学、系统的可持续大学评价体系，才能客观、全面地把握可持续大学建设情况，推动可持续大学建设不断发展进步。可持续大学评价体系通过一套指标计算方法，量化了高校在可持续发展不同领域的建设水平，使不同高校的评价结果之间具备可比性，通过相应的排名等措施，能极大促进高校可持续建设的积极性，激励可持续大学进行良性竞争；通过对高校的可持续建设评价，也可以引导大众对可持续发展问题的关注，向社会传播可持续发展理念（黄文琦，2009）。

三、提供可持续大学建设的决策依据

科学的决策需要建立在对高校可持续建设情况深入了解的基础上，一个科学合理的评价指标体系能反映大学可持续建设各方面的水平和成果。在实践中，评价体系能把握高校可持续建设进程，以量化形式展示可持续建设过程中的优势和不足并作为决策依据，经过科学分析，可以及时调整可持续大学的建设路线和政策，提高高校领导层决策的科学性，提升可持续大学建设质量（郭永园等，2021）。

四、建设满足中国大学需求的可持续评价体系

中国大学有自身特点，可持续发展有自身的具体要求，因此，需要中国自己的可持续评价体系。在实际评价中，由于不同国家可持续的发展程度、地域气候、社会条件等因素不同，他国的可持续评价体系往往不能满足国内高校可持续评价的全部要求。因此，需要结合中国高校实际情况，结合中国高校可持续发展的理念和要求，构建具有中国特色的科学、全面、适宜、具备可操作性的可持续大学评价体系。

第二节 构建中国可持续大学评价体系的基本原则

一、确定重点议题

评价工具反映的应当是对大学可持续性产生广泛和持续影响并且与背景相适应的议题，并且能区别不同议题的重要性。尽管各评价体系在评价指标的具体表述上不尽相同，但都建立在对可持续大学内涵科学理解的基础之上，指标体系设计科学、严谨、合理，各部分之间相互联系成为一个有机整体。由于高校的许多方面都可能属于可持续发展的范畴，所以评估工具的任务是确定是否具有广泛影响的问题，同时确定其具有具体测量可能性的功能。除科学性和可测量性外，指标体系的设计应坚持实用性原则，指标内容能够反映可持续大学的建设目标且利于操作，评价结果利于统计、分析。此外，工具必须提供机制来确定与可持续性有关的问题的优先次序。

二、具有可计算性、可获得性和可比较性

可计算性是指通过一定的计量方式测量大学的各个方面的可持续水平和性能，表达出大学系统的复杂性和差异性，使得结果具有可比较性。综合各评价体系的特点可以看出，评价指标内容多以量化的综合性、描述性的评价为主，对于各指标的权重分析也有明确的规定。随着评价指标体系的完善，应尽量减少定性的内容，多使用定量分析的内容，并确定各指标在整个评价体系内占的权重，这样更有利于评价结果的统计和量化，避免定性评价主观性强的缺点。计算可持续性进展的能力往往是评估中的一个限制因素。大学需要快速而又深入的方法来衡量状态、进展、优先事项和方向，这些标准并不意味着评估工具必须完全是定量的。事实上，孤立的定量工具无法表达大学所有方面的可持续性进展，因为没有明确定义的"可持续大学"作为测量的基础。另外，

定性数据的收集和分析必须以一种允许跨校园比较的方式进行。关键是要找到足够灵活的测量方法，以捕捉组织的复杂性和差异性，但又足够具体，可以计算和比较。此外在进行评价指标的设定时也应当充分考虑数据的可获得性。

三、超越生态效率

评估工具最常见的缺陷是它们测量的是生态效率（Fussler，1996）而不是真正的可持续性。这种区别是至关重要的，因为生态效率指标强调材料的利用、环境绩效和遵守法规，而可持续性指标强调环境、社会和经济之间的关系，目标是不产生负面影响（Roefie and Lucas，2004）。例如，生态效率指标衡量的是能源保护，而可持续性指标衡量的是温室气体排放总量。两者差异在于促进增量（即生态效率）或系统（即可持续）变化；生态效率以增量为终点，而可持续发展则包含了两种方法。人们经常将可持续和生态效率两个概念混用，用生态效率指代可持续性。但是实际上，可持续的概念要比生态效率大得多，生态效率一般指材料的选用、环境性能等，可持续则是校园环境、社会性、经济性的复杂集合体，它们不是孤立的而是相互影响推进的。

四、体现差异性原则

由于各个大学所处的历史发展进程不同，其资源禀赋、地理位置以及社会定位也不同（包括地区气候和经济发展水平造成的影响等因素），为确保不同的评价体系对于不同大学可持续性评价的适应性和对比的公平性，在评价时应当突出高校之间的差异，对不同的评价要做出差异化的要求和权重。

五、衡量过程和动机

可持续性是一个过程，而不是一个目的，衡量可持续性的工具必须通过询问任务、奖励、激励和其他以过程为导向的结果深入到决策中。通过这种方式，分析人员可以捕捉到动态过程和动机，包括方向、战略、意图和全面性以及当前的影响。为了诠释这种动态变化的实现过程，评估工具必须阐明"为什么"和"怎么做"以追求大学可持续性，以及他们目前正在做什么。这样评价工具才能更好地为接下来的改善提供方向和策略指导。

六、强调可理解性

可持续性评估工具必须能被广大的利益相关者所理解。因此，分析人员必须开发可核查和清晰的报告机制。考虑到其作为跨校交流工具在过程和结果方面的潜在重要性，不应该为了精确性而牺牲可理解性。然而，只要能够转化为可理解的结果，这一标准并不排除复杂的方法。生态足迹（Wackernagel and Rees，1996）是这一原则的例子：通过一系列计算方法，用土地和水域的面积来估算人类为了维持自身存在而利用自然的量。

第三节 评价体系具体指标及基本框架

结合国内外现有可持续评价指标体系内容及构建方法，同时针对国内高校可持续发展现状，将包含绿色、可持续、能源、碳排放、碳减排、碳交易、低碳、污染、环境九个关键词的内容均界定为与可持续相关，中国可持续大学评价体系涉及四个方面：科研活动的可持续发展、教育教学的可持续发展、绿色校园的可持续发展、社会的可持续发展。

一、科研活动可持续

科研活动可持续考察了科研过程可持续和科研成果可持续两个方面，具体内容如下：

（1）科研过程可持续旨在研发与可持续相关的国家级技术和项目，从事环境污染治理与环境质量改善的技术研究以及从事研究与开发符合清洁生产原理的新工艺和新技术；承担硬环境科学类和软环境科学类的研究项目，也包括发展循环经济领域和环境技术咨询与服务的研究项目。

（2）科研成果可持续包括研发可持续专利数和发表与可持续相关的高质量学术论文数（知网期刊高级检索中的 SCI、北大核心、CSSCI、CSCD、AMI）。

二、教育教学可持续

教育教学可持续考察了教学内容可持续和教学实践可持续两个方面，具体内容如下：

（1）教学内容可持续包含专业（学科）建设和课程设置。学科建设即结合学校特色设置与可持续发展、绿色环保的相关专业或建设相关学科；课程设置即通过设置必修课、选修课和公共课，把环境保护和可持续发展理念的教育渗透于各个学科、专业课程教学中。

（2）教学实践可持续包含主题活动、教学平台试验和提供可持续发展方面的定期讲座和研讨会。主题活动即在校园内举办环境教育与可持续发展主题活动；教学平台试验即开发降低教学过程成本、提高教学效率的可持续教学技术和可持续教学模式的试验；定期讲座和研讨会即经常或定期开展环境教育与可持续发展的专题讲座或专题讨论。

三、绿色校园可持续

绿色校园可持续考察了建设可持续和运营可持续两个方面，具体内容如下：

（1）建设可持续包含环境建设、管理制度建设和节能减排改造项目建设。环境建设具体涵盖校园基础设施或绿色建筑利用（建立烟气排放连续检测系统 CEMS，通过绿色建筑认证，校园建设不应该破坏当地的文物古迹、自然水域、自然湿地、基本农田、森林等保护区，人均建筑面积不得超过我国普通高等学校建筑规划的限值，可再利用材料和可再循环材料，建筑形体等）、环境卫生状况、生态园林景观、绿化美化工程、设备更新改造、污染控制措施和校园布局结构七大方面。管理制度建设，即是否有可持续发展相关的制度、节能减排的制度、能耗管理的制度、学校对学生可持续方面的积分制等此类型的相关制度。节能减排改造项目建设涵盖项目经济效益和实施项目方向及技术两方面。

（2）运营可持续包括食物与餐饮、采购、交通、废弃物、水资源、能源和碳排放七个方面。食物与餐饮即餐饮采购，低影响餐饮，餐饮服务最大限度地减少食物和餐饮浪费。采购即电子产品采购、清洁产品采购、办公纸采购、本地采购等，主要参照政府采购意向公布。交通即校园机动车辆、学生及教职工通勤交通方式划分、可持续交通的支持，可具体涵盖以下方面：学校目前符合 A－H 燃料和动力类型的车辆数和学校拥有的总机动车数量；符合标准的车辆（交替使用燃料与清洁能源）；鼓励更可持续的交通方式，并减少学生和员工通勤的影响；校园应该有单独的自行车道；足够的自行车停放空间；公共交通站点与校园入口之间的距离建议不超过 500 米；提供免费与降价校园班车；通过优惠学校附近公寓房价鼓励员工住学校附近。废弃物即废弃物最小化、废弃物转移、建筑垃圾再利用、有害废物管理。水资源即水利用、雨水及废水管理、生均用水量、绿化用水灌溉方式、设置用水计量水表、雨水收集回用、用水计量、再生水处理利用系统等。能源即建筑能源消耗、清洁和可再生能源使用量、设备及建筑符合节能标准、中长期能源规划、人均耗能表、建筑节能设计、可再生能源利用等方面。碳排放即减碳和管理碳项目，碳减排清单和披露，温室气体（碳）排放核算，主要依据所使用的能源量，由高校使用的四种能源及其碳排放因子计算得到。

四、社会发展可持续

社会发展可持续考察了社会服务可持续和社会实践可持续两个方面，具体内容如下：

（1）社会服务可持续包括社会支持和社会评价两个方面。社会支持具体包括为社会可持续发展直接提供技术支持（科研成果转化）；促进公众参与社会决策，为社会可持续发展实践提供精神文明的支持（社区面向公众的科普、周边中小学的参观等）；推进学校所在社区或当地政府部门实施可持续发展方面的具体协定和成果，为政府提供可靠的决策依据。社会评价即荣获可持续教学奖项数、可持续科研奖项数及可持续相关领域奖项数（可持续大学校园奖、绿色建筑奖、绿色运营奖等）。获可持续教学和科研奖的判定方法：教育内容与可持续相关，只要获奖内容里包含八大关键词，就判定学校达到该指标；科研同理。奖项包括机构类的奖项、成果类的奖项。机构类的奖项凡是与可持续相关都算，成果类的奖项包括学术成果和教学成果两方面。

（2）社会实践即组织和参加可持续相关活动。学校有一定比例的师生参加环保志愿者协会组织；积极参与环保公益性活动，向社会公众宣传循环经济和环保法规常识；与其他环保社团、绿色组织等有联系并进行信息交流等；对校内、社会、政府在环境建设上有独到的建议并参与策划。

第四节　中国可持续大学的评价体系

本书构建的中国可持续大学评价体系（见表4-1）设立了四个一级指标来衡量可持续大学建设，分别是科研活动可持续、教育教学可持续、绿色校园可持续、社会发展可持续。

表4-1　　　　中国可持续大学评价指标体系

一级指标	二级指标	三级指标
科研活动可持续	科研过程	在研绿色技术和项目
	科研成果	研发绿色专利数
		发表与可持续相关的高质量学术论文数
教育教学可持续	教学内容	学科建设
		课程设置
	教学实践	主题活动
		开发可持续教学技术和可持续教学模式的试验
		提供可持续发展相关的定期讲座和研讨会

一级指标	二级指标	三级指标
绿色校园可持续	建设可持续	环境建设
		管理制度建设
		节能减排改造项目建设
	运营可持续	食物与餐饮
		采购
		交通
		废弃物
		水资源
		能源
		碳排放
社会发展可持续	社会服务	社会支持
		社会评价
	社会实践	组织和参加可持续相关活动

资料来源：笔者绘制。

科研活动可持续通过科研过程和科研成果两个二级指标来衡量，其中科研过程具体通过在研技术和项目衡量，科研成果通过研发绿色专利数和发表与可持续相关的高质量学术论文数衡量。

教育教学可持续包含了教学内容与教学实践两个二级指标。其中教学内容包括学科建设与课程建设两个三级指标，教学实践包括主题活动、开发可持续教学技术和可持续教学模式的试验、提供可持续发展相关的定期讲座和研讨会三个三级指标。

绿色校园可持续分为建设可持续和运营可持续两个二级指标。其中建设可持续包括环境建设、管理制度建设、节能减排改造项目建设三个三级指标，运营可持续包括食物与餐饮、采购、交通、废弃物、水资源、能源、碳排放七个三级指标。

社会可持续发展由社会服务与社会实践两个二级指标构成。其中社会服务包括社会支持与社会评价两个指标，而社会实践具体指组织和参加可持续相关活动。

第五章

国外可持续大学的发展实践

众多世界一流大学已经前瞻性地制定并实施了全面的可持续发展战略，旨在将这一理念深度融入教学、科研、环境治理以及基础设施建设等各个方面中，形成校内外的强大合力，共同应对全球性的挑战。[①]

在这些大学的努力下，可持续发展已经成为学校运营、设施建设、教学安排、选题研究、课外活动以及学生体验的共通语言。这标志着可持续型大学的办学模式正在全球范围内迅速崛起，成为一种全新的教育趋势。

本章将展示国外十所大学在可持续大学建设实践中的杰出成就，旨在为我国的高等教育机构提供宝贵的参考和启示。这些成功经验不仅将助力我国"双一流"大学的建设，更将推动大学教育更好地服务于国家乃至全球的可持续发展目标，为实现绿色、和谐、繁荣的未来社会贡献智慧和力量。

第一节　诺丁汉特伦特大学

诺丁汉特伦特大学（Nottingham Trent University，NTU），坐落于英国诺丁汉市，由市中心校区、克利夫顿校区和布拉肯赫斯特校区构成。NTU 下设商业、法律与社会科学学院，艺术、建筑、设计与人文学院，科学与技术学院三家学院（College），并下辖八家次级学院（School）。

---

① 本章涉及的各个大学的相关资料根据各类官方资料整理而得。

诺丁汉特伦特大学在 2020 年世界最具可持续发展能力大学排名（UI Green Metric）中荣登第四位。在英国最大的针对全球贫困、人权和环境的学生网站人与地球（People & Planet）所组织并统计的"最注重校园环保与可持续发展的英国大学榜单"中，诺丁汉特伦特大学荣获第三名。2021 年，诺丁汉特伦特大学的餐饮服务因其卓越表现荣获"2021 绿衣奖：校园健康、餐饮"。

一、教学与科研

自 2010 年起，诺丁汉特伦特大学便开始全面引入可持续发展教育理念。为此学校建设了可持续发展指导委员会和可持续行动论坛，并在其领导下建立了绿色学院活动团队和可持续发展团队。其中，可持续发展团队致力于开展各类可持续的校园管理项目，旨在提升师生员工的可持续性意识，推动学校运营活动向更加可持续的方向发展。这些项目包括环境预算管理、校园可持续项目资金分配、降低学校环境影响（如改进校园交通出行计划、低碳行动、可持续采购）及环境达标活动等。而绿色学院活动团队的主要职责是将可持续发展理念融入教学活动中，推动体验式教学的开展，并鼓励各学科之间深化可持续性理念的交流和课程互动。

2013 年秋季学期，绿色学院活动团队推出了名为"用于思考的食物"（food for thought）的在线课程。该课程旨在促进学员学习本专业及跨专业的知识和技能，从而增强学生的就业能力，并为他们提供更多的教学、研究及课外活动机会。表现优异的学员还将获得额外餐券和出席颁奖典礼等奖励。在食物可持续性这一主题的基础上，根据学校师生的反馈，绿色学院活动团队在 2016 年后，为 SIP 的课程体系新增了两个主题——能源与服装。此外，团队还开发了未来思考学习室（future thinking learning room），这是一个专注于推动可持续发展教育的在线资源平台。平台上分享的资源涵盖了与 17 项可持续发展目标相关的学术期刊、图书、网站、影片和教学资料等。教师可以在绿色学院活动团队的支持下开设和完善课程体系。在上述教学与科研活动的推动下，教师、学生、职工和社区工作人员逐渐形成了良性互动，他们以大学为生活实验室（living laboratory），立足当地资源，共同推进可持续教育的理论与实践。

二、环境治理

在节能减排方面，诺丁汉特伦特大学设定了到 2040 年实现净零碳排放的宏伟目标。为实现这一目标，学校正在全校范围内努力减少排放量。采取的节能减排措施包括：在校园内引进全电动和混合动力汽车以取代化石燃料汽车，将 NTU 网站上图像文件大小减少 55% 以降低 9%的网页能耗，以及通过其他方式使 2020 年 4 月至 2021 年 3 月的能源消耗减少 25%。与此同时，为了鼓励自行车的使用，NTU 在校内设置了更多的自行车停车位，至 2021 年，市中心校区的自行车停车位比汽车停车位多 271 个，克利夫顿校区有 497 个，布拉肯赫斯特校区有 58 个。此外，所有校区的学生都可以乘坐补贴巴士，只要支付 259 英镑，学生就可以在 2021～2022 学年内享受无限制的巴士出行服务。

在生物多样性保护方面，NTU 也取得了显著成果。布拉肯赫斯特校区和克利夫顿校区的绿色空间质量连续十年获得"绿旗"认证，并在 2020～2021 年度获得了"刺猬友好校区"铜牌认证。师生们还通过网络研讨会、调研和社交媒体交流等活动积极参与保护动物的行动。值得一提的是，克利夫顿校区内精心培育了一片野花草地，这片区域内已种植了超过 120 万株球茎植物，覆盖了大约 8000 平方米。这些野花不仅美化了校园环境，还为当地动物群的繁衍提供了有利条件。

三、基础设施建设

近年来，NTU 餐饮部门一直致力于提供更加丰富的素食选择。目前，所有准备的食物中有 48% 适合素食主义者，其中 27% 适合纯素食主义者。在食材选购方面，NTU 餐饮部门采用了海洋管理委员会认证的方案，确保其购买的鱼类来源于可持续的鱼类种群，并努力降低对环境的影响。同时，学校还积极减少肉类供应的碳足迹，选择购买更多产自本地且可持续饲养的肉类以支持当地经济。正因其坚持可持续的原料采购策略（其中，15% 为本地食材，60% 来自英国，9% 为有机食材），NTU 餐饮部门获得了土壤协会的高度认可。

过去 10 年，NTU 以可持续发展为核心理念，在设施、建筑和空间改造上累计投资 3.5 亿英镑。根据学校的可持续建设政策，所有重大的新开发项目都需要获得英国建筑研究院环境评估方法（building research establishment environmental assessment method，BREEAM）"优秀"评级和 A 级能源绩效证书（energy performance contract，EPC）认证。目前，NTU 已有 14 栋建筑获得，或有望获得 BREEAM 的"优秀"评级，其中包括克利夫顿校区的展馆建筑。其不仅是 NTU 第一座按照国际公认的最佳能效设计标准（passivhaus）建造的建筑，还荣获了 EPC A⁺ 级认证。此外，布拉肯赫斯特校区的 Lyth 大楼，采用木材和稻草等原材料建造，目前正在等待 BREEAM 的"优秀"认证。因其在可持续发展方面的卓越表现，该建筑还被提名为东米德兰建筑卓越奖和结构木材奖的候选项目。

四、社会参与

诺丁汉特伦特大学在社会参与方面表现出色。其推出了一系列多元化的社区外展（community outreach）活动，旨在鼓励师生广泛参与。这些活动不仅增强了师生之间的联系，丰富了校园文化生活，还树立了学校作为负责任利益相关者的形象。具体项目包括学生进课堂计划、儿童大学、暑期学校化学外展、商学院与当地公司的合作、善行包装计划。

（1）学生进课堂计划每年选拔 500 名大学生前往周边教育资源相对匮乏的学校，为学生提供辅导。这一计划已持续运作十多年，惠及超过 30000 名学生，有效缩小了贫困群体的教育差距。

（2）儿童大学项目面向 7 ~ 14 岁的儿童，通过体育俱乐部、博物馆、活动中心和音乐团体等活动，旨在帮助儿童深入了解大学活动，培养全面技能，并发现自身兴趣和能力。

（3）暑期学校化学外展项目通过专题课程和实践活动，激发学生对化学的兴趣和参与度。

（4）商学院与 NetPositive 等公司合作，共同开展温室气体管理项目，目前已有 400 多名商学院学生参与其中，协助 95 家企业减少温室气体排放并获得环境投资者认证。

（5）NTU 通过与社区合作开展志愿活动的方式，让学生更多了解当地社区，提升其就业能力，同时支持地方可持续发展事业。2019～2020 学年，共有 505 名 NTU 学生志愿者和 233 名教师贡献了 23124 小时的志愿时长，为当地及全球社区提供了服务。

（6）由英国心脏基金会、诺丁汉市议会和诺丁汉特伦特大学联合推出的"善行包装"计划取得了显著成果。在 2020～2021 年，该计划向慈善机构捐赠了 12099 袋衣物，为英国心脏基金会筹集了高达 169386 英镑的资金。同时，该计划从垃圾填埋场中转移了 96.7 吨物品，并减少了 985052 千克的碳排放。此外，该计划还促进了 NTU 内部未使用家具的重新分配，减少了浪费和购买新物品的需求。至 2024 年，该计划已累计节省 58103 英镑的资金，并减少了 29440 千克的二氧化碳排放，相当于种植了 39 棵树。

第二节 爱丁堡大学

爱丁堡大学（The University of Edinburgh），位于英国苏格兰首府爱丁堡市，自 1583 年创立以来，一直是学术研究的重镇。全校设有三大学院：艺术、人文与社会科学学院（College of Arts, Humanities & Social Sciences）、医学与兽医学学院（College of Medicine & Vet Medicine）以及科学与工程学院（College of Science & Engineering），下辖 21 个小学院（School）。在最新的 QS 世界大学可持续性排名中，爱丁堡大学荣登英国榜首，全球排名第四位，充分彰显了其在可持续发展领域的卓越成就。

一、教学与科研

在教学方面，爱丁堡大学致力于培养具有独立思考和批判性反思能力的学习者，使学生成为终身学习者，以应对全球挑战。学校提供了一系列与可持续发展相关的课程，如环境和社区生物学、可持续发展、社会和环境、科学和社会等。同时，爱丁堡大学还开设了多个本科和硕士专业，如高级可持续发展设计、非洲和国际发展、低碳管理、生态经济学、环境和可持续发展、全球和国际社会学、环境和历史、户外环境和可持续发展教育等，从不同角度深入研究可持续发展。

在科研方面，爱丁堡大学的人文与社会科学、科学与工程、医学与兽医学部积极探索跨学科合作，学校为此提供专门的研究资金支持。2009～2010年，学校在可持续发展领域的科研经费高达9000万英镑，占当年总科研经费的45%。此外，学校成立了多个研究机构，如国际健康研究院、国际发展研究院、苏格兰的碳捕获和储存中心、传染疾病中心、公平世界研究所、环境变化和可持续发展中心、认知老年化和认知流行病中心、家庭关系研究中心、碳创新爱丁堡中心等，致力于气候变化、疾病、社会公平以及健康等领域的研究。

二、环境治理

面对全球气候变化挑战，爱丁堡大学积极响应《巴黎协定》的号召，致力于减少温室气体排放并支持低碳经济转型。学校计划在2040年前，将其每百万英镑营业额的碳排放量减少50%，成为一所净零碳大学。为实现这一目标，学校将在研究、学习、教学、运营和负责任投资等方面采取行动，并充分利用其五个校区作为学习的活实验室，探索可再生能源的机会，并检验可复制的创新理念。

三、基础设施建设

为了配合可持续发展策略的实施，爱丁堡大学成立了可持续发展和环境委员会以及可持续发展办公室。该委员会的总负责人由爱丁堡大学的一位副校长担任，每年负责召集全校有关部门召开三次会议，讨论有关可持续发展的议题，与会成员为大学三大学部的管理人员。可持续发展和环境委员会主要为大学中央管理委员会提供建议，并在人力资源和技术等方面提供支持。他们鼓励教师开设可持续发展相关课程，监督大学后勤部门执行资源可持续使用计划，以推动大学与社会的可持续发展。该委员会下设的四个小组及其任务分别是：执行小组负责执行计划，参与小组主要负责对外联系，改变学习小组带动教师将可持续发展理念融入教学，公平贸易专家组关注如何改善发展中国家人民的生活。大学可持续发展策略的执行情况需向专家组汇报，并接受其监督。学校每年都会公布可持续发展报告。

此外，学校设有平等、多样性和包容性（the equality, diversity and inclusion, EDI）委员会。委员会将学生代表、学院和专业服务组 EDI 委员会召集人、员工网络召集人与其他利益相关者聚集在一起，制定战略、批准和监督行动计划，并确定优先事项。2021 年，该委员会成立了两个下属分支机构——"种族平等与反种族主义"委员会和"性别平等"委员会。

四、校园活动

爱丁堡大学积极倡导师生从生活方式和行为改变做起，以改善周围的生活环境。例如，2009～2010 年，学校有 300 人签署了"食物伴侣保证"，承诺每人每年减少一吨的二氧化碳排放；172 人签署了"旅行保证"，承诺每人减少 99 吨二氧化碳排放。

此外，为了充分调动学校老师和学生的积极性，鼓励他们把有关可持续发展的积极思路转化为现实行动，学校还设立了"爱丁堡可持续发展奖"。学校所有的教师和学生都可以参加这个项目，三人以上就可以组成一个小组，通过本人所在的系和实验室等途径，向学校申报奖励。通过这一奖项，许多创新的可持续发展项目得以实施，如建立可持续发展信息交流途径、开展环保活动等，充分展示了学校师生对可持续发展理念的实践与承诺。

五、社会参与

爱丁堡大学致力于在社区分享知识。为了让公众了解教育、科学和文化的发展，学校组织了许多展览和活动，如珍贵乐器展、现代艺术展、古老建筑展、爱丁堡大学国际科技节等。每年在爱丁堡举办艺术节时，学校开放校园，使校园成为整个城市艺术节的一部分。此外，在公众开放日，人们可以参观校园，也可以到图书馆阅读。学校为学生会提供资助，支持学生参加社区志愿活动。学生会成立了学生城市论坛，由爱丁堡地方政府官员、社区代表和爱丁堡大学学生共同参加，加强了学生与社会的联系。2016 年，爱丁堡大学两名学习生态和环境科学与管理（ecological and environmental sciences with management）的学生通过太阳能移动设备为希腊难民提供创造性解决方案，为解决全球问题作出贡献。

为了帮助优秀的来自弱势群体的学生获得入学机会，并顺利完成学业，学校增加了助学金。招生人员也深入弱势群体所在社区，开设一些大学预备课程和讲座，激发这些学生对未来学习领域的兴趣，并及时地提供详细的招生信息；工作人员主动走访中学，鼓励学生树立信心，立志于科学研究；组织中小学生，尤其是来自弱势群体和社区的孩子参观大学。这些措施有利于激发学生的学习兴趣，使其树立远大志向，也有助于为弱势群体提供教育机会，维护社会公平。

此外，学校通过主动与政府官员交流，甚至派人到议会挂职，主动介入社会各项事务，引导政策的制定和走向。2009～2010 年，爱丁堡大学获得了可持续发展方面的知识产权 18 项，出台了有关基本药物的政策，以确保欠发达国家能够通过降低商业成本获得使用权。爱丁堡大学还加强了与国际学术界、工业界的联系，建立了跨地区、跨学科的合作团队，创建了多学科参与的"新启蒙"项目，与地方政府、工商界和其他机构合作，讨论和应对全球性问题。

第三节 伦敦艺术大学

伦敦艺术大学（University of the Arts London，UAL），是欧洲最大的艺术、设计、媒体传达和表演艺术高校之一，也是全球顶尖的艺术大学之一。该校通过"让可持续性成为学生学习体验的必要组成部分（Making Sustainability a Required Part of the Student Learning Experience）"的可持续发展课程项目，将可持续发展理念融入学生的日常学习，使之成为必备技能。伦敦艺术大学的可持续发展观涵盖了教学、研究、对外合作和校园生活的各个方面，其被英格兰评选为最环保的20所大学之一。

一、教学与科研

伦敦时装学院是伦敦艺术大学中实践可持续时尚教育最有成效的学院之一。该学院倡导将社会责任和可持续性融入本科课程实践中，设立了多个可持续时尚设计专业，如生物系统设计硕士（MA Biodesign）、未来时尚硕士（MA Fashion Futures）、未来材料硕士（MA Material Futures）和建筑硕士（MA Architecture）。其中，最具代表性的是未来时尚专业。该专业由可持续时尚中心（Centre for Sustainable Fashion）于2008年创办，它将可持续发展置于时尚实践的中心，致力于培养注重环境、社会、经济和文化可持续性的时尚从业者，鼓励学生批判性地思考设计的本质和目的，想象未来创造和时尚体验的替代方式，并力图将研究建立在理解行业面临的巨大挑战和当下复杂的社会问题之上。伦敦艺术大学可持续时尚中心由来自不同背景和专业兴趣的研究员、设计师、教育工作者和媒体人员组成，致力于推动可持续设计的研究、教育和行业交流，倡导利用时尚学科来推动变革、建立可持续的未来并改善生活方式。可持续时尚中心勇于质疑和挑战不可持续的时尚文化（譬如过度消费的时尚文化模式），拓展时尚与其他领域联结，以提升识别个人和集体价值的能力。师生通过参与多元化的批判性讨论,培养对可持续时装设计在哲学层面的认识,探索可持续时尚的本体和构成要素。

"时尚种子"(fashion societal,economic & environmental design-led sustainability,Fashion SEEDS)是伦敦艺术大学联合米兰理工大学、科灵设计学院、爱沙尼亚艺术学院的时尚导师协同创造的时尚教育项目。该项目旨在探索可持续性服装设计的教育转型模式,制定整体框架,将可持续性融入高等教育服装设计,培养具备时尚设计技能、能力和知识的毕业生,更好地实现可持续发展目标。"时尚种子"项目提供了全面的工具、资源和范例,协助教师思考教学内容和方式,以及可持续时尚设计学科对时尚教学可能产生的影响程度。

二、基础设施建设

伦敦艺术大学在可持续食品方面提出了一系列计划,包括减少肉类、奶制品和鸡蛋的摄入量,提倡多吃蔬菜、全麦和豆类;通过在咖啡厅提供免费饮用水,减少瓶装水的销售量;减少食物浪费,确保校内员工和学生的食物浪费不超过2%;减少人工添加剂的用量;餐饮服务将把食品垃圾转移到苏伊士公司提供的厌氧消化器中。

三、校园活动

伦敦艺术大学具有绿色屋顶协会(Green Roof Society)这一学生社团。绿色屋顶协会利用圣马丁中心(Central St. Martins,CSM)的屋顶露台建造了一个绿色空间,包括食物、授粉植物、定制结构和染料花园。该绿色空间旨在打造城市花园,学生们负责植树、种植植物以及烹饪美食。

四、社会参与

伦敦艺术大学在重视教育、研究的同时,对可持续时尚的社会价值和教育工作者应当承担的社会责任也给予了充分关注。伦敦艺术大学与开云集团(Kering)的合作始于2014年,合作的重要契机是双方均认识到实现可持续发展是时代最大的挑战。自合作以来,双方开展了以下活动:

（1）共同为硕士生创建课程模块；

（2）设立本科毕业生和硕士毕业生奖励计划；

（3）组织行业领袖与学生共同开展主题研讨——"开云会谈"；

（4）通过产学研合作，探索可持续设计的新方向；

（5）在奢侈时尚集团开云集团的支持下，可持续时尚中心推出了世界上第一个奢侈品和可持续性开放访问数字课程——"时尚与可持续性：在不断变化的世界中理解奢侈时尚"。

除开云集团以外，伦敦艺术大学还在全球范围内与其他机构和行业伙伴展开合作，着力关注交叉研究领域，将艺术设计与科技、生物、医疗等其他行业联系起来。这些合作为伦敦艺术大学的可持续时尚教育带来了新的活力和内涵，集中体现在以下四个方面：

（1）通过对环境变化的理解，创造出新的商业模式，减少资源浪费，改变生产者和消费者的污染行为，实现社会创新和可持续发展。

（2）倡导为人类健康而设计，要求最大限度地减少不平等，使社会收益最大化。伦敦艺术大学的海伦·斯托瑞（Helen Storey）教授及其团队利用联合国难民署捐赠的已被废弃的难民帐篷制作衣服，并将这些衣服在白金汉宫、圣潘克拉斯国际火车站、联合国日内瓦办事处、伦敦科学博物馆等地展出，引起了公众对难民危机的广泛关注。该团队成员还与企业一同为生活在扎塔里的女性提供制作肥皂、香水的培训，创造就业机会。

（3）探索科学技术影响生活、改变社会互动的方式，促进未来社会发展和经济增长。

（4）主张利用艺术和设计支持社区创新发展，为社区发展问题提供可持续的解决方案。

第四节 哈佛大学

哈佛大学（Harvard University），位于美国马萨诸塞州波士顿都市区剑桥市，自 1636 年创立至今，已成为美国历史最悠久的高等学府之一。其在文学、医学、法学、商学等领域享有崇高的学术地位，并具备广泛的影响力。哈佛大学在可持续校园建设方面尤为突出，其行动可追溯至 1991 年成立的哈佛环境委员会。学校致力于鼓励和协调全校范围内的环境相关活动和学术研究。

一、可持续发展大学的建设路径

哈佛可持续发展大学建设的推进是先自下而后又实现上下互动的模式。哈佛大学跨系的教师和学生组织首先认识到建设可持续发展大学的意义，并积极付诸实践，而后师生的可持续行动得到了学校领导层的呼应，设置了专门的执行机构并拨款，从而不断推进可持续发展大学建设。

2000 年 3 月至 2001 年 6 月，哈佛出台了哈佛大学绿色校园建设的战略规划，建立了哈佛绿色校园行动组织（Harvard Green Campus Initiative，HGCI）。到 2001 年底，一个为期 5 年、每年拨款 15 万美元的规划以及一个 300 万美元的借贷基金计划得到了校方批准，此举为推动哈佛绿色校园建设提供了充足的资金。在有组织、有资金的前提下，哈佛绿色校园行动组织集中精力为多个学院和部门提供绿色校园项目和服务，目标是使哈佛成为追求校园可持续发展的现实实验室和学习型组织，推动学院和各行政部门贯彻落实可持续原则。2008 年秋天，哈佛绿色校园行动组织正式升级为哈佛可持续发展办公室（Office For Sustainability，OFS），可持续发展办公室在全校范围 13 个学院和行政部门提供整体的可持续发展服务。OFS 继续执行扩大 HGCI 的使命，提出减少温室气体排放的愿景并监督实施过程，帮助大学实现温室气体减排的目标。从《哈佛可持续计划（2015～2020）》可以看出，哈佛可持续发展大学建设的行动范围已经从原有的 HGCI 时更多地关注环境领域问题，扩展到排放与能源、校园运行、自然与生态系统、健康与福利以及文化与学习五个核心领域，涉及资源、环境和社会三个方面。

二、教学与科研

哈佛大学已经开设了超过273门有关能源、可持续或环境的课程，可持续发展办公室在网站上发布相关领域的可持续发展知识，清晰地列出了如何参与各种项目的操作工具和路径，并公布了Facebook、Linked-in等信息分享的通道。

哈佛大学设计研究生院的HouseZero团队将一栋20世纪40年代前的房子改造成了第一个同类测试案例，通过生产比消耗更多的能源来展示前所未有的建筑效率水平。人们将其作为一个"活实验室"，用数百万个数据点进行数据收集和分析。目前，作为哈佛大学设计研究生院绿色建筑与城市中心的总部，HouseZero旨在证明超高效的改造确实可以实现并复制。

三、环境治理

在哈佛，实验室是温室气体排放的最大源头，占据了校园能源使用的50%，占地面积约23%。哈佛大学文理学院（Faculty of Arts and Sciences，FAS）、OFS、环境健康与安全、能源与设施部门共同创建了实验室吸入风险评估（lab inhalation risk assessment，LIRA），以确保使用、测量和分析化学品设备的实验室进行适当的通风。哈佛大学还制定了实验室通风管理计划（lab ventilation management plan，LVMP），该计划通过优化换气率来节省能源并确保研究人员在实验期间的安全。

在实验室环境中，通风柜是一种领先的能源密集型设备。作为总体可持续实验室计划的一部分，FAS和OFS于2005年创建了关闭窗扇（Shut The Sash）竞赛，以鼓励研究人员在不使用时关闭通风柜，此举在过去16年中为大学节省了300多万美元。此外，FAS还鼓励实验室将超低温冷冻机从-80℃切换到-70℃，这一改变可以帮助哈佛大学每年消除约1476.35公吨二氧化碳当量，同时保持性能并延长冷冻机寿命。

四、基础设施建设

哈佛大学可持续发展办公室聚焦于跨学科可持续发展的学术和研究，以及哈佛社区在气候变化、社区行动、能源与排放、食品、绿色建筑、健康和福利、信息技术、生态与生态系统、采购、交通、废弃物和水等领域的一系列活动，依托绿色实验室、绿色生活、绿色办公室、绿色循环基金、绿色团队、学生拨款等项目的推动降低哈佛的环境影响和运行成本。

哈佛绿色循环基金（green revolving fund，GRF）是一个价值1200万美元的可循环的借贷基金，旨在通过为可持续的设计和高效的运行、维护提供资金，从而减少大学的环境影响。哈佛绿色循环基金给予产生节约的项目以资金资助，项目范围包括建筑项目的运行和维护、交通、采购以及建筑的设计和翻新。这些由GRF资助的项目得到了各学院的支持、社区居民的积极参与以及可持续发展办公室的专家和信息的支持。这些项目在运营中节省的成本，一部分用于偿还基金贷款，另一部分转为学院的预算，剩余部分返还给可持续发展办公室，用于发展和提高教师改革创新的积极性和培养改革创新的能力。

五、校园活动

哈佛在推动可持续发展大学建设方面有众多项目，包括鼓励和支持不同层次利益主体参与的项目，如绿色实验室项目、绿色生活项目、绿色办公室项目、绿色团队项目以及学生拨款项目。

（1）绿色实验室项目致力于让研究人员、行政人员、教师和物业管理者一起来开展可持续行动。由于科学实验的能源强度不同，每个实验室的条件都是独特的，所以绿色实验室项目除了覆盖整座实验楼外，还要考虑具体实验室的实际情况。绿色实验室项目鼓励实验室进行冰箱管理，及时关闭门窗，将实验闲置材料和设备在实验室之间循环再利用并进行绿色实验室校内认证。

（2）绿色生活项目则教育生活在哈佛的学生和居民采取可持续的

生活和行为方式，包括 4 个子项目：本科生资源效率项目、哈佛法学院绿色生活项目、哈佛商学院学生可持续协会和哈佛大学住房可持续项目。前 3 个子项目可以称为同伴间教育项目，通过这些项目平台，运用不同的手段，使不同项目覆盖下的学生节约能源、水、食品以及其他方面的消耗，减少废弃物；最后一个子项目是通过教育和培训的方式改变居民的生活方式。

（3）绿色办公室项目是一个为那些力图绿化工作场所并起到先锋模范作用的员工设计的四个等级的自己动手、自我管理的项目。只要每一个参加申请的办公室达到绿色办公室相应管理标准，就可以注册、申请并被授予相应等级的绿色办公室称号。员工的绿色办公室行动直接减少了大学的资源、能源以及水消耗，截至 2016 年，哈佛校园中已经有 230 多个办公室被授予 1~4 级的绿色办公室称号，涉及 2800 名雇员。

（4）绿色团队由致力于让哈佛更可持续的个人组成，它分属于各个学院和相关行政部门，从事各种可持续发展的实践。这些分布于各个学院和具体部门的绿色团队由专门的行政人员领导，领导绿色团队的行政人员又成立了一个绿色团队领导人网络，分享最佳实践经验，提高可持续发展领域的专业知识和领导绿色团队的技能。

（5）学生拨款项目开始于 2010 年，由致力于校园温室气体减排和促进校园可持续发展的学生设立，学生只要在校园减排和可持续发展以及更健康的校园文化建设方面提出创新性的计划，都可以申请拨款。通过由教师、学生以及行政人员组成的评估委员会的评估就可以获得 5000~50000 美元不等的拨款。

六、社会参与

除了内部的治理机制外，哈佛可持续发展大学建设还保持与政府、高等教育部门、非营利组织和私人部门建立伙伴关系来扩大哈佛可持续发展行动的影响。这些机构包括波士顿绿丝带委员会（Boston Green Ribbon Commission，BGRC）、剑桥社区可持续未来契约（Cambridge Community Compact for a Sustainable Future）、生态美国的 Moment US

行动（Eco America Moment US Initiative）、国际可持续校园网络（International Sustainable Campus Network）、常春藤大学校长可持续工作组（Sustainability Working Group，Council Ivy Presidents）、美东北校园可持续联盟（Northeast Campus Sustainability Consortium）等。

第五节　耶鲁大学

耶鲁大学（Yale University），自 1701 年创立以来，已逐渐成为世界著名的私立研究型大学。耶鲁大学位于美国康涅狄格州的纽黑文，拥有超过 26000 名学生和员工，是美国最古老的三所高等学府之一，也是美国大学协会和著名的常春藤联盟的创始成员。耶鲁大学在绿色可持续发展领域有着悠久的历史和显著的贡献。1908 年，耶鲁大学首次召开的关于自然资源保护的"州长会议"使其成为美国绿色可持续发展的先行者。进入 21 世纪，随着环境问题日益严重，耶鲁大学设立了"环境管理顾问委员会"和"可持续办公室"，并承诺到 2020 年，将在 1990 年的基础上减少 10% 的温室气体排放。2011 年，耶鲁大学被评为美国"最冷的学校"（coolest schools）之一，这一荣誉反映了其在可持续发展方面的卓越表现。

一、教学与科研

耶鲁大学在绿色研究和可持续发展方面表现出色。近年来，耶鲁商业与环境中心、绿色化学与工程中心、耶鲁气候变化工程、气候与能源研究院、工业生态学中心、西克森城市生态学中心、城市资源行动、耶鲁可持续食品工程八家专门从事绿色研究的校级机构相继成立，这些机构不仅在各自领域开展前沿研究，而且在跨学科专业领域广泛开展横向合作。例如，2010～2014 年 5 年，气候与能源研究院的博士后研究分别围绕"美国东北地区未来 100 年气候变化评估""宏观生态、生物地理与全球变化生态""城市热岛效应及其相关的道德伦理""采用多学科系统方法深入理解发展中国家的水、健康与气候的关系""顶层食肉动物对气候变化动力的影响作用""通过遥感数据分析全球动植物种类""大气对流动力与亚热带地表的干燥"7 个与可持续密切相关的科研项目展开探索。

耶鲁大学建设绿色校园的重要手段之一，就是通过建立专职机构把开展绿色研究制度化。1972 年，为了凸显学术研究在学院中的地位，耶鲁大学改林业学院为林业与环境研究学院。1994 年，耶鲁环境法律与政策中心由耶鲁法学院和林业与环境研究学院联合成立。在耶鲁大学为期 6 年的规划制定和实施过程中，该校的林业与环境研究学院、公共卫生学院、神学院、音乐学院、医学实验室、金融与商业部等多个院系和部门都依据自身学科优势制定了配套的可持续规划与指标体系，由此为学校宏观性的校园可持续规划找到了生根、开花和结果的现实土壤。

二、基础设施建设

在过去的 30 年，耶鲁大学一直致力于校园的更新和改造，并于 2004 年聘请了第一位可持续发展总监朱莉纽曼（Julie Newman），于 2005 年成立了可持续发展办公室（office of sustainability）。该办公室主要负责两个方面的内容：一方面是制订和实施整个大学的可持续发展计划，包括关注能源使用、管理运输废物等；另一方面是提高全体学生和教师对绿色校园的参与度。2009 年，耶鲁出台规定，要求凡校园新建筑一律采用建筑可持续新标准。2010 年，《耶鲁可持续战略规划 2010～2013》正式开始实施。2013 年，耶鲁第 23 任校长斯拉维接着制订和实施《耶鲁可持续战略规划 2013～2016》。

在可持续建筑的建设与改造方面，耶鲁大学翻新校园老建筑，保证节能环保功能；新建的校园建筑，全部采用新标准。其在 90 栋建筑内安装高效的制热和制冷系统，对光、热、冷系统实行自动控制，并及时更换玻璃窗户，同时安装太阳能光伏电池。林业与环境研究学院的克鲁恩大楼安装了 100 千兆瓦太阳能系统，同时该大楼还在南面安装了太阳能热水管，可以为整座大楼提供热水；学生宿舍"斯温宿舍楼"安装了一套 24.5 千兆瓦的薄片型太阳能系统；神学院"费塞尔礼堂"安装了一套由 255 块太阳能板组成的 40 千兆瓦的热能系统。耶鲁规定，所有新建大楼都要达到 LEED 银级或更高标准。耶鲁大学已新建了 4 幢大楼，这些建筑无一例外地采用了最前沿的节能和环保标准。克鲁恩大楼是林业与环境研究学院和绿色校园可持续发展办公室合作的项目，得到了美国绿色建筑协会的 LEED 铂金认证（最高级），被称为耶鲁大学最绿色的建筑。

此外，耶鲁大学采用可持续的建筑设计和建设标准，更新和调整电站设施，组建新一代电站。对拥有 90 多年历史的耶鲁中央发电厂和医学院斯特林电站进行改造升级，电站能满足耶鲁校园 50% 的能源需求，同时为耶鲁接送师生的校园巴士提供清洁能源。

三、校园活动

耶鲁大学林业与环境研究学院的师生把校园变成一个"活的实验室"。师生共同种植"合成茶"，以便把改良土壤获取的数据与当前改善生态的方法进行比对。2009 年，神学院的学生建起了一座"神园"，可以种植甜玉米、西红柿、青椒、大葱、萝卜、莴苣、草药和当地的花草，神园中的产品常常被耶鲁所在社区运往多家餐厅。2012 年，耶鲁可持续食品工程开始实施，旨在为学生和社区成员提供动手合作学习体验，同时在学生与环境之间建立桥梁。农场已经成为耶鲁学生的实习场所和周末的休闲之地，食品成为了教学工具。耶鲁的食堂更是成为了学生们专心学习的理想之地。为了满足 1.5 万人的日常饮食需求，食堂所使用的原材料中，超过 40% 来源于当地种植的有机作物。这些新鲜、健康、美味的农产品不仅丰富了食堂的菜单，滋养着每一位快乐的学生，还通过减少碳足迹的方式为师生们带来了实实在在的益处。

在提高绿色校园参与度方面，可持续发展办公室与环境伙伴关系学生工作组（student task force for environmental partnership）密切合作。该工作组是一个致力于向耶鲁校园及其周边社区普及环境管理与废物回收知识的学生组织。他们不仅积极参与并赞助了本科学院的众多课程及活动，如绿色资源利用、废物回收再利用竞赛、节能研讨会，还负责举办新生入学及其培训课程。这种以学生为主导的活动，无疑是耶鲁可持续发展战略取得成功的关键所在。师生们共同推动的绿色校园生活方式以及可持续发展的教育计划，已经深深根植于学院的教育体系之中，成为了学院不可或缺的一部分。

四、社会参与

2006 年，耶鲁大学加入国际研究型大学联盟（International Alliance of Research Universities，IARU），同时深化了与美国"东北校园可持续联盟"及"常春藤联盟"等多个组织的合作。其中，耶鲁大学与 IARU 的合作尤为引人注目。该联盟汇聚了全球 10 所顶尖研究型大学，各校校长每年定期会晤，共同推进全球暑期项目、构建校际工作联系网络、探讨校园可持续发展策略以及开展联合研究行动，致力于在全球范围内促进学术交流与合作。

第六节　弗吉尼亚联邦大学

弗吉尼亚联邦大学（Virginia Commonwealth University，VCU）于 1838 年创立，坐落于弗吉尼亚州的州府里士满市，是一所拥有近两百年历史的国家级公立研究型大学。该校的可持续校园建设始于 20 世纪 90 年代。当时，国际社会开始深刻反思旧有的、片面追求经济增长的发展模式，提出了可持续发展理念，并在全球范围内达成了共识。在此背景下，美国的高校积极倡导可持续校园理念，确立了可持续校园建设的框架，并将其纳入学校的长远战略中。弗吉尼亚联邦大学便是其中的积极参与者，不仅是美国绿色建设理事会的成员，还是美国高校可持续发展协会（Association for the Advancement of Sustainability in Higher Education，ASHE）的会员。此外，该校还与其他 600 多所美国高校共同签署了美国高校大气保护责任书。

值得一提的是，2021 年，弗吉尼亚联邦大学荣获了美国高校可持续发展协会的可持续性追踪、评估与评级系统（sustainability tracking assessment & rating system，STARS）金奖。这一奖项是对大学在学术、参与、运营、规划和管理以及创新和领导力方面所取得的可持续发展成就的认可。

一、基础设施建设

为了深入践行可持续校园的发展理念，弗吉尼亚联邦大学成立了学校"可持续发展办公室"（the office of sustainability），旨在达成一系列重要目标。这些目标包括：显著减少校园内的温室气体排放，以缓解气候变化的影响；降低饮用水消耗量，实现水资源的节约与高效利用；在校园工程设计中，致力于减少能源和水的消耗以及废水的产生，从而减轻环境负担；提高废弃物转化率，力争实现零废弃物的目标，推动循环经济的发展；在采购过程中，优先采用环保材料和产品，推行绿色采购政策，确保供应链的环境友好性；减少学校班车和校内用车的使用，鼓励低碳出行，降低交通排放；增加可持续食品的采购比重，推动健康饮食和绿色农业的发展；同时，在新工程的建设中，全面采用节约资源和保护环境的模式，实现经济效益与环境效益的双赢。这些举措的实施，将有力推动弗吉尼亚联邦大学向着更加绿色、可持续的未来迈进。

学校通过采取多种有效措施，旨在帮助学生深入了解可持续发展理论并亲身参与实践：

（1）创意环保型交通工具。校方购买的校车全部为绿色环保校车，教职员工上下班和学生校园往返途中的交通能源使用量近年来持续下降。同时，校园里设有共享太阳能单车点，还设立了自行车日，校园里随处可见骑自行车的学生。学校还鼓励学生使用公共交通，每天下午五点之后都会有校车免费送学生回宿舍。

（2）多功能垃圾箱项目。校园中到处可以看到色彩斑斓的多功能垃圾箱，宿舍的每一楼层也都设有通过颜色分类的垃圾房。这些多功能垃圾箱通过各种颜色鲜艳的图案指导学生进行垃圾分类，不仅实用，而且美化了校园环境，也是传播可持续发展理念的宣传品。

（3）弗吉尼亚联邦大学有 32000 多名在校学生，因此餐饮服务部在实现大学可持续发展目标方面发挥着重要作用。学校餐饮部门主要强调通过无托盘餐饮、可重复使用的餐具、环保包装和废物意识活动来减少废物。

（4）尽可能采购当地、当季、可靠的食材，因为采购会对人、动物和环境产生直接影响。

（5）以节约资源和避免食物进入垃圾填埋场为双重目标，在运营的各个环节中积极减少食物浪费。具体的做法包括在废物产生之前通过优化后台操作减少废物产生，帮助消费者减少食物浪费，在确保食品安全和未供应食物过量的情况下为需要的人提供食物，尽可能实施堆肥计划。

（6）通过减少使用、再利用和再循环来最大限度地减少浪费。强调减少一次性塑料的使用，如塑料吸管。

二、校园活动

弗吉尼亚联邦大学通过在校内开展一系列校园文化活动，不断提高师生对可持续校园建设的参与性、体验性：

（1）组织绿色校园步行游活动。新生入学时由教师发放校园地图，用作业的方式引导学生熟悉校园，通过校园步行游，深化了绿色、低碳、环保意识，提高了学生对可持续校园的认识。

（2）学生自发的创意活动。在学校图书馆门口，经常会遇到拿着调查问卷、宣传册和小零食的学生自发宣传可持续发展的理念。

（3）二手文化。弗吉尼亚联邦大学的校园后街每月都有一天艺术节，在这一天会有很多艺术家以及二手卖家纷纷来这里展销，吸引了很多学生以及居民，推动了可持续发展。宿舍楼下设有二手物品回收箱，大家将自己闲置的物品投入，其他人可以随意取用。

第七节 墨尔本大学

墨尔本大学（The University of Melbourne）成立于1853年，是澳大利亚第二古老的高等学府。校园遍布7个区域，其中主校区——帕克维尔（Parkville）校区，占地面积广阔，达到22.5公顷，汇聚了58000名学生与员工。墨尔本大学是澳大利亚第一所致力于实现绿色星级社区评级的大学，帕克维尔校区更于2017年6月荣获绿色建筑委员会颁发的6星级绿星社区认证。这一荣誉使墨尔本大学成为澳大利亚首所也是目前唯一一所获得6星级绿星社区评级的校园。它也是全澳洲首个关注氮足迹的大学。在绿色校园建设方面，墨尔本大学已跻身世界领先地位。

一、环境治理

墨尔本大学制定了明确的节能减排目标，并将能源利用重点放在了进一步减少能源使用和开发可再生能源方面，从需求管理（减少校园用电）、校内措施（校园建筑安装节能减排装置）、校外措施（购买校外生产的清洁能源）和市场机制（购买绿色电力补偿和碳排放补偿）四方面提出了减排计划。

为维护生物多样性，墨尔本大学将其纳入到了校园的规划与设计中，并为所有校区都制定并实施了生物多样性管理计划（biodiversity management plans，BMP），重点阐述了大学如何将校园生物多样性融入运营、科研和教学等方面，并将研究成果积极地与周边社区和其他大学分享。为了让师生更加了解生物多样性，墨尔本大学对校园内的树木信息进行了详细统计，并制成电子地图，点击树形图标即可看到每棵树的树种和详细信息。

二、基础设施建设

墨尔本大学提出所有新建建筑至少需满足五星级绿色教育建筑标

准，同时关注既有老建筑的绿色改造，在创新原有空间管理技术的同时，对老化的基础设施进行适应性重用和更新。在能源利用、水资源节约、通风和采光等多重技术层面，采取了一系列"绿色"创新理念，探索建设更加节能、生态、弹性、协调、可持续的校园建筑。

学生公寓采用安装太阳能电池板的方式，用清洁能源代替部分建筑耗能。商业和经济学院建筑所采用的冷却梁技术①作为空调的替代方案，能够比普通空调节能 80%。水资源利用方面，各个建筑均安装了自身的中水回用系统，根据建筑用水量配有不同规格的雨水箱和中水箱，并安装低流量水龙头。彼得多尔蒂研究所产生的一部分灰水通过被动垂直流动灰水生物过滤系统（该系统使用 900 个由植物和沙子组成的过滤器处理灰水，并形成屋顶花园）进行处理后，储存于屋顶中水箱供冲厕使用，同时利用地下室中的雨水箱作为补充。商业和经济学院则安装了黑水处理厂，每日可处理 30000 升污水，可节水 83%。在采光和通风方面，各建筑都力求通过建筑立面的设计调节太阳光线，以求减少人工照明并提供舒适的室内光线环境，通过安装 LED 灯和照明传感器降低照明耗能；通过使用更多的自然通风和混合通风，安装更高效的通风系统，减少人工通风设备耗能。

此外，墨尔本大学积极寻求多方合作，克服资金、人力方面的困难，建设绿色能源设施。2015 年，墨尔本大学与清洁能源金融公司（Clean Energy Finance Corporation，CEFC）合作，在校园内开展了可再生能源发电和提高能源效率项目，包括太阳能光伏发电、电压优化和高效冰柜升级项目，预计该项目将使校园的碳排放量每年减少 9000 多吨。此外，墨尔本大学还参与了墨尔本的可再生能源项目（melbourne renewable energy projects，MREP），该项目预计将使其碳排放量每年减少 10000 吨。

---

① 冷却梁技术通过横梁冷却周围的空气时，空气中的水蒸气凝结成水滴并滴下，来达到调节温度的作用。

三、校园活动

墨尔本大学举办的"在无塑料月期间减少使用一次性塑料"（reduce single-use plastic during plastic free july）活动为鼓励大家减少使用一次性塑料，提出了以下几点倡议：

（1）重复使用盘子。使用可重复使用的餐具就餐，用餐后将剩菜倒入有机桶里。

（2）重复使用包装。澳大利亚每年丢弃大约190万吨包装。2019年墨尔本大学送往垃圾填埋场的垃圾量为每人27公斤。

（3）重复使用自动售货机。工作人员、学生和访客可以从重复使用自动售货机购买一系列可重复使用的物品。

（4）绿色咖啡馆。在澳大利亚，每天有270万只一次性咖啡杯被丢弃。使用绿咖啡（green caffeen）应用程序，使用可重复使用的绿色咖啡杯喝咖啡，30天内还给咖啡馆。

此外，家具回收利用活动的开展，确保了家具和设备在整个大学校园内重复使用，而不是场外回收或送往垃圾填埋场。2012～2019年，墨尔本大学共有超过2.7万件物品被重新利用，节约1525万美元，减少了618吨送往垃圾填埋场的垃圾。

四、社会参与

墨尔本大学积极推进校企合作。与金融公司合作，在解决了资金问题的同时还促成了校园的新能源项目的建设；与通勤俱乐部合作，推出了学校员工的公交折扣卡。由此可见，一方面学校与企业、非营利组织、政府机构的合作能够成为绿色校园建设的助推力，为绿色校园建设提供资金、政策和人力上的支持。另一方面，高校敞开大门建设绿色校园能够推广绿色理念，增加对绿色校园建设的宣传，带动全社会的绿色建设浪潮，借力企业实现绿色前沿技术向效益的转化。

墨尔本大学致力于帮助更广泛的社区。当家具和设备再利用服务（furniture and equipment reuse services，FERS）提供了多余的家具和设备，且所有院系认为不再需要后，它们可以被捐赠给非营利组织和当地社区团体。优先考虑向非营利组织和墨尔本大学合作的组织、邻近地区社区、支持推进墨尔本西部经济和社会发展优先事项的项目捐赠。

第八节　悉尼科技大学

悉尼科技大学（University of Technology Sydney，UTS），是一所位于澳大利亚悉尼市的著名公立研究型大学，属于澳大利亚科技大学联盟（Australian Technology Network，ATN）、中澳工科大学联盟（Sino - Australia Engineering Universities Consortium，SAEUC）、世界大学联盟（Worldwide Universities Network，WUN），是经国际商学院协会（The Association to Advance Collegiate Schools of Business，AACSB）认证的世界著名高校。悉尼科技大学有超过 43000 名学生，其中国际留学生超过 10000 名，是澳大利亚规模最大的高校之一。

一、教学与科研

悉尼科技大学开设了一系列可持续发展课程。商学院有"可持续发展和治理""可持续发展企业""商业道德和可持续发展""管理可持续发展""可持续的旅游管理"等课程。艺术和社会科学学院有"气候变化的政治和生态沟通""后自然和社会的新经济""经济与全球化"等课程。设计和建筑学院更是把可持续发展视为现代设计的核心原则，在学院的所有三个系都有涉及可持续发展的课程，如"未来设计：可持续发展的生活方式"和"生态设计实践和可持续发展设计"。悉尼科技大学有七个与可持续发展相关的研究中心："建筑基础设施研究中心""可持续未来研究所""清洁能源科技中心""环境可持续发展中心""水资源与废水技术中心""可持续供给网络""植物生理学功能和气候变化中心"。其中，可持续未来研究所通过开展跨学科项目的研究，为可持续未来创造积极的变化。可持续未来研究所（ISF）研究人员汇集了工程、建筑、经济学、科学、社会科学、国际研究和政治研究等广泛领域的专业知识，为复杂问题提供实用的整体解决方案。与广泛的客户合作，支持他们实现可持续发展目标，此外，还通过研究计划和一系列短期课程，为新一代变革者提供支持。

二、基础设施建设

悉尼科技大学有三栋新建的大楼获得 5 星以上绿星设计等级，其中 2015 年新建的科学与健康学院大楼是 6 星绿星设计。节能方面，大楼的窗户采用双层上釉反射玻璃，楼顶是绿色植物覆盖的休闲空间和太阳能热水系统；可回收方面，雨水经收集处理后重新利用，木材、混凝土和 98% 建筑用水都是回收利用的，钢铁来自绿色生产厂家。

悉尼科技大学的市中心校园更新项目，计划在 10 年时间内，花费 10 亿澳元更新现有的校园建筑和修建新建筑。该项目在总体规划阶段就已经把可持续发展考虑在内，包括整个校园的污水统一回收和减少废物策略、所有新建建筑都要求至少达到 5 星绿星评价等级、现有建筑的更新要求减少耗水和耗能、改进自行车服务设施来增加可持续的交通、建筑垃圾可回收化等。

三、校园活动

悉尼科技大学每年都开展很多可持续发展校园活动，比如每学期迎新周时，有摊位介绍本校的"绿色校园"组织；每年 3 月"世界地球日"时开展节能设计比赛；10 月开展"骑车去上学"和"走路去上班"活动；澳大利亚绿色建筑委员会开展"绿色建筑周"和"澳洲全国环保回收周"活动时，悉尼科技大学也有相应活动。

四、社会参与

悉尼科技大学与市议会、国际组织等建立合作关系。悉尼科技大学与政府有密切合作，比如和校园旁的邻居中央公园居住综合体有雨水回收的合作，还可能会有能源和水共享的合作。此外，悉尼科技大学还建立了很多工作小组，并与"更好建筑合作伙伴"（better building partnership）组织建立了合作。可持续未来研究所与亚太废物顾问和国际经济中心合作，对来自澳大利亚、印度、印度尼西亚、日本、马来西亚、越南和泰国的贸易专家、顾问、学者、非政府组织成员和回收商进行了一系列采访，采访让研究人员深入了解了东南亚进口塑料回收流程，指出了注册回收商和重要的"非正规"部门的作用。

第九节 不列颠哥伦比亚大学

不列颠哥伦比亚大学（University of British Columbia，UBC）位于加拿大温哥华市，始建于1908年，主要校区包含温哥华校区（总校区）和奥肯纳根校区，是一所综合研究型大学。1990年，UBC签署了《塔乐礼宣言》，标志着其成为加拿大第一所开展可持续建设的高校。1997年，该校确立了可持续发展校园规划总体发展理念，并且在学校发展的不同历史时期保持着动态更新，形成了一套完整且行之有效的绿色校园可持续发展方案。根据英国泰晤士报全球高等教育影响等级排行榜，2019年，UBC在全球大学应对气候变化这一指标排名中排第一位，可持续发展指标排在全球高校第三位。

一、教学与科研

UBC非常重视师生绿色可持续发展理念的培养，学校的目标是让所有学生都有机会学习到绿色可持续发展的课程，并且参与到相关项目的研究中，使学生成为可持续行为、可持续基础设施和可持续社区研究的全球领导者。UBC鼓励教师开发和修改课程，以便所有的本科生都能在选择学位课程时获得绿色可持续课程学习的机会。2019年，仅温哥华校区便有诸如气候变化、节能环保、生物多样性等687门相关绿色可持续课程，这些课程由UBC不同学院和学科提供，学生可以跨学科、跨学院学习所有相关课程。在UBC，所有绿色可持续发展课程都很容易在网上找到，这些课程每年都会在网上更新，学生可以根据学院、学科或年级等不同条件筛选适合自己的课程。

除了专门的课程学习外，UBC 还帮助师生专注于绿色可持续相关项目的研究，在研究中强化师生对绿色可持续理念的感知和认同。项目种类繁多，涵盖了研究生、本科生不同学生群体，超越了师生界限，跨越学科甚至学院，甚至将校内居民也纳入其中，为学校绿色可持续发展实践奠定了坚实基础。UBC 一直坚持在绿色可持续的基础研究和应用研究领域中深耕，学校主要通过学科教育拨款和各种奖学金来为师生提供广泛的绿色可持续相关研究课题和项目，帮助师生创造学习、研究机会。2019 年，仅温哥华校区就有 374 个教师相关研究课题、47 个相关学位项目以及 26 个学生领导的相关社团研究项目。

（1）校园绿色交通研究项目是 UBC 于 2019 年提供给教师参与的项目，该项目研究内容包括车队的生命周期成本分析、共享汽车的停放政策研究、充电站基础设施在选用电动汽车决策中的作用、公交投资对土地价值的影响等。

（2）绿色城市学者项目是 UBC 的一个研究生带薪实习项目，参与该项目的研究生主要探讨包括减排、粮食安全、绿色建筑、生物多样性、气候变化和社会可持续性等主题。项目自 2010 年启动，至今已有超过 200 名研究生共同完成了超过 50000 小时的研究，这些研究对参与的研究生绿色可持续认知水平的提升以及实践能力的提高帮助颇大。

（3）于 2000 年启动的社会生态发展研究计划是 UBC 颇具知名度和影响力的绿色可持续项目，也是由 UBC 学生、教职员工和校内其他居民组成的跨学科合作研究项目。该项目将整个校园视为一个活的实验室，支持可持续创意、政策和实践等学术与实操相融合来提升可持续发展效果，为更广泛的社会问题的地方版本试验新的解决方案。

（4）社会生态经济发展研究（social ecological economic development studies，SEEDS）项目创建于 2017 年，在多个国际会议和论坛被公认为利用大学校园作为生活实验室的国际典范，目前包括波特兰州立大学、亚利桑那大学等在内的 6 所大学已经创建了类似的模仿项目。

SEEDS 在 2018 年启动的一系列研究项目为 UBC 制定绿色建筑计划提供了依据。

UBC 通过绿色可持续类科研项目的广泛开展，使得师生的绿色可持续发展的认识水平大幅提升，实践能力得到了较大提升。同时，为了减少校园碳排放，UBC 利用最新科研成果对学校能源系统进行改造，将减排策略的重点放在了增加可再生能源供给和按需节能上。截至 2019 年底，UBC 完成的建筑物改造和能源改造为学校每年节省了 230 万美元的运营成本。

二、环境治理

为了减少校内温室气体排放和水资源的消耗，UBC 可持续发展办公室提出了整体系统基础设施计划（whole systems infrastructure plan, WSIP），通过对校园环境一体化设计，以实现对校园及周边社区可持续发展绩效的最优化。该计划强调校园发展建设和生态功能的整合，以及规划和设计过程的参与性，使校园能够可持续性地应对未来气候变化所带来的潜在风险，减少运营成本，提升生态效益，同时创造具有弹性的校园空间。整体系统基础设施计划将整个校园看作是一组集成系统，使基础设施、建筑、景观环境之间形成协同作用的关系。通过综合设计过程，UBC 对校园环境进行一体化设计，以实现人与自然的可持续发展。经过多年的努力，UBC 温哥华校区二氧化碳排放量（2007~2019 年）、水资源消耗量（2000~2019 年）以及校园建筑单位面积能耗（2007~2019 年）分别下降了 38%、49% 和 20%。同时，奥肯那根校区这三项指标从 2013~2019 年分别下降了 41%、14% 和 21%。

UBC 一直提倡低碳出行。2019 年，温哥华校区和奥肯那根校区分别有 66% 和 62% 的学生选择自行车等绿色交通工具出行。UBC 采取多种措施提倡低碳出行，自 1997 年以来，温哥华校区取消了大约 3500 个通勤停车位，减少了 25% 以上。校园停车场每日停车费的价格从 1997 年的 2 美元增加到 2019 年的 16 美元，停车许可证和短期停车的价格也有所上涨。同时，学校将校园里原来的每个方向两个机动车道修改成了一个机动车道和一个自行车道。此外，学校还提出了包括公交折扣计划、共享单车、拼车、共享汽车、骑自行车和乘坐班车等可持续交通倡议。

UBC 在节约水资源方面的重要目标是有效地利用水资源，在干旱期不断增加的情况下提高抗灾能力，有效地管理雨水资源。WSIP 计划强调校园实施低影响开发（low impact development，LID）雨水战略，并考虑未来 35 年内，随着校园的动态发展来管理雨水负荷。UBC 提出了改善雨水管理的概念性方案，其目标是通过收集、再利用、渗透和存储等过程，从市政系统转移 100% 的雨水，并且通过实施可持续性雨水管理策略，进而促进校园内生物多样性发展。

WSIP 计划在管理雨水的同时还强调对校园生态系统的维护。对校园中的濒危动物（例如西部彩龟和黑脚蟾蜍）的栖息地，强调以雨水管理来控制水体养分含量，控制植物的过度生长，减少栖息地的营养负荷，停止使用化肥。WSIP 计划指出，校园植物多样性是生物多样性保护的重要基础。外来物种的引入、局部生境的改变和景观格局破碎化是校园植物多样性格局变化的主要成因。校园开发建设所造成的土壤板结，城市空气中的污染物增多和酸碱度改变，均会抑制乡土植物的生长和繁衍。为了恢复生物多样性和保护野生动植物栖息地，WSIP 计划提出将校园与大学所在城市社区联系在一起。通过校园所在区域整体生物多样性规划，旨在建设区域生物多样性目标和指标，衡量生态系统服务绩效，制定土壤管理政策以及环境弹性景观设计导则。

三、基础设施建设

温哥华校区的目标是每年通过对现有建筑的节能改造节省 4000 兆瓦时的电能和 20000 吉焦的天然气，根据此目标，已经对学校里的许多建筑物进行了能效升级。UBC 在温哥华校区推出了绿色建筑计划，此计划为校园里的学术和居民区建设项目的可持续性提供指导，开发有助于促进人类和生态福祉的碳排放为负值的绿色校园建筑。UBC 近年来陆续用 LED 灯取代了校内的 53000 个荧光灯，不但提高了照明质量，减少了灯的维护成本，而且显著降低了能耗。

在完成全校范围内所有温室气体排放的研究之后，决定将校区内最大的单一排放点——集中供暖工厂改造为生物燃料的燃气系统，使用可再生的生物燃料为校区供暖。通过燃烧木质生物燃料（清洁木材废料，如托盘和建筑垃圾）以及木材加工产生的边角料产生热量。燃气系统将生物燃料转化成清洁、可燃的"合成气"，生成用来为校区供暖的热能。2011 年 UBC 大学"可持续发展互动研究中心"被评为北美第一座实现环境零负面影响的"最绿色建筑"，该建筑的建成使用进一步促进了校园建筑及基础设施的改造。此外，WSIP 计划还收集了现有校园垃圾填埋场中的废气，并将其用于校园中的微型发电涡轮机，大大降低了能源消耗。

四、校园活动

学校支持包括校内居民在内的全员，通过学生社团、校园活动等广泛开展绿色校园可持续发展活动。UBC 鼓励对个人、团队合作和社区参与学习感兴趣的学生成为学校绿色可持续大使，鼓励这些学生在设计绿色可持续和促进人类福祉的项目时做出有意义和明智的人生职业选择。2019 年，启动的诸多项目包括：实施校园食物垃圾分类指南、评估 UBC 在促进海洋塑料方面的作用、开展运动纺织品的回收试点等，帮助 UBC 推进了零废物行动计划的目标。零废物行动计划致力于到2020 年，使废物利用率达到 80%。两个校区都朝着到 2050 年实现全部废物回收和再利用的目标而努力。2018 年，温哥华校区生产了约 170万个一次性咖啡杯、塑料吸管和餐具等食品包装材料，校园里每杯咖啡的价格为 25 分；2018 年 9 月，校园食品零售点开始为携带可重复使用杯子的人提供 15 分的折扣；到 2019 年底，可重复使用的杯子使用量从6% 以下增加到近 18%，使用量减少了 40000 多只。2019 年，奥肯那根校区鼓励采购由替代纤维纸制成的纸或消费后可循环再用成分至少占30% 的纸。学校通过打印跟踪软件，向打印客户提供诸如打印排放的总二氧化碳排放量、使用的树木和打印成本等印有对环境影响的信息，起到提醒客户节约的目的。

UBC 社区规划部门与能源与水务、建筑运营和校园组织了季节性关闭节能活动，以倡导教职员工通过关闭电子设备、拔下小电器、关闭电灯、关闭窗户和百叶窗以及关闭实验室设备来培养更多的节能习惯，有 30 座建筑物、38 个部门和 1100 名教职员工参加了这些活动。通过让教职员工了解节能的最佳实践，为 UBC 的气候行动计划和节能目标做出了贡献。

学校为学生和校内居民开设了一个绿色可持续系列讲座，邀请全球著名的专家学者讲述绿色可持续性问题。UBC 定期召开绿色可持续博览会，提高师生和校内居民对与社会和经济福祉、公平和教育以及环境保护等绿色可持续相关发展举措的认识。UBC 通过学生社团、学生活动、讲座、研讨会和博览会等多种形式创造全方位的绿色校园发展条件，这些活动鼓励了全校师生和校内居民广泛参与到学校此项事业中来，培育他们的绿色可持续发展理念。

五、社会参与

UBC 举办的社区外展（community outreach）活动，具体包括：

1. 学生进课堂计划

主要形式是每年挑选 500 名大学生到周边大学升学率较低的学校，辅导学生学习。该计划已持续运作十多年，覆盖超过 30000 名学生，有助于缩小贫困群体儿童的教育差距。

2. 儿童大学

主要面向 7～14 岁的儿童开放，儿童可以参与体育俱乐部、博物馆、活动中心和音乐团体等活动获得学分，旨在帮助他们更多了解大学活动、培养全面技能、发现自身的兴趣和能力。

3. 暑期学校化学外展

主要是安排专题的暑期课程与实践，提高学生对化学兴趣和参与。

4. 商学院与 NetPositive 等公司合作开展的温室气体管理项目

目前已有 400 多名商学院学生参与协助 95 家企业减少温室气体排

放并获得环境投资者认证。

与当地社区的合作主要以社区志愿活动的方式参与，每年有近1000 名学生志愿者参与当地社区的发展活动，该活动能够让学生更多了解当地社区，提升学生的就业能力，支持地方可持续发展事业。

第十节　冈山大学

冈山大学（Okayama University），坐落于日本冈山县冈山市，是一所 1870 年建立、1949 年开设大学教育、拥有 150 年悠久历史的日本顶级的研究型国立大学。冈山大学有六个校区，校园面积达 2062819 平方米。

冈山大学深受中国古代教育家孔子"有教无类"、面向平民教育思想的影响，是日本第一所面向平民开放的高等教育机构，至今仍注重面向当地社区提供教育和服务的传统。冈大也是日本第一所建立环境科学院系的公立大学，注重环境保护和人与自然的共生。学校围绕联合国可持续发展目标（sustainable development goals，SDGs）启动了一系列活动，不仅有助于解决当地环境与可持续发展问题，同时也提升了市民环境与可持续发展素养。2007 年，冈山大学被选为联合国教育、科学及文化组织（united nations educational，scientific and cultural organization，UNECSO）亚洲首个教席成员，坚持用可持续发展理念引领教育研究和社会公益活动。经过不懈努力，冈大作为日本唯一的国立公立大学获得 2017 年第一届由日本 SDGs 推进总部颁发的"SDGs 奖"的特别奖。

一、基础设施建设

冈山大学成立 SDGs 校级推进会，推动学校内部 SDGs 管理，加强与外部社区以及国际社会的合作，并根据 SDGs 制订明确的行动方案，涵盖所有 17 个目标。在开展行动的同时，推进会进行不定期的监测和调整，最后将研究成果转化为科普知识，向全体学生及社会公众开展科普教育和传播。行动方案主要涵盖：气候变化行动（SDG 2/6/12/13/14）、学生 SDGs 行动（SDG 4/17）、医疗健康（SDG 3/4/10）、城市发展（SDG 8/9/11/15）、安全能源的知识与解决方案（SDG 7/9）、共生社会（SDG1/5/8/10/16）、促进创新（SDG 9/12）。

二、校园活动

2019 年，冈山大学后勤部采用一位学生的建议，针对发达国家食物浪费和发展中国家贫困饥饿的问题，在学校特定餐厅开展"双人餐桌"活动。根据计划餐厅会从每位前来就餐的学生餐费中抽取一定比例拨付至"双人餐桌"基金，作为专款用于解决非洲和部分亚洲国家儿童的餐费问题。该行动的目的在于使学生在日常生活中了解、参与 SDGs，并带动更多的学生参与该活动，形成人人参与 SDGs 的校园文化。

三、社会参与

由于贫穷者在经济社会发展中往往面临更多风险，如信息不对称、缺乏谈判策略等，冈山大学自然与生命科学研究生院在越南开展帮助贫穷群体获取自然资产的研究。研究者首先对当地生态系统服务价值进行评估，检查当地环境中的自然资产是否纳入生态补偿机制，鉴别贫穷者面临的潜在风险与收益；在当地研究人员和非政府组织的帮助下，监控实施过程以帮助贫穷者避免不利因素、完善发展决策；并通过发展"社区地图"技术（如 GIS 和无人机）、培训谈判策略，增强他们的谈判能力。

此外，冈山大学自然与生命科学研究生院也为越南的小生产者提供技术支持，以获取国际环境认证，帮助其产品进入日本市场。研究者首先调查越南鲜虾产业链上游端（越南小生产者和贸易商）和下游端（日本消费者和贸易商），了解有关国际环境认证的态度以及面临的挑战，然后与企业、非政府组织和消费者合作，制定对小生产者友好的策略机制，从而打造绿色、可持续的供应链管理生态，通过可持续的生产与消费，减少贫穷。

第十一节 总结与评价

国外可持续大学的研究和实践起步早，自 20 世纪 70 年代以来就在不断向前推进，经过几十年的实践，其研究的深度和广度均有较大的进展。1998 年，世界高等教育大会发布《21 世纪高等教育宣言：展望和行动》，宣言重申"高等教育的根本使命和价值是促进社会的可持续发展和进步"。2000 年，汉斯·冯·威能正式提出"可持续大学"的概念。2005 年，联合国正式启动"可持续发展教育十年"计划。2015 年，联合国发布《2030 可持续发展议程》再次强调了可持续发展教育的重要性。自可持续高等教育提出以来，各国也在逐步将可持续理念融入高等教育体系之中，越来越多高校加入可持续大学的建设之中，可持续性高等教育的建设逐渐成为高校建设的主流。从具体的实践来看，校园的经济（主要为能源和资源的消耗）、自然环境、社会生态以及园区活动对学校、社区和社会的影响评价等是目前国外可持续高校研究关注的主要方向。在理论研究的基础上，国外许多大学积极进行可持续校园的建设实践，从办学宗旨政策到生活习惯细节、从校园整体规划到学校建筑节能等诸多方面践行了大量行之有效的具体措施。

通过对以上 10 所不同地区国外大学的可持续建设实践进行研究可以发现，虽然不同大学因其特有的地域文化和治校理念的不同，采取的具体措施和侧重点存在一定差异，但当前国际社会对于可持续大学的建设也存在诸多共性，主要从五个维度出发：一是教学与科研，将可持续发展的教育理念引入校园，包括开设一些可持续发展的课程与专业，并配备相关学习资源和师资力量，旨在为学生提供更加丰富多彩的学习体验，培养学生的可持续意识；同时，通过不断开展可持续发展的研究、开发和完善相关课程，并将研究成果应用在校园中，推进理论与实践的共同发展。二是环境治理，包括节能减排和维护生物多样性，通过鼓励师生使用自行车等更加环保的交通工具来减少能源消耗和碳排量；在校内种植大量花、草等植物提高校园绿化率，为校内的其他动植物提供更加舒适的栖息地，实现人与自然和平共处。三是基础设施建设，既包括校内可持续建筑的改造与建设，也包括与可持续校园建设相关的组织机构与制度建设，具体措施有：为校内建筑安装太阳能电池板、用清洁能源代替高污染耗能、水资源循环利用，制定建设可持续校园的发展战略和具体规章制度并由相关机构监督管理。四是校园活动，即由学校或学生社团组织的校内活动，鼓励师生一起开展可持续行动，倡导大家采取更加低碳环保的生活方式，从小事做起，一步步改变周围的生活环境，也包括促进社会公平和正义，深化师生的可持续校园意识。五是社会参与，随着高等教育的不断推进、高校数量和规模的不断扩大，高校作为城市和社会的重要组成部分，在整个社会的可持续发展工作中扮演着重要的角色。因此，高校与社区、企业、政府在可持续发展方面开展密切合作是十分有必要的，一方面，高校作为一个"活实验室"，可以先将研究成果在校内实验，等到各方面成熟时再广泛应用，承担起向公众普及知识和帮助政府制定政策、解决社会问题的责任；另一方面，政府和企业的参与也为高校的科研工作提供了资金支持。

除了上述五个维度之外，在国外的案例中还有许多不同的观点和认识。其中，最值得关注的是国外大学对于可持续发展大学的认识已从简单的建设节能减排、环境治理的绿色校园拓展到了社会公平、去贫困、气候变化等全球领域，形成了广义的可持续大学概念。总的来说，国外大学的经验总结将对我国可持续发展大学的建设有一定启发和借鉴作用，对我国可持续发展的不断推进有重大意义。

—————— | 第六章 | ——————

国内可持续大学的发展实践*

自"可持续大学"这一概念被提出以来，我国的高等院校历经多年的实践，已经取得了不错的成果。为实现可持续发展目标，众多顶尖大学皆在教学、科研、可持续改造、社会参与、国际合作交流等方面承担了相应的责任，进行了大量的实践。本章选取清华大学、同济大学、北京大学、香港大学、北京师范大学 5 所比较有影响力的大学，从教学、科研、校园持续改造、社会参与和可持续交流等方面，对其可持续发展的实践和现状进行分析；随后，还分析了长三角可持续发展大学联盟、碳中和世界大学联盟两个联盟在可持续发展方面所取得的进展。

第一节　清华大学

清华大学，是中华人民共和国教育部直属的全国重点大学，始建于1911 年。清华大学设有 21 个学院，59 个系，已成为一所具有理学、工学、文学、艺术学、历史学、哲学、经济学、管理学、法学、教育学和医学等学科的综合性的研究型大学。清华大学是我国较早提出创建绿色大学的高校，于 1998 年就提出了创建绿色大学的计划，并从绿色教育、绿色校园、绿色科研三个方面进行，试图把可持续发展渗透到这三个方面，随后不断完善和丰富。

2015 年，联合国可持续发展峰会通过了《2030 年可持续发展议

———————

　*　本章涉及的各个大学的相关资料根据各类官方资料整理而得。

程》，其中包括 17 项可持续发展目标和 169 项子目标（sustainable development goals，SDGs），清华大学积极响应国家和联合国号召，促进 SDGs 在校内、国内、全球范围内的实现。在可持续领域，清华大学建树颇丰，2019 年，9.97% 的校内建筑完成节能改造，校内生产并使用 90 万立方米中水和雨水；2020 年，开展 9253 项 SDGs 相关课题研究，获得 10059 项相关专利。清华大学始终致力于建设更开放、更融合、更有韧性的可持续大学。

一、教 学

在可持续教学方面，清华大学致力于培养具有可持续素养、关心人类命运的高层次复合型人才。2020 年，学校开设 2317 门 SDGs 相关课程，建设了一批可持续发展精品课程，包括绿色交通系统、环境保护与可持续发展、洁净技术等，涵盖建筑、土木、环境等多个领域；在人才培养方面，清华大学与瑞士日内瓦大学通过整合双方优势教育资源，共同设计了可持续发展公共政策双硕士学位项目，于 2018 年正式启动，已经培养了超过 92 名硕士生，该项目以 SDGs 为目标，全面提升学生分析解决可持续发展问题的理念、知识和技能，促进可持续发展实践。除此之外，清华大学还从环境、能源、生物等领域入手，针对人类面临的重大问题和变革，建设了一批兼具科学精神和人文关怀的 SDGs 特色通识课程，引导学生关注人与自然、人与社会协调发展，培育可持续发展理念和生态自觉意识。

二、科 研

清华大学致力于促进可持续领域的科学研究。截至 2022 年，清华大学设立有众多可持续发展的科研机构，如全球可持续发展研究院、环境模拟与污染控制联合国家重点实验室、新能源与环境国际研发中心、建筑节能研究中心、国家环境保护生态工业重点实验室、持久性有机污染物研究中心等。其中，清华大学全球可持续发展研究院成立于 2017 年 4 月 26 日，致力于 SDGs 整体框架、政策执行和各个具体目标的多学科交叉研究，全面促进与联合国相关机构在 SDGs 领域中的经验交流与互鉴，加强世界各国执行 SDGs 的经验交流和政策学习，努力成为 SDGs 研究领域中具有国际学术和政策影响力的专业研究机构。

清华大学在可持续科研领域已硕果颇丰，如环境学院李俊华等完成的"工业烟气多污染物协同深度治理技术及应用"项目获国家科学技术进步奖一等奖，成果已推广惠及全国 32 个省份及海外 23 个国家。2020 年，清华大学共开展 9253 项 SDGs 相关课题研究，获得 10059 项相关专利，并实现 494 项相关的科技成果转化（杨斌，2021）。

三、校园可持续改造

清华大学重视校园内的可持续发展实践并采取了一系列行动。清华大学在各食堂开展"光盘行动"，凭光盘领取酸奶，促进了校园师生节约意识的提高；清华大学采用新一代物联网 NB - IOT 技术助力绿色校园建设，部署智能垃圾箱、智能垃圾站等绿色职能设备，建设绿色智慧校园；在能源可持续发展方面，2017 年，清华大学联合海淀区"无煤化"工作小组，对清华园街道进行无煤化改造，自此清华大学彻底告别烧煤取暖的历史；在校园绿色建筑建设方面，意大利政府和中国科技部共同建设了中意清华环境节能楼，节能楼遵循可持续发展原则，通过科学设计，集成了自然通风、自然采光、太阳能发电、低能耗围护结构、中水利用等国际先进绿色技术，践行了生态环保理念，为绿色建筑的改造和建设提供范例。

四、社会参与

清华大学积极致力于社会活动，向社会传播可持续发展理念，促进社会可持续发展水平提升。2013 年起，清华大学启动对口帮扶云南省大理州南涧彝族自治县工作，覆盖教育、医疗产业等多个领域，成立"慕华南涧互联网学校""清华大学绿色食品基地"等平台，助力南涧脱贫攻坚。2019 年，清华大学继续教育学院推进教育扶贫与乡村振兴有效衔接，建设远程教学站，为基层治理、乡村教育提供智力支持。减少不平等也是可持续发展的重要方面，对此，清华大学实施"自强计划"，在招生方面向农村和贫困地区倾斜，为寒门学子提供优质教育资源；清华大学实施"鸿雁计划"，支持家庭困难的学子参与海外社会实践和学术交流活动；此外，清华大学设立超过100项奖学金和超过50项助学金，帮助经济困难的学生完成学业；疫情防控期间，清华大学向社会免费开放了2200多门慕课；以"克隆班"的形式向多所大学线上同步优质课程，清华大学设置"学堂在线"分享优质教育资源，向社会传递终身学习理念，现已发布2966门在线课程，这些课程来自全球一流大学，其中包括清华、北大、麻省理工、斯坦福和加州大学伯克利分校，平台已经吸引了5880多万学习者，总注册人数高达1.63亿人，有力促进了教育公平。为了促进可持续理念的传播，清华大学组织开展各项社会活动，2020年4月22日世界地球日，清华大学举办了线上"世界地球日"知识竞赛活动，向获奖者赠送纪念品。

五、可持续交流合作

清华大学积极开展可持续领域的国际交流合作，构建交流合作平台。清华大学全球可持续发展研究院积极与不同机构开展合作，如联合国可持续发展解决方案网络、国际发展法律组织等，建立可持续发展领域的长期合作关系网络。自成立以来，全球可持续发展研究院已经举办近200场SDGs领域的学术交流活动，如"Meet SDGs"系列论坛，该论坛以可持续发展为核心，邀请国际政商学界专家分享前沿观点。

可持续领域的交流合作涵盖多个方面。清华大学积极推动绿色技术方面的交流合作。2016年，清华大学主办了国际水协会第五届膜技术地区会议，会议旨在推动膜技术在我国水处理中的应用，促进学术研究与工业应用相协调。在气候变化方面，清华大学积极促进世界大学交流合作；2019年，在世界经济论坛年会上，清华大学倡议并邀请伦敦政治经济学院、剑桥大学等著名高校，成立"世界大学气候变化联盟"，该联盟围绕联合研究、学生活动、人才培养、绿色校园、公众参与等展开工作，发挥了大学在知识理念、科技等方面的优势，在全球应对气候变化的进程中发挥着引领作用。在世界和平发展方面，清华大学主办了世界和平论坛，为国际安全问题提供讨论的平台，并提供前瞻性国际安全预判与合作建议。

第二节　同济大学

同济大学是教育部直属并与上海市共建的全国重点大学，是中国最早的国立大学之一。学校学科涵盖工学、理学、医学、管理学、经济学、哲学、文学、法学、教育学、艺术学、交叉学科 11 个门类。经过百余年的发展，同济大学已经成为一所特色鲜明、影响力强的综合性、研究型、国际化大学。同济大学积极响应全球可持续发展战略，贯彻可持续发展的最新理念，重视可持续发展实践，为社会可持续发展提供科技、人才和文化支撑。2003 年，同济大学在国内率先提出"创建节约型校园"行动计划；2007 年，同济大学成为中国第一所节约型校园建设示范高校；2010 年同济大学提出"可持续发展大学"理念，确立可持续发展大学战略目标，并当选联合国环境规划署全球环境与可持续发展大学合作联盟主席单位；同济大学在 2011 年成立中国绿色大学联盟，在 2013 年提出建设以可持续发展为导向的世界一流大学。同济大学始终在建设以可持续发展为导向的世界一流大学道路上不断前进，用可持续理念统筹人才培养、科学研究、校园建设等方方面面，在人与社会的可持续发展方面发挥引领作用。

一、教　学

同济大学坚持以可持续发展为导向，致力于培养具备深刻的可持续发展意识、强烈的社会责任感和可持续发展能力的领导型人才。[①] 同济大学聚焦可持续课程教学，设置"可持续发展与未来"全校通识课程，

---

① 《从节约型校园到建设以可持续发展为导向大学》，同济大学新闻网，2013 年 7 月 4 日，https：//news. tongji. edu. cn/info/1003/38430. htm。

创新授课模式，邀请不同学科的权威专家学者探讨可持续发展背景下各学科未来发展的趋势；面向研究生开设"可持续发展"辅修专业项目，包括"绿色经济""绿色交通规划""海洋资源与可持续发展"等10个方向，课程致力于传播可持续发展理念，激发学子投身能源环境实践、寻求绿色解决方案的社会责任感。

为加强全球环境和可持续发展科学研究和人才培养，2002年5月，联合国环境规划署（United Nations Environment Programme，UNEP）与同济大学携手，共同建立联合国环境规划署—同济大学环境与可持续发展学院（Institute of Environment for Sustainable Development，IESD），成为集教育、科研国际交流和培训为一体的综合性平台学院，通过举办培训、研讨会及高层互访等拓展合作领域，传播可持续理念，现已招收中外学生172名学生，生源地超过30个国家。国际合作平台、雄厚的师资和现代化的教学手段是IESD的主要教育特色，力求满足中外学生对专业知识不断增长的需求。校内师资包括有丰富的教学经验和专业素养的国内环境领域的领军人物，包括伍江、李风亭、戴晓虎、张伟贤、张梓太、周琪、陈小鸿、诸大建、谭洪卫等多位知名教授，每年还有多名国内外专家和教授以及UNEP高级官员来为学生进行常规授课，给学生们带来最前沿的环境管理理论，使学生具备全球视野，能够用全球眼光思考和处理可持续发展问题。IESD也给学生提供多元化出国交流和实习的机会（包括联合国环境署、联合国教科文组织、联合国人居署等国际组织，以及美国、法国和意大利的知名大学）。

此外，同济大学还设置有可持续发展教育的国际硕士项目和国际博士项目，国际生源逐年增加，已有来自70多个国家的435名学子在这里完成学业，走向广阔的国际舞台。

二、科研

在可持续科研领域，同济大学也取得了许多重大成果。近20年来，同济大学在可持续发展领域的学术成果数量快速增长，研究产出的复合年增长率达到24%，与可持续发展目标相关的论文占全校论文的比重从 2002 年的 13% 上升至 2021 年的 38%，充分显示了学校对可持续发展目标领域研究的重视程度。同时，同济大学可持续发展目标领域国际合作产出占比年均值从 2002~2011 年的 15% 上升至 2012~2021 年的 27%，表明其国际合作水平也在稳步增强。[①]

IESD 已建成 12 个跨学科研究团队，与合作伙伴开展了一系列具有重要影响力的科研项目，包括科技部、非洲政府及非洲高校支持下的中非水资源管理研究项目，上海市委支持下的崇明生态岛项目，由拜耳公司资助并由拜耳—同济环境政策与可持续发展教席批准的 22 个课题，汇丰银行资助下的气候变化和碳减排研究，普莱克斯公司资助下的水处理技术研究及香港商会支持下的气候变化对于上海地下公共设施安全的影响研究等。IESD 的学历教育和技术培训遍及 60 多个国家和地区。

三、校园可持续改造

同济大学在校园建设规划中贯彻绿色生态可持续发展理念，建设雨水花园、生态停车场及绿色屋顶等排水蓄水控制设施，构建了可持续校园雨水景观系统。校园内先后建成一批示范性的绿色节能建筑，大礼堂采用了利用地道风道的新风预冷（热）空调通风系统、座椅送风系统以及建筑节能材料和围护结构的保温隔热等措施；新建的衷和楼则采用中庭复合通风系统、冰蓄冷空调系统、变频供水系统、地下停车库自然采光等节能措施。同时，太阳能光伏技术、地源热泵、低辐射节能型外窗、建筑遮阳、屋顶绿化、光导管、节能照明、辐射式空调末端系统也分别被应用于文远楼、旭日楼、游泳馆等建筑单体。

同济大学全面建设"节约型校园"，推进科技创新，推广节能技术、强化管理、引导师生员工共同参与，形成节约型校园文化。2020年，泰晤士高等教育发布第二届世界大学影响力排名，展现全球大学为实现联合国 17 项可持续发展目标而采取的行动，同济大学位列全球榜

---

① 《同济大学发布可持续发展科研创新报告，表明高校正成为实现可持续发展目标的关键力量》，同济大学新闻网，2022 年 5 月 20 日，https：//news. tongji. edu. cn/info/1003/81063. htm。

单第 13 位、亚洲榜单首位。此外，同济大学在联合国可持续发展目标
7（经济适用的清洁能源）的排名中位列全球第一，在联合国可持续发
展目标 6（清洁饮水和卫生设施）的排名中位列全球第二。

四、可持续社会参与

服务社会发展，是可持续大学的重要责任和存在价值。为此，同济
大学积极介入城乡互动、社区营造、创新教育等社会领域。2020 年底
同济大学启动了 NICE 2035 2.0 未来生活原型街赤峰路改造项目，该项
目以社区为"生活实验室"，聚焦未来生活，进行创新转换（廖先琼，
2022）。由同济大学作为中方技术牵头单位、被列入首轮中德政府磋商
专项内容之一的"中德清洁水创新研究合作项目"自 2012 年正式启动
以来，已投身于太湖、辽河、海河、巢湖等中国重大流域的治理中，在
污水处理与资源回收、水资源保护等方面取得一系列进展。此外，同济
大学携手联合国环境规划署在可持续发展方面展开了多项南南合作，包
括开展非洲社区废水处理项目、向非洲国家免费提供水处理技术等，在
国际社会可持续领域有着一定影响力。[①]

五、对外合作与交流

应对全球可持续发展，需要高校对外交流协作，形成组织网络，共
同应对可持续挑战。作为国内最早与联合国机构共建的学院，可持续发
展学院（IESD）是同济大学推广可持续发展理念的旗舰，也是联合国
环境署指导下全球高等教育机构共筑可持续发展教育事业的中心之一。
IESD 与生态环境部、商务部、北京绿色未来环境基金会、拜耳公司等
部门与企业在人才培养、科学研究及产学研结合方面展开了广泛的合
作，每年 6 月 5 日，由 IESD 承办国际学生环境与可持续发展大会，共
话"绿色经济"，分享前沿实践与思考，大会通过学术报告、学生分组

---

① 《应对挑战，深耕绿色，同济大学为可持续发展贡献力量》，同济大学新闻网，2020
年 4 月 22 日，https://news.tongji.edu.cn/info/1002/73475.htm。

讨论、实地考察、墙报展览等形式，使参会学生更好地理解全球环境和可持续发展所面临的挑战、机遇、举措、实践等。2012 年 6 月，联合国环境规划署发起并建立了"全球环境与可持续发展大学合作联盟"（Global Universities Partnership on Environment and Sustainability, GUPES），同济大学副校长、IESD 院长伍江教授获选担任该联盟理事会主席。

第三节　北京大学

北京大学（Peking University）简称"北大"，创办于 1898 年，是中国第一所国立综合性大学。近年来，在"211 工程"和"985 工程"的支持下，北京大学进入了一个新的历史发展阶段，在学科建设、人才培养、师资队伍建设、教学科研等各方面都取得了显著成绩，为建设成为世界一流大学奠定了坚实的基础。如今的北京大学已经成为国家培养高素质、创造性人才的摇篮，科学研究和知识创新的重要基地，以及国际交流的重要桥梁，[①] 入选"学位授权自主审核单位""基础学科拔尖学生培养试验计划""基础学科招生改革试点""高等学校创新能力提升计划""高等学校学科创新引智计划"。当前降污减排工作面临挑战众多、能源结构转型难等复杂形势，北大始终致力于探索节能降碳先进技术突破和推广应用，为绿色化、低碳化的高质量发展贡献北大力量。

2022 年，全球高等教育分析机构 Quacquarelli Symonds（QS）发布了首个 2023 QS 世界大学可持续发展排名，共有 37 所中国大陆高校入围该榜，数量为全球第四，其中，北京大学是中国大陆高校排名最高的院校，为全球第 118 名。[②]

---

① 北京大学官网，https：//www.pku.edu.cn/about.html。
② 《QS 首次推出! 世界大学可持续发展排名发布!》，新航道教育，2022 年 11 月 1 日，https：//baijiahao.baidu.com/s？id = 1748278483544207976&wfr = spider&for = pc。

一、课程设置

在北大，在环境、生态学、化学、物理、经济、法律和国际关系等多个领域，有 10 余个学科开设上百门课程与可持续发展密切相关。其中，全校公选课"可持续校园实践"正是其中之一，在两个学期的实践中，该课程成果斐然，第一学期老师带领同学们利用食堂的果皮制作了环保酵素，第二学期师生一起设计了《北京大学校园垃圾分类试点方案》。①

二、科研

北京大学以高质量推进绿色基础设施建设、解决生态环境突出问题为目的开展了大量研究课题，其中包括生态产业化研究项目、资源环境承载力评价预警研究项目、生态文明体制建设中社会监督机制研究、中国参与全球环节治理研究项目等，自开展以来取得显著成效。2016 年 3 月 8 日，北京大学马克思主义学院与"中国社会主义生态文明研究小组"（CRGSE）共同举办了"可持续发展、生态文明建设与环境政治"学术研讨会。来自北京大学、德国柏林自由大学、英国伦敦经济政治学院、中央党校、哈尔滨工业大学、中央财经大学、北京林业大学、北京邮电大学、河海大学、北京城市学院、罗莎·卢森堡基金会等高校和研究机构的 20 余名学者就"中国可持续发展理论与实践评估""环境政治与中国可持续发展议程""生态文明建设与可持续发展"等议题进行了深入的探讨与交流（北京大学，2016）。

北大非常重视国家能源战略及碳中和事业，为此，大力推动学校的新工科建设，以服务国家重大战略需求为目标。2021 年学校成立了能源研究院，2022 年 3 月又成立了碳中和研究所，这是国内高校中第一个致力于碳中和研究的机构。光华管理学院积极参与"双碳"目标的

---

① 以行动为主的课程——《可持续校园实践》，北京大学教务部，2020 年 2 月 5 日，http：//www. dean. pku. cn/web/notice_details. php？id＝287。

研究、教学和实践，并将"碳中和"目标纳入学院"双一流"建设的重大战略部署，学院决定自 2021 年起每年发布自身碳足迹报告，履行低碳社会责任的承诺和行动，这也是自觉接受社会监督的意愿表达。北大期待碳足迹报告能够起到示范和带动作用，引导全社会关注碳足迹和节能减排。

三、校园节能实践

低碳发展和控制温室气体排放是世界各国的共识，也是全球治理的共同挑战，目前全球已经有近两百个国家提出了"零碳"或"碳中和"的气候目标。为应对该挑战，北大积极响应国家号召并采取了一系列行动。2010 年 4 月 5 日至 2010 年 12 月 16 日，由北京大学总务部负责、北京大学宿舍管理中心配合对校园内的宿舍楼及公共教学楼进行了节能灯具的更换，共计安装节能灯具 22724 支，其中 16W 的 2232 支，32W 的 20492 支，均为松下 EHF 三基色荧光灯，预计节电率能达到 20% 左右。

除此之外，晚上学生走过三角地时，也会发现路灯并不是一直都在亮，这是因为学校安装了声控路灯，节约了无人使用时的用电量；学生洗澡时采用的智能卡计量收费系统也为北大节约了大量用水；宿舍和教学楼采用的双层塑钢窗，保温效果在冬季尤为突出，有效降低了供暖热能的消耗；学生也会发现文史楼等公共教室的墙上，经常会有一些奇奇怪怪的白色仪器，其实那是照明节电器，经过实际运行测试，使用节电器的宿舍楼、教室及路灯系统的平均节电率达到 20% 以上。①

四、社会合作项目

北京大学的社会合作项目如下：

2020 年 6 月，联合国可持续发展目标全球协作项目携联合国可持

---

① 《北大宿舍教学楼更换节能灯预计节电率 20%》，北京大学新闻网，2011 年 1 月 21 日，https://news. Pku. Edu. cn/xwzh/129 - 192810. htm。

续发展管理学院与北京大学全球精英人才 A 计划项目，在北京大学王克桢楼签署合作备忘录，旨在共同推进青少年的可持续发展能力建设和提高全球胜任力，对于推进普及可持续发展教育，培养胸怀天下、关心社会、关心未来的世界公民，以及推动青少年拔尖创新人才培养工作有重要意义。

2021 年 6 月 19 日，由国家发展改革委国际合作中心、生态环境部环境与经济政策研究中心、北京大学光华管理学院共同举办的首届"共同行动助力碳达峰碳中和"高层论坛在北京大学光华管理学院召开。论坛上，滴滴出行、比亚迪等 4 家出行领域企业共同发布《助力碳达峰碳中和倡议》，力争在 2021 年底前明确碳达峰、碳中和的时间表和路线图，逐年降低出行流通领域的碳排放强度，鼓励绿色出行，为加快形成节约资源和保护环境的绿色发展模式贡献力量。

2022 年 8 月 16 日，北京大学与能源基金会签署合作备忘录，共同建立可持续发展合作伙伴关系，通过合作开展一系列研究和实践，为中国碳中和社会治理体系的加强提供助力。多年来，北大一直肩负着在国家重要领域进行攻坚克难和实现创新发展的重任，应对气候变化是一个全球性难题，也是北大努力推动的重点研究领域。北大将发挥学科综合优势，依托四大领域交叉平台，建设高水平、有特色的碳中和研究院，开展一系列研究工作。[①]

第四节　香港大学

香港大学（The University of Hong Kong）简称"港大"，奠基于 1910 年 3 月 16 日，前身为香港西医书院，是位于中国香港的一所综合性国际化公立研究型大学，也是香港历史上最悠久的高等教育院校，有亚洲"常春藤"之称。截至 2021 年 10 月，港大共有 10 所学院以及研

---

① 《北京大学与能源基金会签署合作备忘录》，北京大学新闻网，2022 年 8 月 18 日，https：//news. pku. edu. cn/xwzh/f7f35eb5cd9b4f38b8a6bb8e5c23bdfe. htm。

究学院，教职员 8636 人，学生 31844 人，在经济、金融、会计、生物医学、牙医、教育学、人文学科、法学、语言学、政治学与社会科学等领域展现出较强的科研实力。[①] 在首个 2023 QS 世界大学可持续发展排名中，香港大学为香港特别行政区排名最高、亚洲排名第二的院校，位列全球第 34 名。

一、科研工作与相关课程

在科研工作方面，2018 年，香港大学社会科学学院成立了"城市 2050 研究集群"，通过开发具有弹性、高效和技术支持的智能可持续城市系统，就城市如何在未来 35 年及以后适应气候变化和其他全球问题进行领先研究。此后，该项目出版了许多有关主题的研究出版物，并举办了大量研讨会、会议和公开讲座以鼓励知识交流。地球科学署的另一项研究计划调查了香港的温室气体和肉类消费，研究发现，如果将肉类消费水平降低到政府建议的营养水平，则可以减少 43% 的温室气体排放。2018 年，香港大学—剑桥清洁能源与环境研究平台（Clean Energy and Environment Research Platform，CEERP）发表了一项关于香港空气污染的环境不公正的研究，显示低收入和受教育程度较低的社会成员居住地暴露在更多的 PM2.5 之下，这项研究希望推动政策制定者在路边和发电站推广污染较少的能源。

在教学课程方面，香港大学开设了有关"了解气候变化"和"碳、金钱和生活方式"的课程，帮助学生了解全球气候变化和如何减缓气候变化。此外，学校也开设了空气和噪声污染控制与管理、空气污染控制、大气环境与全球气候、气候变化与环境、中国的气候变化、环境资源和承载能力等课程。[②] 同时，学校针对希望了解可持续设计原理和方法的学生开设了可持续设计课程，鼓励学生将学习到的可持续设计的基

---

① 百度百科，https：//baike. baidu. com/item/% E9% A6% 99% E6% B8% AF% E5% A4% A7% E5% AD% A6/233635？fr = aladdin。

② 香港大学，https：//www. sustainabilityreport. hku. hk/2019 – sdg13。

本概念、方法和工具应用于实际设计案例，在保护环境和满足人类需求的同时，尽可能减少资源浪费和污染。[①] 香港大学致力于通过各种教学、研究计划和运营项目，推广现代高效和可再生的能源。

二、可持续发展目标与策略

香港大学建设可持续发展校园的目标可以总结为以下几点：促进可持续校园的发展，并通过教学、研究和与利益相关者的合作，促进本地及国际的可持续发展。为实现这些目标，香港大学致力于在发展和管理各项活动时尽可能保护环境，减少其生态足迹，并逐渐向可持续发展过渡。为此，采取了以下策略[②]：

（1）确保校园活动尽可能减少环境破坏，通过保护自然资源为可持续的未来作出贡献；

（2）尽量减少各种形式的废物和污染；

（3）通过采用节能措施和换用可再生能源，减少不可再生能源的使用；

（4）进一步发展和扩大废物管理回收系统，尽可能使用可持续的商品和服务；

（5）保护自然栖息地和当地野生动物，维护生物多样性；

（6）提高师生对大学在经济和社会运行中应承担的责任与义务的认识。

另外，为了响应联合国政府间气候变化委员会"少吃肉食、控制气候变化"的倡议，港大校园中开设了素食餐厅，鼓励大家通过日常的行为来节约能源，实现可持续发展。

三、可持续建筑

2011年，为了纪念港大成立百周年，学校大规模扩建并设立了

---

① 香港大学可持续设计课程，https：//wenku. baidu. com/view/a0fb60a74593daef5ef7ba0d 4a7302768e996ff4. html？_wkts_ = 1673878818532&bdQuery = 。

② HKU Estates Office：Sustainability。

"香港大学百周年校园"。在设计之初，学校就明确提出要遵循可持续发展的原则，避免大规模去山坡和砍伐树木，加强景观设计，致力于建设一个尊重历史、文化和生态环境的可持续发展社区，同时也要提供更多鼓励学习的设施，加强校园氛围。①

在设计中，百周年校园从美学和操作层面上发挥了建筑的可持续性，通过运用可持续设施满足功能上的要求，设施包括废水循环再利用系统、风力发电系统、太阳能发电系统、环境监测系统、冷却水储存系统、置换通风空调系统、电梯再生能源系统、厨余分解系统、夜间换气系统、雨水循环再利用系统、空调节能系统、使用无挥发可再生环保材料、低耗能 LED 照明系统、节能幕墙、双感应座厕冲水系统等。其中，夜间换气系统是考虑到香港空气湿度大、温度高而安装的，在整个运行过程中，建筑在夜间将空气"吸入"，热空气上升并飘出；冷却水储存系统位于建筑地下，存储冷却系统产生的冷却水，其中所含的能量在日间排放，加强冷却装置效率，每年预计节约 17500 千瓦时能量；厨余分解系统是将餐厨垃圾转变成液态，为植物提供营养液；水系统方面，灌溉水收集自空调冷凝水、雨水和表面径流。

在遮阳系统中，通过在立面安装"光伏鳍"单晶体光伏板，将太阳能转换成电能，与整栋楼的电力系统连接，太阳能收集在屋顶进行。在平台花园共安装三种风力涡轮：一种是由港大机械工程系自行研发的小型风力涡轮；另外两种是垂直的分别高 8 米和 3 米的风力涡轮，可应用各个方向上的风能，提高风能应用效率。其他的绿色节能措施还包括重力和电力转换电梯、LED 照明系统等，LED 为阅读室和教室的主要光源，日间光敏控制，所有电气设施被建筑管理系统控制。所有的这些措施预计每年能够节约 650 万千瓦时的电能，减少 4000 吨二氧化碳排放量（文凡，2019）。

四、可持续发展实践

在可持续发展实践方面，香港大学公民社会及管治研究中心于

---

① 香港大学百周年校园工程简介，https://www.docin.com/p-258913641.html。

2013 年发起并推行"汇丰乡村可持续发展计划",得到荔枝禾村及汇丰银行的全力支持,这项计划在建立一个创新的乡村可持续发展模式方面取得了进展,为香港和其他地区树立了标杆。[①] 2018 年,香港大学与蓝天能源科技合作,将智慧生活,智慧发电计划扩展至 JCSVIII 所有 4 所住宿学院的所有楼层,进一步推广数据驱动的节能解决方案,并在 2018 年 9 月至 2019 年 5 月记录了减少了 14% 的能源消耗。该项目在 2019 年汇丰商业发展企业可持续发展目标颁奖典礼上荣获金奖。[②]

在全球高等教育领域,香港大学是国际可持续校园网络(international system for human cytogenomic nomenclature,ISCN)的积极成员。作为咨询委员会的一员,港大与其他大学合作制定新的网络战略计划,以促进更好的伙伴关系并扩大其影响力。港大亦是高等教育可持续发展促进会(The Association for the Advancement of Sustainability in Higher Education,AASHE)的成员,该协会旨在促进各大学在可持续发展方面的知识、专长和创新。港大定期参加 AASHE 会议,与其他在高等教育界致力于可持续发展的人士学习和分享意见。在行业外,港大与香港的公众和民间社会积极开展合作。"可持续社区社会创新计划"由民间社会及管治研究中心发起,旨在建立社会企业家精神,以促进和实现可持续发展,为广大香港市民提供代际"可持续发展催化剂"。[③]

第五节　北京师范大学

北京师范大学(Beijing Normal University)是中华人民共和国教育部直属、教育部与北京市共建的全国重点大学,位列国家"双一流"

---

① "HKU Rural Sustainability Programme wins inaugural Special Recognition for Sustainable Development in the 2020 UNESCO Asia – Pacific Awards for Cultural Heritage Conservation",香港大学,2020 年 12 月 21 日,https://www.hku.hk/press/news_detail_22185.html#top。

② "SDGs Affordable and Clean Energy",香港大学可持续发展报告,https://www.sustainabilityreport.hku.hk/2019 – sdg7。

③ Partnership for the Goals ｜ Sustainability Report 2019（hku.hk）。

"985 工程""211 工程",[1] 是一所以教师教育、教育科学和文理基础学科为主要特色的著名学府。由北京校区、珠海校区两个校区组成,现有本科专业 77 个、硕士学位授权一级学科 38 个、博士学位授权一级学科 32 个、博士后科研流动站 28 个。现有 38 个学科涵盖 10 个学科门类,形成了综合性学科布局。[2]

该校是中国大陆地区开展环境科学研究最早的大学之一,具有雄厚的环境科学方面的研究力量。2013 年,学校正式成立"中国绿色发展协同创新中心",旨在建成支撑我国绿色发展的战略智库、共性核心技术研发基地和成果转化平台。内地权威的绿色指数"中国绿色发展指数报告"也由该校牵头拟订,从经济增长绿化度、资源环境承载潜力和政府政策支持度三个方面全面评估中国各省区和城市每年的绿色经济发展情况,为我国环保政策的制定提供了重要的依据(张强,2017)。

一、可持续大学建设目标与思路

学校提出建设绿色可持续大学要突出学生的"绿色人格",其基础是推进校园的绿色生活方式,分为三个层次:一是物质层面,建设绿色校园,辐射到周边社区;二是制度层面,进行绿色管理,提高绿色大学管理水平;三是精神层面,建设绿色课程,营造校园绿色氛围。提出以绿色教育、绿色校园、绿色行动及绿色人格等作为建设绿色大学的主要内容,基于校训"学为人师,行为示范"的精神,突出学生的绿色人格,建立绿色文化,并从制度、运行、建设与精神四个层面着手,努力构建可持续大学。

二、组织架构和运行模式

2015 年,学校成立了校级能源管控中心,加快推进节约型校园建设和绿色大学建设的各项工作。中心成立校级领导小组,聘请院士、教

---

① 百度百科,https://baike.baidu.com/item/北京师范大学/140012。
② 北京师范大学官网,https://www.bnu.edu.cn/xxgk/xxjj/index.htm。

授组成专家团队，形成专兼职三级节能管理队伍。通过线上平台监管校园能耗情况，进一步提高全校能源管控的科学化水平，其中地下管网"一张图"立体管理平台的投入使用明确了学校计量分级关系，及时定位校园老化管道等情况，避免了以往施工破坏管网等现象出现。学校后勤专门成立有后勤数字化办公室，后勤微信及多客服系统、PC端管理系统和App"三位一体"的数字化平台，利用移动端的便捷性、服务广大师生，推动智慧节能管理工作。

三、可持续校园建设

高校是北京市用能和用水的大户，为实现资源节约利用，降低学校运行成本，改善校园环境，提升学校品牌和培养师生节约意识，北师大启动了"节约型校园"建设总体规划工作。节水方面，校内2万多平方米的人行便道、小广场等区域穿上了环保的"透水衣"，全部采用具有雨水回收、改善生态环境和环保型透水功能的透水砖，从而使雨水回灌地下，涵养水源。全面实施生活废水回收进行中水处理，经处理的再生水用于学生宿舍楼冲厕、冲刷操场、冲洗汽车和部分景观绿地喷灌，每年节约用水量12万立方米以上，用水指标量从192万立方米下降到105万立方米，累计节约用水量超过1000万立方米，相当于五个昆明湖（北京市）的蓄水量。节能方面，学校的供暖采用燃气供暖锅炉，通过全校管网把热能输送到各个楼宇和房间。为了不影响供暖质量，又能节约燃气，学校对4台20吨的供暖锅炉进行了节能升级与改造，采用全智能化锅炉控制系统；对全校的供暖管网加强保温和节能技术改造；进行"分区分时供暖控制"管理，教室和办公楼夜间无人后，采取低温供暖的措施。通过这些举措，学校每年可以节约天然气量50万立方米，自2000年烧煤供暖改为烧气供暖后，累计节约天然气750万立方米。

四、绿色理念与校园活动

北京师范大学创建"绿色大学"，紧抓"以人为本"的教育思想。

以"绿色教育"育人，丰富环境保护与可持续发展的知识，牢固树立环境保护与可持续发展的观念；以"绿色大学"熏陶人，建立生态良性循环的师大生态园，为学生提供潜移默化的场所；以"绿色行动"实践人，将学校培养成学生参与环保及可持续发展的实践基地，培养学生绿色及可持续的行为方式。学校通过绿色大学建设塑造当代大学生"绿色人格"，使学生成为绿色大学的宣传者和实践者。

学校积极倡导绿色行动，成立 PRED 学社（Population，Resource，Environment，Development）、白鸽青年志愿者协会等学生社团，以及地理学与遥感科学学院、环境学院、资源学院等院系绿色环保小分队。组织学生社团和志愿服务团队在北京和全国举办"青年志愿者绿色计划"；利用学校师范生资源，招募青年志愿者为幼儿园、中小学生每年上百余节节能节水课程等项目。学校学生自主设计的绿色公益项目"'踏鸽行'公共自行车服务平台"获得在中文大学举办的环保邀请赛冠军，也获得了内地"挑战杯大学生创业大赛"优胜奖。北京师范大学通过绿色理念与大学教育相融合，在潜移默化中促进绿色大学的发展。

第六节　长三角可持续发展大学联盟

长三角可持续发展大学联盟由同济大学提议，东南大学、复旦大学、华东师范大学、南京大学、上海交通大学、同济大学、浙江大学、中国科学技术大学"华东八校"共同发起组建，于 2021 年 4 月 23 日在上海正式成立。该联盟是通过校际合作推动长三角，乃至全国和全球可持续发展的大学联盟。[①] 根据八所高校领导共同签署的《长三角可持续发展大学联盟章程》，该联盟将通过资源共享、课题共担、学分互认和人员互聘等新机制，在人才培养、科学研究、社会服务、国际交流、咨

---

① 百度百科，长三角可持续发展大学联盟介绍，https：//baike.baidu.com/item/长三角可持续发展大学联盟/56894303？fr=aladdin。

政建言等方面开展广泛合作，从而在可持续发展领域充分发挥长三角高校的学科优势，为示范区制度创新积累经验并打下坚实基础，在"联合国环境规划署青年与教育联盟"中发挥更大作用。之后，联盟高校共同发布的《促进碳达峰碳中和高校行动倡议》指出，承担着人才培养、科研、社会服务职能等角色的高校在这场碳达峰、碳中和的系统性社会变革中发挥着不可替代的作用。各高校应加强对师生的绿色教育，培养师生碳达峰、碳中和意识；推动绿色实践，构建绿色校园；利用专业优势，推动绿色低碳领域颠覆性技术创新；强化产学研合作，促进低碳技术推广应用；加强国际科技交流合作，融入全球绿色低碳创新网络。①

2021年9月24日，依托联盟高校多个成熟研发平台的长三角可持续发展研究院成立。该研究院将推动多个国际、国内顶级研究机构落户示范区，并以国家重点实验室落地为重点，协同开展创新研究，以突破重大前沿理论，攻克关键技术难题，力争在人才培养、科学研究与社会服务等方面形成跨区域、多学科融合的创新机制，形成一批可复制、可推广的示范引领性原创技术，加快科技创新成果的高效转化、产业化，服务两区一县。② 之后，长三角可持续发展大学联盟第二次环境学科院长会议召开，提出要充分发挥高校特色，全力协同推进大学联盟、研究院实体化建设工作，通过建立大学联盟一体化协同创新机制，开展联合人才培养、跨区域课程共享、"双碳"战略研究、跨校组建创新研究团队、可持续发展示范等，真正把学科优势、人才优势、研究优势转化为推动区域一体化发展实践的力量。2022年上半年，联盟征集并建立了可持续发展领域科技专家信息库，目前在库专家超过400人，为政府决策咨询提供了坚实的人才基础。总体来看，长三角可持续发展大学联盟的成立对推进长三角高质量一体化发展具有重要意义。

在未来，各高校将进一步发挥各自优势，持续深化交流合作，聚焦

---

① 《长三角可持续发展大学联盟成立》，中国新闻网，2021年4月23日，https：//baijiahao. baidu. com/s？id=1697837068696524672&wfr=spider&for=pc。

② 《同济大学牵头建设的长三角可持续发展研究院揭牌成立》，同济大学新闻网，2021年9月24日，https：//news. tongji. edu. cn/info/1003/78726. htm。

教育资源共建共享、服务区域协同发展，增强科技创新能力，引领并带动长三角地区高校和科研机构为服务长三角一体化发展国家战略作出巨大贡献。

第七节　碳中和世界大学联盟

碳中和世界大学联盟由东南大学和英国伯明翰大学共同倡议发起，是全球首个聚焦碳中和技术领域人才培养和科研合作的世界大学联盟，联盟成员包括东南大学、英国伯明翰大学、北京航空航天大学、天津大学、大连理工大学、美国肯塔基大学、俄罗斯国立南乌尔大学等国内外近30所高校，于2021年10月27日正式成立。该联盟将充分发挥大学基础研究深厚和学科交叉融合的优势，深入推进世界大学之间的合作交流，全面开展碳中和科技领域高水平人才联合培养和科学研究，并主动加强应对气候变化的国际合作（金凤，2021）。

2022年5月29日，联盟第一次学术会议——2022国际"碳中和"大学学术会议成功举办。会议上，"江苏省碳中和科技发展研究中心"与"东南大学碳中和科学技术研究院"揭牌，并发布《碳中和世界大学联盟行动计划南京宣言》，提出全方位、宽领域、多渠道地深化联盟成员单位间的国际交流，定期举办高层次碳中和国际学术会议或论坛；汇聚一批高水平碳中和技术创新团队，持续开展关键核心技术攻关；开展碳中和科技领域高水平人才国际化联合培养；开展面向碳中和的国家气候治理体系、国际气候合作研究。

碳中和世界大学联盟的未来发展有三个"平台"方向：一是成为全球碳中和领域科研合作的重要平台，激发绿色技术创新活力，强化关键前沿技术联合攻关，推动国际产能和装备制造合作，促进科研成果转化和产业化，助力形成以市场为导向的绿色低碳技术创新体系；二是成为全球碳中和领域人才协作培养的重要平台，共建碳中和相关学科专业，加强师生学术交流与联合培养培训，努力造就更多具有国际视野、前瞻思维的碳中和领域专业化、高层次人才；三是成为全球碳中和领域决策咨询的重要平台，充分发挥研究优势、学科优势、人才优势和对外开放优势，积极开展前瞻性、针对性、储备性的碳中和政策研究，为政府提供高水平决策咨询服务。

第八节 总结与评价

我国建设可持续大学起步晚，多年来在借鉴国外高校经验的基础上不断探索，目前，一些国内名校已经取得了一定成果。本章从教学、科研、校园持续改造、社会参与和可持续交流等方面，对国内几所在可持续发展实践方面具有代表性的高校进行分析并发现，虽然不同大学因其特有的地域文化和治校理念的不同，采取的具体措施和侧重点存在一定差异，但也有诸多共性：（1）校园建设中贯彻可持续发展理念，开展节能实践；（2）高校之间、高校与企业、政府之间也在积极开展各类交流与合作，探讨全球可持续发展前沿理念，培育该领域的高水平人才。

然而，我国高校的可持续校园实践暂时还局限在同济大学和清华大学等部属院校，民办院校参与较少，实践中，由于历史短、经验少，仍然存在着一些亟待解决的问题。一是虽然我国高校的可持续发展科研机构数量很多，但是科研能力没有很好带动可持续发展教学，如清华大学、同济大学、南京大学等高校开设了可持续发展的课程，但可持续发展仍然是独立课程，尚未和其他学科结合起来开设新的交叉课程，既缺乏科学规范的可持续发展教育课程体系，又缺乏统一的评价指标体系；二是高校普遍缺乏可持续发展方面的专业师资力量与资金支持，很多活动与项目难以开展；三是虽然我国高校与国际上的交流日益增多，但是和周围社区的联系还不够紧密，校园内可持续发展活动的开展也流于形式，没有动员起校内的所有师生和职工（李盈盈等，2016）。

总之，清华大学、同济大学、北京大学、香港大学、北京师范大学在科研活动、教育教学、绿色校园、社会可持续发展等多方面广泛开展了可持续理论和项目的研究与开发，取得了良好的成绩。同时，部分高校还同国内外高校建立绿色和可持续发展的战略合作与联盟，并进行节能减碳相关改造项目，积累了一定经验，为其他高校提供了可借鉴的思路。

第七章

北京市高校可持续发展情况的评价

近年来，北京市高校节能管理体系逐渐完善，各高校对于节能减排的人力、物力投入不断增长。本章首先从用能成本、用能结构、用能周期等对北京市高校能源使用及碳排放状况进行分析；其次，把北京高校分为研究型大学、特色型大学、应用型大学、技能型高职，并从教学、科研、校园建设、社会责任几个维度，对其可持续性进行评价；最后，对高校校园节能减碳改造的项目技术案例进行介绍和分析。

第一节　北京市高校能源使用及碳排放现状分析

一、北京市重点用能高校情况说明

能源计量是节能减排的首要环节。按照《中华人民共和国节约能源法》《北京市实施〈中华人民共和国节约能源法〉办法》《重点用能单位节能管理办法》等法律法规，年综合能源消费量 5000 吨及以上的用能单位为重点用能单位。2022 年，北京市共有 431 家重点用能单位，能源消费总量约占全市能源消费总量的 34%。由此可见，做好重点用能单位节能管理，对提高全市能源利用效率、控制能源消费总量具有重要意义。

教育部 2022 年 6 月 17 日发布的《全国高等学校名单》显示，北京市共有 92 所普通高等学校［含本科院校、高职（专科）院校］。根据北京市发改委重点用能单位用能监测数据的统计，2019 年、2020 年、2021 年北京市重点用能单位中高校入选重点用能单位数量共计 50 所，按在校生人数占比统计，这50所高校在校生人数约占北京市所有普通高等院校的90%；按能源消耗量统计，约占北京市所有教育行业（高校、中职院校、初高中、小学、幼儿园在内）能源消耗总量的25%，因此具有一定代表性。

进行标准化的能耗统计是推动节能降碳的重要手段。北京市重点用能单位的能耗统计工作自2012年开始，要求每年上报企业（或单位）的能源消耗结构数据、基本业务数据、能源改造数据等统计指标，但此项数据为北京市涉密保护数据，并不公开发布。因此，本书取了2012~2021年度50所高校用能统计数据作为分析依据。

二、北京市高校能源使用及碳排放情况

（一）用能量及成本

北京市及教育行业能源消费总量呈上升趋势。由图7-1可知，2012~2021年北京市及教育行业能源消费总量变化趋势总体呈现出上升趋势，北京市作为全中国高校相对集中的地区，其教育行业能源消费总量的变化趋势与整体教育行业大致相同。其中，2020年受新冠疫情影响，北京市及教育行业能源消费总量均有所下降，2021年有所回升。

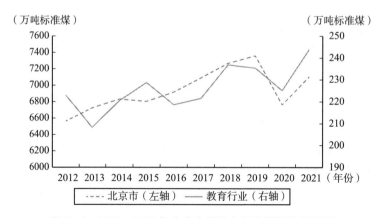

图7-1　2012~2021年北京市及教育行业能源消费总量

资料来源：笔者根据北京市统计局数据整理。

　　北京市高校用能成本持续上升。近年来高校能源消费成本呈线性增长趋势，并且以约5%的同比增长率增长。以高校用电成本为例，图7－2为2012～2017年北京市34所高校电费支出情况，考虑到电力为高校主要能耗，因此，高校能源总成本变化趋势也应是持续上升。[①]

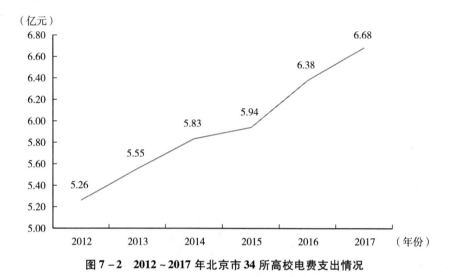

图7－2　2012～2017年北京市34所高校电费支出情况

资料来源：笔者根据北京市发展和改革委员会发布的数据整理。

（二）用能结构

　　在用能种类结构中，天然气和电力占比最大。北京市的能源消费主要包括：天然气、石油、电力、煤炭、其他能源五类，2019年各类能源消费情况如图7－3（a）所示，其中，天然气、石油、电力为主要能耗结构，这三类能源占比达95%。

---

　　① 2019年北京市高校能源价格：天然气为2.63元/立方米；电力价格分为两档，不满1千伏为0.5103元/千瓦时，1千伏及以上为0.5003元/千瓦时；汽油为8877.67元/吨，柴油为7959.75元/吨。其中天然气和电力价格执行居民价格的非居民用户能源销售价格，汽油和柴油价格为2019年1月29日公布的各类汽油和柴油价格的平均值。执行居民气价的非居民用户范围（不包括集中供热用气）为学校教学和学生生活用气，向老年人、残疾人、孤残儿童开展养护、托管、康复服务的社会福利机构用气，城乡社区居委会公益性服务设施用气。

图 7 - 3（b）为 2019 年北京市高校能源消费情况，包括：汽油、柴油、天然气、电力、其他能源（主要由外购热力构成），其中，天然气和电力占比较大，天然气占比 53.48%，电力占比 35.56%，二者共同占比所有能源的 89.04%。天然气主要用于食堂、热水锅炉、燃气等，电力主要用于教学科研设施设备用电、照明系统用电、空调用电、学生生活用电等，汽油和柴油主要用于校内公车，消费量较少，同时随着新能源汽车的推行，这部分能源的消费量或将进一步下降。

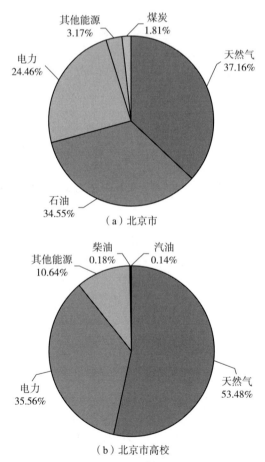

（a）北京市

（b）北京市高校

图 7 - 3　2019 年北京市及北京市高校能源消费构成情况

资料来源：笔者根据北京市发展和改革委员会监测数据、北京统计局数据整理。

在用能成本结构中，电力占比最大。北京市高校能源结构为：电力、天然气、汽油和柴油、其他能源。2019 年北京市高校能源成本的构成情况如图 7-4 所示，与图 7-3 对比可知，从能源结构消费绝对量来看，天然气占比最大，但从成本角度来看，电力占比最大，因此高校天然气和电力消费是节能减排的重点。但无论是能源消费绝对量还是能源成本，天然气和电力都占据了主要的能源形式。

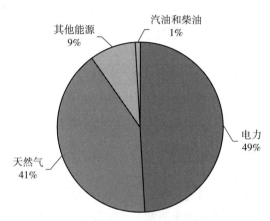

图 7-4   2019 年北京市高校能源成本构成情况

资料来源：笔者根据北京市发展和改革委员会监测数据整理。

在不同类型大学的用能结构中，电力和天然气占比最大。本章划分了四种类型的大学，并从北京市 50 家重点用能高校中，每一类选择 4 家左右作为该类高校的典型代表，用来反映该类型大学的能源消费特征。

由图 7-5 可知，以 2019 年为例，研究型大学与技能型高职的电力消费量相对大于其天然气消费量；应用型大学与特色型大学的天然气消费量相对大于其电力消费量。且应用型大学的天然气消费量已超过 50%，达到了 52.26%。但总体上，相对于其他能源，电力和天然气是各种类型大学最多使用的能源。

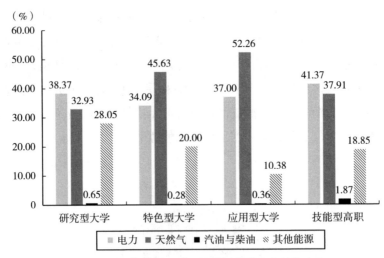

图 7 - 5   2019 年北京市四种类型高校用能结构占比

资料来源：笔者根据北京市发展和改革委员会监测数据整理。

（三）用能周期

寒暑假相对于教学期用能较少。据北京市锅炉供暖节能中心 2012
年的统计数据所示，高校能源消费呈现较强的周期性和阶段性。从全年
各月能耗水平来看，固定的寒暑假使得每年的 1~2 月和 7~8 月为学校
的用能低谷期。

昼夜用能存在较大差异。从全天的能耗水平来看，例如宿舍楼白天
的人数较少，其夜间热能用量高于白天；而办公楼夜间人数较少，其白
天热能消耗量高于夜间消耗量（如表 7 - 1 所示）。由于建筑地的特性
不同且高校用电时间十分集中，因此不同建筑地的昼夜用能差异明显。

表 7 - 1   高校中不同类型功能建筑全天热指标变化

建筑类型	建筑特性	各时间段周期负荷*变化特性（W/m²）				
		7：00~ 12：00	12：00~ 13：30	13：30~ 17：00	17：00~ 23：00	23：00~ 7：00
宿舍楼	白天少人	A	B	A	B	A
办公/综合	夜间少人	B	B	B	B	A

建筑类型	建筑特性	各时间段周期负荷*变化特性（W/m²）				
		7：00～12：00	12：00～13：30	13：30～17：00	17：00～23：00	23：00～7：00
食堂	高大空间	C	D	C	D	C
礼堂	高大空间	D	D	D	D	D
实验楼	较少使用	B	B	B	B	A

注：*周期负荷在40～60W/m²为A等级、60～80 W/m²为B等级、80～100 W/m²为C等级、100 W/m²以上为D等级。

资料来源：笔者绘制。

（四）用能区域

对于校园不同功能区的能耗具有不同的特点。根据表7－1指标可知，学生宿舍在学生白天上课期间可以低温调节，办公综合楼在夜间可低温运行；礼堂和食堂的建筑空间较大，是重点能耗区域；实验楼的实验设备较多，但使用频率也较低，夜间可低温运行。根据不同建筑的耗能特点，应有针对性地对其进行节能改造，释放节能潜力。

（五）单位能耗

各高校在单位建筑面积、人均能耗等方面呈现出明显的差异性。将同样提供教学、科研、住宿、餐饮等功能的学校相对比，2021年，年单位建筑面积能耗在81.95～294.16吨标准煤/万平方米之间，高低相差近4倍；人均年能耗为2447.62～14093.09吨标准煤/万人，高低相差近6倍，而且，不同学校的供能方式和用能需求存在差异。

（六）碳排放情况

北京市高校的温室气体排放总量缓慢下降。由图7－6可知，2009～2019年北京市二氧化碳排放情况总体呈现出缓慢下降的趋势。其中，下降幅度最大的是2010～2011年同比下降了9.3%和2016～2017年同比下降了4.9%。2019年北京市高校二氧化碳排放量占北京市二氧化碳排放总量的 2.10%（仅为重点用能单位中的 50 所高校，因此比高校二氧化碳排放占比的真实结果有所低估）。

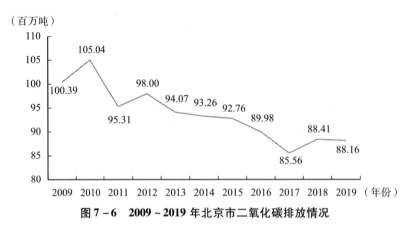

图 7-6 2009～2019 年北京市二氧化碳排放情况

资料来源：笔者根据中国碳核算数据库数据整理。

本书认为，北京市高校温室气体排放成本预计将持续上升，具体体现在以下几个方面：

首先，北京市碳配额市场价格持续上升。2011 年，根据党中央、国务院关于应对气候变化工作的总体部署，为落实"十二五"规划关于逐步建立国内碳排放交易市场的要求，国家发展和改革委员会同意在北京、天津、上海等城市开展首批碳排放权交易试点。经过 10 年的发展，北京市现已构建起了较为完善的法规政策体系、配额分配机制、核查制度和执法安排，北京市碳排放权电子交易平台日趋完善，2021 年共计完成 188 笔碳排放权交易，成交量为 809.16 万吨，成交总额达 3.62 亿元。由图 7-7 可知，2010～2022 年北京市碳排放权年平均价格变化趋势及对 2023～2035 年碳排放权价格的预测，总体呈上升趋势。

其次，北京市高校碳配额交易成本呈上升态势。碳排放配额是指重点排放单位拥有的发电机组产生的二氧化碳排放限额，包括化石燃料消费产生的直接二氧化碳排放和净购入电力所产生的间接二氧化碳排放。2020 年底，生态环境部印发了发电行业免费碳配额设定与分配实施方案，纳入重点排放管控名单的企业需要根据国家碳配额设定方案对自身的排放与免费碳配额量进行核算、清缴和碳交易。高校作为重点排放单位，总排量一旦超出碳排放配额就需要购买与超排量相对应的碳排放权，这部分支出也就构成了学校能源引致支出的一部分。

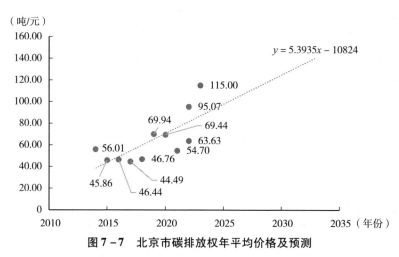

图 7–7　北京市碳排放权年平均价格及预测

资料来源：北京市碳排放权电子交易平台。

由于北京市高校碳排放数据为非公开数据，由北京市生态环境局统计，本书未能获取相关数据，因此下文以北京市某部属高校为例（相关数据根据访谈调研获取）。该校于 2014 年开始履约，由于该校近些年一直有新校区建设，因此自 2014 年起便须在碳交易市场购买碳配额。起初由于碳配额价格相对较低，温室气体超排量也不高，因此配额支出成本大概在万元左右。但随着每年的温室气体超排量逐渐增加，同时碳配额交易价格不断上涨，至 2022 年预计需支付近 20 余万元的碳配额费用支出。而且，可以预计未来碳配额交易价格仍被继续看涨，高校的配额成本压力将越来越大。

三、北京市高校节能管理现状

（一）节能减排资金投入不断增长

"十二五"期间，北京高校节能减排资金投入不断增长。节水工程投资约 2.3 亿元；节电工程投资约 2.8 亿元；节气工程投资约 2.1 亿元；节能工程投资约 1.7 亿元，总计约为 8.9 亿元。2023 年，北京市级支出安排 477.2 亿元，其中：市本级 328.9 亿元，市对区转移支付 148.3 亿元。主要是落实中央教育投入增长要求和义务教育"双减"政策，支持建设高质量教育体系。重点支持高校"双一流"建设，深化市属高校分类发展改革，继续支持沙河、良乡高教园区加快建设；支持改善办学条件，保障校园安全。政府财政拨款为高校节能减排建设提供了支持与保障。

（二）节能管理基础设施建设不断完善

近年来，北京高校的节能管理基础设施逐渐趋于完善。截至 2015 年，北京绝大部分高校装有雨水透水砖和下凹式绿地等雨水利用装置，有 48 所学校完成水平衡测试，建立了 52 座中水处理站，每天可处理污水回收利用近 2.1 万立方米。为节约能源，高校普遍采用了加装有限电装置的智能 IC 卡用电管理系统，学生食堂实行用电成本核算，办公场所普遍更换节能灯具，图书馆、自习室采用分区照明技术等。供暖期内，则采取低温供暖、寒假期间合并学生宿舍等办法，以减少采暖面积。

（三）节能改造项目效果显著

2019～2021 年北京市高校大力开展节能改造项目节能效果显著，共计 130 项，可分为建筑保温、照明系统、空调系统、可再生能源、能源监测系统、供暖系统、电机系统、节水系统、保温门窗、余热回收 10 种类型，取得的节能效果如图 7-8 所示，其中，建筑保温类改造取得的节能效果最为突出，每万元投资获得的节能效果为 10.02～12.03 吨标准煤。其次则为供暖系统和保温门窗，每万元投资获得的节能效果分别为 6.82～9.10 吨标准煤和 5.64～8.47 吨标准煤。节水系统改造取得的节能效果最低，每万元投资获得的节能效果仅为 0.73～0.91 吨标准煤。

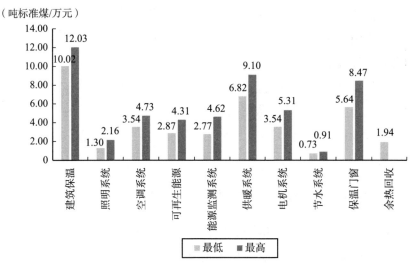

（吨标准煤/万元）

图 7-8　2019～2021 年北京市高校节能改造项目节能效果

资料来源：笔者根据北京市发展和改革委员会数据整理。

四、北京市高校用能现状问题及不足

（一）北京市高校节能计划成本较高

前文指出，近年来高校能源消费成本呈线性增长并且保持持续上升的趋势。因此，节能改造成本较高是北京市高校节能减排的最大问题之一。图 7-2 显示出北京市 34 所高校的用电支出情况，展现了与日俱增的节能成本。要实现节能改造则需要投入大量的资金和技术，财政条件较差的高校将会面临资金短缺的问题。

为了实现节能减排，高校首先需要对现有的建筑和设施进行改造和升级，以提高能源利用效率。因此，需要进行大规模的施工和改造，包括更换旧设备、安装节能设备、改善建筑外墙、加装隔热材料等。该类工程需要耗费大量的资金，需要高校向政府申请财政支持或者向银行申请贷款，使高校的财务压力增加。同时，高校实现节能减排还需要培训相关技术人员和人力资源，提高其管理水平和技术水平。因此，高校需要投入大量的人力和物力，进行培训和管理，以提高人员素质和能力。

并且还需要建立一整套完善的管理机制和监督制度，保证节能减排计划的顺利实施。因此，在成本层面上，高校需投入大量的资源和精力，使得高校的管理成本增加。

并且，高校节能计划还需要保持长期的持续性，需要高校不断投入资源和资金。高校也需要依据能源价格的波动和环保政策的不断变化对设施和政策进行调整和升级，这需要高校具有一定的经济实力和管理水平。

（二）北京市高校可再生能源使用不普遍

图 7-4 提出，北京市高校能源构成和消费构成结构中电力占据了绝对主要的比重。然而，该类电力资源往往直接来自电缆输送，而北京市高校的可再生能源使用（如太阳能、风能等）并不普遍。对于该类可再生资源而言，北京市高校缺乏具体可行的使用计划。很多高校节能计划并没有进行深入的实施或建设，相对而言缺乏具体可行的规划和执行方案，往往难以有明确的行动计划和目标，因此也难以有效地推广和利用可再生能源。

并且，高校使用可再生能源缺乏技术支持。尽管推广可再生能源的使用已经成为国家和地方政府的重要发展方向，但是很多地方高校缺乏专业的技术支持，无法充分利用可再生能源，因此会产生技术落后、设备设施更新与维护不及时、无效投入资金等问题的并发出现。这导致高校无法有效地应对节能减排的挑战，从而限制了可再生能源的使用。

（三）北京市高校节能减排技术较为落后

北京市高校的节能减排技术相对而言也较为落后。当下高校对于节能减排的主要措施大多为保温、供暖等措施的实现，相对而言手段比较单一、技术较为落后。许多高校的校内设施仅能人为操控，如手动关闭电源等方式，而缺少智能化节能技术的应用。这体现出了当下许多高校并没有将节能减排的先进理念充分运用到实践之中。对于新能源的利用也同样如此，高校通常只是投入了太阳能板的使用，实际上能够转化并利用为电能和热能的量极低。这导致了高校的很多节能减排仅仅起到了口号的作用，而缺少实质性的技术支持。同时，北京市高校在节能减排方面缺乏全面的综合规划，虽然某些高校可能有一些单独的节能项目，但因为缺乏整体性的规划，最终也无法形成系统化的节能减排措施。

第二节　北京市高校的可持续性评价

基于实证的代表性和数据的可得性，本书选取 47 所北京市高校为实证案例进行评价分析。这 47 所高校在校生人数约占北京市所有普通高等院校的 90%；能源消耗量约占北京市所有教育行业（高校、中职院校、初高中、小学、幼儿园在内）能源消耗总量的 25% 左右，因此具有一定的代表性。

按照高校专业学科设置与侧重职能定位的不同，我们将 47 所大学分为研究型大学（共 17 所）、特色型大学（共 13 所）、应用型大学（共 14 所）、技能型高职（共 3 所）四类。考虑到评估情景与数据可得性等限制，我们将根据第三部分构建的评估指标体系并结合学校特点选取评估指标，构建特定评估情境。

考虑到评分依据的缺乏性和大学数据公开的有限性，本部分主要进行定性评价，得分仅供参考。当高校自身在进行评估时，可进一步完善评价内容进行定量分析，但不会影响指标体系的有效运用，所有评估数据均来自各校官网、相关文献资料等。

一、研究型大学

研究型大学把研究放在首位，致力于培养高层次的人才与进行高水平的科学技术研发。针对研究型大学的评价，下文将从科研活动可持续、教育教学可持续、绿色校园可持续、社会发展可持续四个方面对研究型大学进行评价。评估结果显示，研究型大学总体表现良好。在科研活动可持续方面，研究型大学积极参与可持续项目研究，并研发大量绿色专利，发表上千篇与可持续相关的高质量学术论文；在教育教学可持续方面，研究型大学开设大量可持续相关专业，尤其是硕士学位专业；在绿色校园可持续方面，研究型大学积极进行节能减排项目改造；在社会发展可持续方面，研究型大学积极宣传可持续知识，建设可持续社团，从而推动社会可持续发展。

（一）科研活动

在科研活动可持续方面，研究型大学表现优秀。

在科研过程方面，94% 左右的大学均有可持续相关项目[①]，仅有北京邮电大学一所学校没有可持续项目的国家社科基金立项。考虑到北京邮电大学作为理工类高校对社科类研究缺乏研究实力与重视，我们认为研究型大学在科研过程中总体上还是表现优秀。在 17 所研究型大学中，中央财经大学的可持续立项项目数量最多，其次是北京师范大学。清华大学与北京大学作为总体研究实力第一的北京高校，其可持续立项项目数量分别为 4 项与 2 项，排名分别为第四（与北京航空航天大学并列排名第四）与第六（与首都经济贸易大学并列排名第六），与其研究实力不符。这可能是由于国家自然科学基金项目统计的缺乏，也可能是因为清华大学与北京大学对校园发展的其他方面或其他科研课题投入的关注更多。

在研究成果方面，研究型大学在专利方面表现极为出色[②]，16 所大学均申请了可持续相关的专利，有 7 所大学专利数量超过 1000 项。其中清华大学以 9589 项专利排名第一，数量是排名第二的北京航空航天大学（4653 项专利）的一倍，北京理工大学（3843 项专利）和北京科

---

① 全国哲学社会科学工作办公室官网，http://www.nopss.gov.cn/GB/219469/。统计了 2019~2022 年国家社科基金年度项目与青年项目立项中关于可持续的项目，其中 2020 年青年项目由于文件损坏未纳入统计。同时，由于国家自然科学基金委员会未在官网进行立项项目具体公示，本书未对国家自然科学基金项目进行统计。

② 中国专利信息中心的专利管理运营平台（https://www.mzipatent.com/#/），以学校为申请人，"绿色"、"可持续"、"能源"、"碳排放"、"碳减排"、"碳交易"、"低碳"、"污染"、"环境"分别为关键词进行检索。由于系统无法设定申请时间，故本书结果不限时间。

技大学（3820 项专利）分别排名第三与第四，而北京大学以 2547 项专利的数量排名第五，排名并不靠前。这五所大学的专利数量占据了专利总数的 86%，说明目前可持续相关专利的研发还集中在理工类学校。在九个关键词中，"环境"方面的专利是最多的（共 17067 项专利），占据了专利总数（28272 项专利）的 50% 以上，而"污染"方面（4902 项专利）和"能源"方面（4008 项专利）的专利则分别排名第二与第三，三个关键词的专利数量占据了可持续相关专利的 90% 以上[①]，可见"环境"、"污染"和"能源"是当前可持续专利的三个主流方向。北京外国语大学是唯一一所没有可持续相关专利的大学，但考虑到北京外国语大学是专注于语言教学的高校，我们认为研究型大学在专利方面总体表现优异（见表 7–2）。

表 7–2　　　　北京市 17 所研究型大学与可持续相关的专利数量　　　单位：项

学校名称	绿色	可持续	能源	碳排放	碳减排	碳交易	低碳	污染	环境	总和
清华大学	339	86	2259	64	12	6	130	1746	4947	9589
中央民族大学	3	3	2	0	0	0	0	11	22	41
中央财经大学	0	0	1	0	0	0	0	0	7	8
中国政法大学	0	0	1	0	0	0	0	0	0	1
中国人民大学	11	3	10	4	2	0	1	28	44	103
中国科学院大学	57	8	43	2	0	0	3	161	320	594
首都师范大学	18	10	18	0	0	0	0	35	138	219
对外经济贸易大学	0	0	0	0	0	0	0	0	1	1
北京邮电大学	23	9	135	2	0	1	3	38	947	1158
北京外国语大学	0	0	0	0	0	0	0	0	0	0
北京师范大学	57	24	73	8	3	1	7	414	597	1184
北京理工大学	260	26	506	24	1	0	28	349	2649	3843
北京科技大学	304	27	473	29	9	0	197	847	1934	3820

---

① 中国高校专利大数据公共服务平台（ipsunlight.com）。

续表

学校名称	绿色	可持续	能源	碳排放	碳减排	碳交易	低碳	污染	环境	总和
北京工商大学	62	10	27	0	0	0	21	138	250	508
北京大学	156	12	149	12	1	0	19	713	1485	2547
北京航空航天大学	132	35	310	10	1	0	19	422	3724	4653
首都经济贸易大学	0	0	1	0	0	0	0	0	2	3

资料来源：中国专利信息中心的专利管理运营平台、中国高校专利大数据公共服务平台。

在期刊发文方面，研究型大学表现优秀，所有大学均有可持续相关的论文发表，其中有 5 所大学发文数超过 2000 篇。排名第一的是中国科学院大学（5447 篇），清华大学以 3417 篇发文数位列第二，北京大学以 2697 篇发文数位列第三，中国人民大学以 2357 篇发文数位列第四，北京师范大学以 2298 篇发文数位列第五，五所大学发文量占据了全部发文量的 73%。除这五所大学外，其余大学发文数均小于 800 篇①。在九个关键词中，"环境"方面的发文是最多的（共 12929 篇），占据了发文总数（21994 篇）的 50% 以上，是排名第二"污染"方面（2751 篇）发文的五倍左右，"能源"方面（1688 篇）的发文排名第三，三个关键词的发文数量占据了可持续相关发文的 78%，可见"环境"是当前可持续发文的主流方向（见表 7 - 3）。

表 7 - 3　　北京市 17 所研究型大学与可持续相关的论文发表数量　　单位：篇

学校名称	绿色	可持续	能源	碳排放	碳减排	碳交易	低碳	污染	环境	总数
清华大学	228	219	523	196	51	20	161	376	1643	3417
中央民族大学	24	38	4	3	1	0	4	36	235	345
中央财经大学	80	47	39	36	11	10	34	72	325	654
中国政法大学	21	24	22	11	0	3	3	62	258	404

① 中国知网高级检索（https：//kns. cnki. net/kns8/AdvSearch？ dbcode = CFLS），对各个高校发表与可持续相关的高质量学术论文数（知网期刊高级检索中 SCI，北大核心，CSSCI，CSCD，AMI）进行检索。

学校名称	绿色	可持续	能源	碳排放	碳减排	碳交易	低碳	污染	环境	总数
中国人民大学	252	193	170	100	26	16	90	220	1290	2357
中国科学院大学	173	282	338	146	44	7	109	839	3509	5447
首都师范大学	20	17	12	8	3	1	11	111	319	502
对外经济贸易大学	62	39	60	46	17	8	28	59	319	638
北京邮电大学	15	11	12	3	1	2	2	10	146	202
北京外国语大学	9	16	9	3	0	0	5	7	77	126
北京师范大学	128	189	105	62	21	3	48	306	1436	2298
北京理工大学	56	18	115	53	15	8	8	57	459	789
北京科技大学	40	14	63	26	10	3	62	95	444	757
北京工商大学	31	15	14	10	2	0	8	38	163	281
北京大学	206	187	130	94	16	8	62	370	1624	2697
北京航空航天大学	22	18	36	15	2	4	12	36	378	523
首都经济贸易大学	59	36	36	38	7	7	23	57	294	557

资料来源：中国知网高级检索。

（二）教育教学

在教育教学可持续方面，研究型大学表现优秀。

在教学内容方面，除北京外国语大学外，各大学均开设相关专业，50%以上的高校开设了可持续相关硕士学位，其中，北京大学还进一步规定文科学生在数学与自然科学和社会可持续发展两个领域至少要修满4学分[1]；80%以上的高校开设了可持续相关课程，其中，清华大学仅在2020年就开设了本科生可持续相关课程1151门、研究生课程1166门[2]，开设的"生态文明十五讲"更可称为可持续课程的典范。课程采

---

[1] 学科专业－北京大学招生网，https://www.gotopku.cn/programa/professional。

[2] 本科专业－清华大学，tsinghua.edu.cn；清华大学2021年硕士研究生招生专业目录_统考（含招生人数），https://yz.tsinghua.edu.cn/info/1007/1441.htm。

取"大班授课＋小班研讨＋课外实践"的通识课程模式，既保证了课程的重量级，也保证了课程的实效性，同时在课程设置上激发了同学们自主学习的积极性，产出"双面打印与二次打印""教室及宿舍节能调查""校内建筑能耗评估""雾霾对户外锻炼的健康影响分析"等富有创新性的实践成果。大班课程首次采取多学科联合教学的模式，由钱易、倪维斗、金涌、江亿院士，何建坤、卢风教授等 14 位来自工程、人文、艺术等不同领域的著名学者担纲，多方面、全方位论述生态文明建设。其中既有对能源环境现状、气候变化议题等生态文明由来背景的深入分析，也有对生态文明发展历程、哲学基础、人文与科学基础、工程科学原理的直接诠释，以及对工业生产、建筑、材料、制造、艺术设计等领域践行生态文明理念最新成果和发展方向的集中展现，既有丰富的故事，也有严谨的数据，培养了学生多学科、多维度、国际化的生态文明视野。其中，首都经济贸易大学中国环境、社会和公司治理（environment，social and governance，ESG）研究院开发第一创业、联想、首创环保等 ESG 典型案例，且题为"ESG 理念与公司战略深度融合，经济价值与社会价值共创共享"的第一创业案例，荣获"2022 拉姆·查兰管理实践奖——企业 ESG 实践奖"。目前，研究院已形成本硕博全覆盖的 ESG 领域人才培养体系，成立 ESG 考试中心，成为 ESG 与"双碳"人才的重要培养基地。在教育实践方面，所有大学都举办了可持续相关的主题活动与主题讲座，并开设网上教育渠道实现可持续教学。其中，清华大学仅 2020 年就举办 20665 场与联合国可持续发展目标（sustainable development goals，SDGs）相关的校内学生活动①，组织与 SDGs 相关社会培训项目 408 个，累计培训 55557 人。同时，清华大学面向全国乃至全球开放优质在线教育资源，努力缩小"数字鸿沟"。2013 年推出中国第一个慕课平台——学堂在线，其现已成为全球第二大慕课平台。疫情防控期间，清华大学将学堂在线的 2200 多门慕课全部免费向社会开放；通过自主研发的智慧教学工具"雨课堂"帮助全国

① 《清华大学 SDG 行动报告》，https：//www.tsinghua.edu.cn/info/1002/86142.htm。

1800 万师生开展线上教学。同时，清华大学开设的在线课程中有 451 门与可持续发展目标相关，累计学习者超 348 万，通过课程的传播，有效地宣扬了可持续发展目标。截至 2020 年 12 月，学堂在线注册用户 6200 万，开放慕课 3000 余门，覆盖 200 余个国家和地区。清华大学在学堂在线平台开设的 330 余门慕课中有 144 门获评国家精品在线开放课程。

（三）绿色校园

在绿色校园可持续方面，研究型大学表现良好。

首先，在建设可持续方面，研究型大学在管理制度建设与节能减排项目上表现最佳。大部分高校都建设了节能监管平台，实施了节能减排改造项目。清华大学建设的中意清华环境节能楼是集生态、环保、节能理念于一体的智能化教学科研办公楼，也是清华大学环境学院的院馆。环境节能楼由意大利政府和中国科技部共同建设，为双方在环境和能源领域发展长期合作提供了平台，同时也为中国在建筑物的 CO_2 减排潜能方面提供了模型范本。环境节能楼遵循可持续发展原则，体现人与自然融合的理念，通过科学的整体设计，集成应用了自然通风、自然采光、低能耗围护结构、太阳能发电、中水利用、绿色建材和智能控制等国际上最先进的技术、材料和设备，充分展示人文与建筑、环境及科技的和谐统一。因此，这幢大楼也成了"绿色建筑"的典范。在节能减排项目方面，北京航空航天大学、中国人民大学、中国政法大学、首都经济贸易大学未进行节能改造，北京工商大学节能改造效果不明；中央民族大学与首都师范大学节能改造经济效益未达标，其余十所大学均达到经济效益的评价标准。研究型大学节能减排改造项目经济效益如图 7 - 9 所示。

其次，在运营可持续方面，研究型大学在餐饮与水资源表现最好，有 12 所大学举办光盘行动或采取措施鼓励学生减少餐饮浪费，有 13 所大学建立污水站或中水站等设施对水资源进行循环利用。在能源方面，2021 年在 17 所研究型大学中有 16 所高校均通过能源管理体系认证，仅有北京工商大学未通过①，且这 17 所研究型大学均具有能源管理师，具体如表 7 - 4 所示。

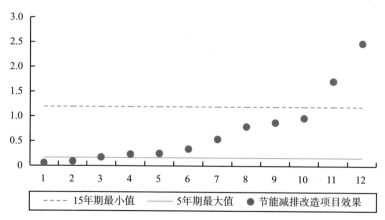

图 7 - 9　研究型大学节能减排改造项目经济效益

资料来源：笔者绘制。

表 7 - 4　　　　　　　　**2021 年研究型大学能源管理师统计**　　　　　　单位：人

学校名称	能源管理师
北京大学	2
清华大学	5
中国科学院大学	2
中央民族大学	2
北京航空航天大学	3
中国人民大学	2
中央财经大学	4
对外经济贸易大学	4
中国政法大学	1
首都经济贸易大学	1
北京师范大学	4
北京理工大学	4

① 国家市场监督管理总局的管理体系认证结果查询列表，http：//cx. cnca. cn/CertECloud/result/skipResultList？certItemOne = A。

学校名称	能源管理师
北京邮电大学	1
北京科技大学	2
北京工商大学	1
北京外国语大学	1
首都师范大学	10

资料来源：笔者绘制。

　　同时，通过统计研究型大学2019～2021年单位学生人数综合平均能耗数和单位建筑面积平均能耗数可以发现，在单位学生人数综合能耗上，清华大学以15391吨标准煤/万人位居首位，北京大学和北京航空航天大学位居第二、第三位，中央民族大学以4000吨标准煤/万人位居末位；在单位建筑面积能耗上，北京邮电大学以270吨标准煤/万平方米位居首位，清华大学和北京师范大学位居第二、第三位，中央民族大学仍以125吨标准煤/万平方米位居末位。这说明清华大学单位能耗量较高，中央民族大学单位能耗量较低（见图7-10、图7-11）。

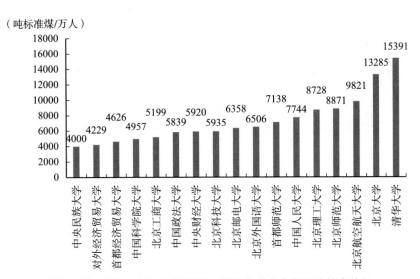

图7-10　2019～2021年研究型大学单位学生人数平均综合能耗

资料来源：笔者绘制。

（吨标准煤/万平方米）

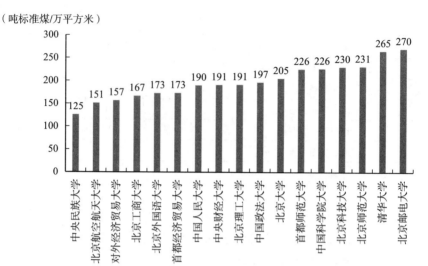

图 7 – 11　2019 ~ 2021 年研究型大学单位建筑面积平均能耗

资料来源：笔者绘制。

　　在交通方面，研究型大学校园整体车辆数偏多。对外经济贸易大学校车数最多，其次是中央民族大学和中国政法大学，中国科学院大学校车数最少，因此对外经济贸易大学校园交通最为便利（见图 7 – 12）。除此之外，有 6 所研究型大学有新能源校车，分别是中国人民大学、北京师范大学、北京科技大学、北京大学、中央民族大学和对外经济贸易大学[①]，其中对外经济贸易大学新能源车辆数最多为 34 辆，在交通这个三级指标项下表现最为优异。

　　在碳排放方面，综合类大学与理工类大学排名普遍靠前。其中清华大学碳排放量平均值最高，为 18.78 万吨，对外经济贸易大学碳排放量平均值最低，为 1.76 万吨，两者相差近 10 倍。而排名第二的北京大学碳排放量为 15.06 万吨，是排名第三的北京航空航天大学的两倍。同时，观察所有大学的碳排放量（不限于研究型大学），清华大学和北京

　　① 《染绿燕园　北大第一批新能源通勤车花落吉利远程客车》，https：//www. chinabuses. com/buses/2021/0421/article_98123. html；《建设绿色校园：电动校车进清华》，https：//www. tsinghua. edu. cn/info/1365/81318. htm。

大学是唯二碳排放量在 15 万吨以上的大学，其他学校均在 8 万吨以下。造成这种差距的原因可能有以下几点：一是清华大学和北京大学学生人数、校园规模都远超对外经济贸易大学，基数更大，碳排放量更多；二是清华大学和北京大学作为北京乃至全国研究实力与研究任务最多的大学，涉及的理工类研究更多，校园内的理工研究器材数更多，使用量更多，耗能量更多，造成碳排放量也更多（见表 7-5）。

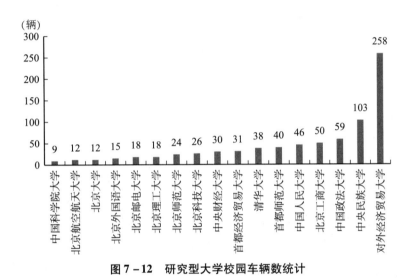

图 7-12 研究型大学校园车辆数统计

资料来源：作者绘制。

表 7-5　　　　北京市 17 所研究型高校的二氧化碳排放量平均值　　　　单位：万吨

学校名称	2019~2021 年二氧化碳排放量平均值
对外经济贸易大学	1.76
中央民族大学	1.80
首都经济贸易大学	1.81
北京外国语大学	2.09
北京工商大学	2.10
中央财经大学	2.42
中国政法大学	2.46

学校名称	2019~2021 年二氧化碳排放量平均值
首都师范大学	3.44
中国科学院大学	3.71
北京科技大学	4.00
北京邮电大学	4.50
中国人民大学	5.38
北京师范大学	5.98
北京理工大学	7.17
北京航空航天大学	7.64
北京大学	15.06
清华大学	18.78

资料来源：作者绘制。

(四) 社会发展

在社会发展可持续方面，研究型大学表现良好。

首先，在社会服务方面，研究型大学在社会支持领域表现良好，有 10 所大学举办了面向公众的可持续宣传，有 8 所大学与政府在可持续方面展开合作。清华大学仅 2020 年就发布面向大众的宣传和普及 SDGs 相关知识的新闻总计 49289 篇[①]；1996 年以来，学生绿色协会常年在邻近中小学开展绿色教育课程，向孩子们宣传环境保护知识和当下可持续发展热点问题；清华大学与山西省人民政府签署共建清华大学山西清洁能源研究院二期合作协议；可持续发展研究院与有关政府开展密切合作。海淀区政府与北京大学携手开展节能减排宣传活动，而"海淀区节能减排进北大"活动作为海淀区政府与北京大学在环境教育宣传方面的一次合作尝试。北京大学清洁能源研究院加入中美绿色合作伙伴计划，

---

① 《可持续发展，清华在行动！110 周年校庆"大学·可持续发展"论坛举行》，https://www.tsinghua.edu.cn/info/1668/82642.htm。

该意向书的签署启动了北京大学清洁能源研究院、中国国家应对气候变化战略研究和国际合作中心与加州大学洛杉矶分校清洁能源研究中心的绿色合作伙伴结对工作，该绿色合作伙伴结对拟建立中美清洁能源和气候变化研究联盟，主要进行清洁运输与智能电网的综合研究，推动引进中国急需技术并帮助开拓美国市场，实现经济效益、环境效益和社会效益。河南省交通规划设计研究院股份有限公司与中国科学院大学环保技术联盟签订技术合作协议，双方分别介绍了各自业务方向、平台资源优势、对外合作及技术转移等最新情况，随后围绕科研成果转化、环境业务合作、双碳业务拓展、资源平台共享等方向进行了深入交流和探讨，达成广泛共识，随后双方代表签订了技术合作协议；国科大联合各方共同发起成立了"中国科学院大学环保技术联盟"，举办中国科学院"绿色丝绸之路建设的科学评估与决策支持"座谈会。北航能源与动力工程学院正在做航改型或新一代低排放零排放燃气轮机技术、新能源产氢及储氢运氢用氢技术、压缩空气和飞轮储能技术、太阳能与建筑节能一体化、锂离子和钠硫电池技术，生物质热解制气等研究工作，并希望跟昌平进行产业化成果的转化；中德政府间合作项目"促进可再生能源大规模利用的政策与市场"学术交流研讨会在北京航空航天大学召开。中国人民大学国际关系学院教授、国家发展与战略研究院副院长许勤华在学校的支持下搭建"一带一路"与绿色发展的团队，尝试构建新模型，研究通过可持续技术的植入与赋能，是否能将每个国家，尤其是共建"一带一路"国家的自然禀赋转化为经济增长。中央财经大学施懿宸教授在郑州航空工业经济学院做"绿色金融与 ESG 理论及专业人才培养"学术报告。对外经济贸易大学绿色创业研究中心旨在以价值理念、知识体系及科学方法为基础，研究绿色创业规律，建立绿色创业指标体系，树立绿色创业旗帜，传播绿色创业理念，培养绿色创业人才，构筑绿色创业平台；目前，对外经贸大学也将绿色发展研究与绿色人才培养作为学校义不容辞的责任，学校成立了中国国际低碳经济研究所，建立了一支国际化、跨行业、跨学科的研究专业团队，与社会各界共同推进绿色发展研究，为绿色经济发展和政府部门的决策提供智力支持，为世界和中国绿色发展的生态体系建设贡献一份力量。北京师范大学围绕新一代信息技术、新材料、新环保、新医药等领域开展产学研服深度融合，助力昌平区"两谷一园"产业发展。北京科技大学与怀柔区人民政府、有研集团将积极落实签订的战略合作协议，充分整合优势资源，共同建设"北京科技大学能源环境与绿色材料创新研究院（怀柔）"，着力打造"三平台一示范区"（产业技术联合创新平台、科技成果转化平台、科技金融服务平台、怀柔绿色技术创新应用和产业发展示范区），使之建设成为学校科技成果转化中试基地；北京科技大学多地生活垃圾分类调研实践团通过线下志愿工作，走访调研附近小区，体验垃圾分拣员的生活。2021 年，北京工商大学—经济合作组织科学基金会"一带一路"科技与经济合作联合培训中心将围绕低碳发展规划、下一代汽车技术及工程技术人才培养等模块开展多次国际培训，这些培训都将与各国科技组织、高等院校和科技企业等共同合作举办，推动产、学、研一体化发展，培训成果也将形成政策建议和研究报告，报送国内外政府机构和行业协会，提高中心的智库影响力。在社会评价方面，只有两所大学获得了可持续方面的奖项，这可能是因为国内对可持续大学建设的关注与重视不足，也缺乏相关奖项的建立、评选及颁发。其中，在广东省金融学会绿色金融专业委员会公布 2022 年度绿色金融专项课题评选结果中，中央财经大学绿色金融国际研究院牵头承办课题《金融机构环境信息披露建议及难点》获一等奖，《"双碳"目标下转型金融发展研究》获二等奖。对外经贸大学绿色协会是对外经济贸易大学十佳社团及校内唯一的公益环保社团，并多次获得各类奖项，如北京环保公益十佳高校社团的称号。

其次，在社会实践方面，各所高校积极组织学生进行可持续相关的社会实践。北京理工大学的"零碳魔方"小队更是在第十三届"挑战杯"中国大学生创业计划竞赛全国决赛荣获生态环保和可持续发展赛道金奖，以及 2022 年全国大学生志愿者暑期文化科技卫生"三下乡"社会实践优秀团队荣誉称号。团队成员搭建了风光储微电网创能系统，结合建筑学的被动式设计和建筑信息模型（building information modeling,

BIM）职能建筑管理体系，解决了供电波动大、用电端难和供需平衡的问题，实现热能回收率超过 80%，能源成本为零，运行碳排放为零，搭建快速高效、舒服环保的模块化低碳房屋，为国家低碳化进程助力。这个项目在北京冬奥会期间落地为"零碳小屋"，在没有接入一度电的情况下，自给自足不间断运行了 50 天。对外经贸大学绿协"废旧纸换再生纸"活动圆满举办。首经贸 CUEB 绿色生态协会之"回箱计划"——送纸箱送回家活动圆满成功。

二、特色型大学

考虑到特色型大学是指富有行业特色的大学，旨在培养某个特定行业的专业人才，我们将从教育教学可持续、绿色校园可持续、社会发展可持续三个方面对特色型大学进行评价。评估结果显示，特色型大学总体表现良好。在教育教学可持续方面，特色型大学表现较差，开设可持续相关专业与课程较少；在绿色校园可持续方面，特色型大学表现良好；在社会发展可持续方面，特色型大学表现一般。

（一）教育教学

在教育教学可持续方面，在教学内容领域，特色型大学表现较差。仅有北京电影学院与北京建筑大学两所高校开设可持续相关的专业，北京建筑大学设立了环境生态工程、能源与动力工程、风景园林学、环境科学与工程、资源与环境（专业学位）等专业，北京电影学院为本科生设立了环境设计专业；只有北京建筑大学开设与可持续相关的课程，"明湖之秋，植物鉴赏"是环境生态工程专业实践教学特色课程之一。特色型大学教学内容上表现较差可能是因为：（1）专业定位：特色型大学通常专注于某个特定行业或学科领域，如电影、音乐、体育、戏剧等。它们的教育目标是培养该行业的专业人才，因此课程设置主要围绕相关专业技能和知识展开。由于可持续发展不是这些行业的主要关注领域，所以在课程设置中可能没有特别强调或涵盖该主题。（2）传统教育体系：某些特色型大学可能沿袭了传统的教育体系，这些体系可能较为保守，难以及时更新适应全球可持续发展议程带来的变化。在教学计划更新上，可能没有将可持续发展视为必要的组成部分。（3）资源限制：特色型大学可能面临有限的资源，包括教学资源、教职员工和资金等。在有限的资源条件下，学校可能更倾向于维持和加强其主要专业领域，而不是扩展到其他主题，如可持续发展。（4）学科交叉的挑战：可持续发展是一个综合性的主题，涉及自然科学、社会科学、经济学等多个学科领域。在特色型大学这种较为专业化的教育机构中，跨学科的教学和研究可能会面临一些困难，因为这需要跨越不同学科和专业领域的边界，而这并不是特色型大学的主要目标。

可持续发展是一个全球性的重要议题，对教育也提出了明确的要求，特色型的大学理应将其贯穿至教育实践中。其他研究型大学和应用型大学通常更倾向于开设涉及可持续发展的课程和专业，以培养关于这个议题的专业人才和领导者。同时，政府和社会对可持续发展的重视也在不断提高，这有望促进包括特色型大学在内的更多教育机构关注和开设与可持续发展相关的课程。

在教学实践方面，所有高校均开展了可持续相关的主题活动。1 所高校在开发降低教学过程成本、提高教学效率的可持续教学技术和可持续教学模式的试验上做出突出贡献（北京语言大学面向全球正式发布"国际中文智慧教育工程"核心成果"国际中文智慧教学平台 1.0 版"，这是我国首个面向全球中文学习者的智慧教学平台），5 所大学举办了可持续相关的主题讲座及研讨会。之所以如此是因为：（1）社会责任感：特色型大学在社会中具有重要的影响力和作用，它们通常承担着培养未来领袖、传播知识和促进社会进步的角色。面对全球性的可持续发展挑战，特色型大学可能认识到自身的社会责任，希望通过开展与可持续发展相关的主题活动来推动社会的积极变革。（2）跨学科交叉：可持续发展是一个涉及多个学科领域的复杂议题，涵盖自然科学、社会科学、经济学等方面。特色型大学虽然专注于特定行业，但它们也可以通过跨学科交叉的方式，将可持续发展的主题引入现有的教育和研究中。这有助于培养学生更全面的思维能力，并为特定行业的可持续发展问题提供更多维度的解决方案。（3）行业变革需求：随着全球对可持续发展的迫切需求增加，许多行业都在寻求在可持续性方面的创新和变革。特色型大学的毕业生通常成为相关行业的从业者，因此，培养具备可持续思维和能力的专业人才对行业的可持续性转型至关重要。开展与可持续发展相关的主题活动可以为学生提供必要的知识和技能。（4）多样性与综合性需求：在全球化的背景下，许多领域要求专业人才具备多样化的背景知识和技能。特色型大学可能会考虑为学生提供更广泛的教育体验，以便他们在行业内更全面地发展和成功。可持续发展主题的引入可以丰富学生的学习经历。特色型大学与可持续相关的主题活动汇总如表 7 –6 所示。

表 7 –6　　　　　　特色型大学与可持续相关的主题活动汇总

学校	主题活动
北京电影学院	消减塑料污染　建设美丽中国——世界环境日主题活动暨环境艺术作品展览
中央音乐学院	"绿色发展，节能先行"中央音乐学院节能宣传，我校启动节能宣传周系列活动《绿色相约》MV，由中央音乐学院作曲系学生李圣春创作的一首原创环保主题曲
北京语言学院	"创建绿色校园、共建美丽北语"的除草护绿活动
北京体育大学	碳标签"绿"动正当时，让低碳之风在校园盛行
中央戏剧学院	"节能有我，绿色共享"中央戏剧学院节能宣传中央戏剧学院《光盘行动》宣传片（20201121）守望着麦田的稻草人
中国传媒大学	中传生态建设公益设计作品征集活动
北京建筑大学	北京建筑大学工会开展"我节能、我分类、我健康"环保主题活动
北京印刷学院	北京印刷学院"绿色大学"行动计划系列活动"图书漂流赠余香，绿植领养获芬芳"
首都体育学院	研究生部举办"创绿色校园手有余箱"活动和以"节约资源，节能减排"为主题的海报征集活动，研究生会进行了"绿色生态文明"主题配音大赛，成立践行环保"凌盛蓝天白云"首都体育学院志愿者协会
外交学院	外交学院全球生物安全治理研究中心开展系列调研活动

学校	主题活动
国际关系学院	国际关系学院环境爱护者协会面向全市高校学生开展"我眼中的低碳生活"征文活动
首都医科大学	"人人参与，处处践行"共建首医绿色低碳校园
北京中医药大学	参加"公益力量，绿动沙漠"绿色环保公益活动，积极参加团市委组织的"青春与绿色同行"植树造林活动，举办节能宣传周暨全国低碳日宣传活动；2020 年节能宣传周——"讲好节能故事"作品征集大赛，基础医学院团总支举办"节能减碳，爱心交换"主题团日活动

资料来源：笔者绘制。

在可持续相关的主题讲座和研讨会方面，中央戏剧学院承办的亚洲戏剧教育研究中心第五届世界戏剧教育大会聚焦"戏剧与科技的发展构建"主题，以线上方式举办。中国传媒大学举办"传媒艺术教育与人类命运共同体"系列讲座和环境传播专题讲座。北京建筑大学陈军院士做关于"对标联合国 2030 SDGs，讲好中国可持续发展故事"的主题讲座。2023 年 7 月 28 日，北京印刷学院成功举办 2023 快递绿色科技发展大会。首都医科大学后勤与基建管理处举办"蓝天保卫战，我是行动者"主题讲座。

（二）绿色校园

在绿色校园可持续方面，特色型大学表现良好。

在建设可持续方面，特色型大学在环境建设方面表现最佳，有 8 所大学在环境建设方面取得一定成就，有 9 所大学在校园绿化方面取得一定效果。在管理制度建设的可持续方面，特色型大学表现较差。特色型大学没有建立与可持续发展相关的制度、节能减排的制度和能耗管理等制度可能受到以下几个因素的影响：（1）优先事项：特色型大学通常将教育领域的特定专业性放在首位，这可能会占用大部分资源和精力。在有限的资源下，学校可能更关注与其主要领域相关的事务，而将可持续发展等议题放在次要位置。（2）专业性质：特色型大学的主要任务是培养某个特定行业的专业人才，因此其内部管理和制度设置通常会与该行业的特点相适应。如果可持续发展、节能减排等议题与该行业关系不大，学校可能不会将其作为重要的制度设置方向。（3）文化和传统：一些特色型大学可能承袭了传统的教育体系和管理方式，这些体系可能较为保守，难以迅速适应新的议题和需求。可持续发展的理念可能在这些学校的文化和传统中并不突出。（4）资源限制：建立与可持续发展相关的制度、节能减排制度和能耗管理制度需要投入相应的人力、物力和财力。特色型大学可能面临资源有限的挑战，无法轻易承担这些额外的开支。（5）行政层面决策：决策的层面也会影响这些制度的建立。如果学校的行政层面没有明确将可持续发展等议题列为优先事项，相关的制度可能就不会得到足够的支持和推动。尽管如此，随着社会对可持续发展的重视不断增加，特色型大学也有可能在逐步调整其战略和管理方式。一些特色型大学可能会意识到在可持续发展领域采取行动的重要性，并逐渐开始建立相关的制度、管理措施以及教育项目。在许多国家，政府的政策和法规也鼓励大学在可持续性方面采取行动，这可能会对特色型大学的决策产生影响。

北京电影学院校园综合体中设置了大量景观平台，为师生提供更多和自然环境对话的场所。设计顺应场地原有的低洼地势和自然高差，形成大尺度、柔性自然边界的中央生态水系，兼具汛期蓄水、防洪、排涝的功能。体育场采用下凹方式，看台背侧采用覆土草坡消解尺度。中央景观带也成为校园分期建设的自然边界。中央音乐学院设立节能监管平台，建立控烟管理办法，实施热力循环泵更新改造项目。中央戏剧学院校园节能监管体系建设示范项目专家验收会通过，其校园的绿化率也非常高。中国传媒大学实施二级电表、预付费电表及节能监管系统建设项目以及校园环境绿化及景观提升工程。北京建筑大学设立节能监管平台，公示校园景观提升方案。北京印刷学院校区绿化面积近 8 万平方米，树木种类近百种，植被千余棵。校园内树木葱茏，绿草如茵，百花竞艳，硕果飘香。首都体育学院的建筑类型包括宿舍等居住建筑和办公楼、体育馆等公共建筑，相对于宿舍需要 24 小时正常供热来说，公共建筑只有在白天需要正常供热，夜间保证值班温度即可。应用智能楼栋平衡技术，在18个公共建筑热力入口安装智能楼栋平衡系统（包括通信机、水温变送器、室温传感器和温控电云调节阀等），并通过窄带物联网（narrow band internet of things，NB - IoT）将数据上传至二网智能平衡云平台，实现楼栋热力平衡和分时分区控制。外交学院实施节约校园管理系统（一期）工程，外交学院积极创建"绿色校园""园林校园""生态校园"，校园绿化有白杨、国槐、牡丹月季、蔷薇等200多个品种花树装饰校园的各个角落，围墙绿篱近2000米，形成了"一点一线、东西两园、南北两苑"的高品位、有特色的布局，整个校园绿树葱郁，三季有花，四季常青，一片生机盎然，具有"人在花园里，校在丛林中"的绿化格局。北京中医药大学良乡校区西院还进行了2022～2025年度绿化养护项目招标。

在节能减排改造项目建设方面，中国传媒大学、外交学院未进行节能减排项目改造，首都医科大学节能减排改造效果不明，5所学校达标，5所学校不达标。

特色型大学节能减排改造项目经济效益如图7-13所示。

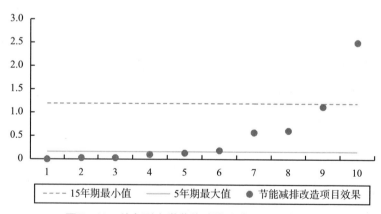

图7-13 特色型大学节能减排改造项目经济效益

资料来源：笔者绘制。

在运营可持续方面，特色型大学表现一般。在食物与餐饮方面，有

12 所大学采取行动，中央音乐学院、中央戏剧学院、中国传媒大学、首都体育大学均采取不同的形式进行"光盘行动"的宣传和推广。在采购方面，各特色型大学均无突出表现。在废弃物方面，所有高校均采取了一定的垃圾分类措施。其中，北京体育大学积极响应北京市垃圾分类的号召，推动绿色发展理念，学生宿舍管理中心抓源头，落实垃圾分类制度。学生公寓内定时进行垃圾分类广播宣传、张贴生活垃圾分类方法海报、在学生房间内及公共区域配备不同功能及大小的垃圾分类桶、安排工作人员进行二次分拣，从源头保证垃圾分类有效实施。与此同时，加强对学生的科学引导、培养学生主动意识、形成垃圾分类长效机制。做好垃圾分类，节约使用资源，保护绿色环境，推动绿色发展的理念和生活方式，需要日积月累的习惯培养。学生宿舍管理中心将积极努力，带头打造绿色公寓、绿色校园；中国传媒大学开发了基于深度学习的垃圾分类软件系统。北京建筑大学"垃圾分类宣讲进中小学"志愿服务项目获评"首都最佳志愿项目"；北京印刷学院重视生活垃圾分类工作，把校园垃圾治理作为建设生态文明校园、提高治理能力的重要途径，作为学校落实立德树人根本任务、促进学生行为习惯养成的重要手段。提高全体师生的垃圾分类意识，倡导简约适度、绿色低碳的生活方式，自觉参与垃圾分类活动，为建设文明校园作贡献；首都体育学院颁布了《生活垃圾分类工作实施方案（试行）》，总务处充分利用现有投放设备设施，在室外公共区域共计设置投放点 11 个，合理摆放垃圾分类专用桶，并在垃圾桶贴上分类标识，满足基本投放需求；督促第三方物业公司加强日常清运频次，做到垃圾"日产日清"。为保证学生返校期间更好开展生活垃圾分类工作，第三方物业公司准备了《自带垃圾下楼，创建文明公寓》的倡议书，提倡学生做好寝室卫生，自带垃圾下楼，创建文明公寓。联合街道、居委会在家属区开展生活垃圾分类宣传活动，对居民和后勤员工垃圾分类进行培训指导，提升垃圾分类技能，分发垃圾分类宣传材料，并倡导邻里之间相互宣传、相互监督，倡导绿色生活方式，使垃圾分类减量成为人人皆知、人人皆守的行为规范。

在水资源方面，特色型大学整体表现一般。有 3 所特色型大学表现良好，其中中央音乐学院东校区发布中水处理设施维保项目中标公告。首都医科大学同步配套建设给水、雨污水、中水、电力、燃气、热力等室外管线和室外绿化、道路等红线内室外工程，以及红线外市政配套工程。

在能源方面，特色型大学整体表现较差。有 5 所高校采取能源管理措施，其中北京电影学院的节能办公室是学校节约减排及能源的综合管理和监督、检查部门，中央音乐学院发布太阳能路灯系统改造及东校区光伏维修项目比选公告，首都体育学院开展全球环境基金（global environmental fund，GEF）"中国公共建筑能效提升项目"示范子项目，外交学院沙河校区发布室外照明及泛光智能控制系统、工勤宿舍预付费电能管理系统建设项目中标公告。北京中联环建设工程管理有限公司受首都医科大学的委托就"首都医科大学车库及部分楼道灯节能改造项目"的相关货物及服务进行国内公开招标，邀请合格潜在投标人参加本项目投标。

除此之外，2021 年在 13 所特色型大学中有 6 所高校通过能源管理体系认证，有 7 所高校未通过。而且有 7 所特色型大学具有能源管理师，其中首都医科大学最高为 5 位，其次是北京建筑大学有 2 位，中央音乐学院、北京语言大学、北京体育大学、中央戏剧学院、北京印刷学院均只有 1 位能源管理师。

同时，通过统计特色型大学 2019～2021 年单位学生人数综合平均能耗数和单位建筑面积平均能耗数可以发现，在单位学生人数综合能耗上，中央戏剧学院以 9319 吨标准煤/万人位居首位，其次是外交学院和北京语言大学位居第二、第三位，中国传媒大学以 3896 吨标准煤/万人位居末位（见图 7－14）；在单位建筑面积能耗上，北京语言大学以 292 吨标准煤/万平方米位居首位，其次是首都医科大学和中央音乐学院位居第二、第三位，首都体育学院以 124 吨标准煤/万平方米位居末位。这说明北京语言大学单位能耗量较高，中国传媒大学单位能耗量较低（见图 7－15）。

（吨标准煤/万人）

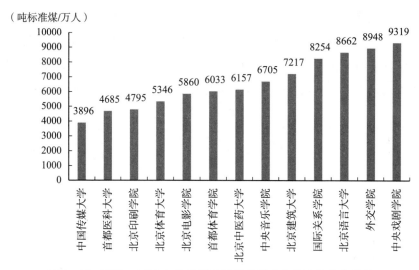

图 7－14 2019～2021 年特色型大学单位学生人数平均综合能耗

资料来源：笔者绘制。

（吨标准煤/万平方米）

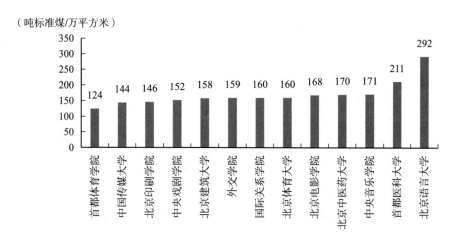

图 7－15 2019～2021 年特色型大学单位建筑面积平均能耗

资料来源：笔者绘制。

在交通方面，特色型大学校园整体车辆数偏少。首都医科大学校车数最多为 55 辆，其次是首都体育学院和北京语言大学，分别为 18 辆和14 辆，北京建筑大学校车数仅有 5 辆，因此首都医科大学校园交通最为便利。除此之外，有 3 所特色型大学有新能源校车，分别是北京建筑大学、首都医科大学、北京中医药大学，其中北京建筑大学和首都医科大学新能源车辆数均为 2 辆，北京中医药大学有 1 辆新能源校车，因此首都医科大学在交通这个三级指标项下表现最为优异（见图 7 - 16）。

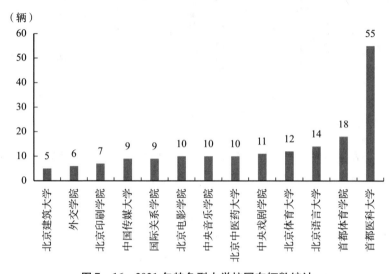

图 7 - 16   2021 年特色型大学校园车辆数统计

资料来源：笔者绘制。

在碳排放方面，中国传媒大学碳排放量最多，为 2.26 万吨，国际关系学院碳排放量最少，为 0.54 万吨，具体如表 7 - 7 所示。

表 7 - 7   北京市 17 所特色型高校的二氧化碳排放量平均值   单位：万吨

学校名称	2019～2021 年二氧化碳排放量平均值
北京电影学院	0.93
中央音乐学院	0.77
北京语言大学	2.20
北京体育大学	2.01
中央戏剧学院	0.69

学校名称	2019～2021年二氧化碳排放量平均值
中国传媒大学	2.26
北京建筑大学	1.90
北京印刷学院	1.02
首都体育学院	0.69
外交学院	0.63
国际关系学院	0.54
首都医科大学	1.95

资料来源：笔者绘制。

（三）社会发展

在社会发展可持续方面，特色型大学表现一般。

在社会服务方面，特色型大学在社会支持的可持续宣传一项中表现最好，有5所大学举办了可持续相关宣传活动，促进公众参与社会决策，为社会可持续发展实践提供精神文明支持。但在社会评价方面特色型大学表现较差，仅有北京印刷学院先后被评为"大兴区绿化美化先进单位""首都全民义务植树先进单位""北京高校后勤物业工作先进集体""北京高校后勤物业管理先进学校"等。北京建筑大学将围绕延庆区建设"首都西北部重要生态保育及区域生态治理协作区、生态文明示范区"。在社会实践方面，特色型大学表现良好，有8所大学鼓励学生进行了可持续相关实践。其中，中央音乐学院举办环保主题音乐会，并启动节能宣传周系列活动，进行"绿色发展，节能先行"的节能宣传。《绿色相约》MV是由中央音乐学院作曲系学生李圣春创作的一首原创环保主题曲。北京语言大学举办"关注节能环保　共建绿色校园"的教职工线上文化节。中央戏剧学院拍摄《垃圾分类》宣传片。中国传媒大学成立绿色希望协会，并举办中传生态建设公益设计作品征集活动。北京建筑大学实施"垃圾分类共战疫，青春普法美家园"社会实践团志愿服务。首都体育学院举办"我的校园我做主，垃圾分类我先行"的绿色校园活动系列。外交学院设立外交学院青年志愿者协会和绿色啄木鸟外交学院分会，举办绿色啄木鸟大学生联盟绿色校园行动。首都医科大学成立"星星之绿"环保协会，开展"人人参与，处处践行，共建首医绿色低碳校园"的实践活动。

三、应用型大学

考虑到应用型大学的办学定位以应用型为主，以培养适应生产、建设、管理、服务一线需要的高级应用型人才为培养目标的高等院校，而不是以科研为办学定位的，下面将从教育教学可持续、绿色校园可持续、社会发展可持续三个方面对应用型大学进行评价。评估结果显示，应用型大学总体表现良好。在教育教学可持续方面，应用型大学表现优秀；在绿色校园可持续方面，应用型大学表现良好；在社会发展可持续方面，应用型大学表现良好。

（一）教育教学

在教育教学可持续方面，应用型大学表现优秀。

在教学内容专业学科建设方面，10 所大学开设了可持续相关专业，11 所大学开设了可持续相关课程。比如，北方工业大学设立了高性能电机运行与控制、先进电力电子变换技术、电力系统运行与控制、储能技术、大规模储能技术、新能源发电技术、智能电网技术等硕士专业，以及新能源科学与工程（智能电网）、城市地下空间工程（智慧城市）、工程管理（建筑智能化管理）、建筑环境与能源应用工程（绿色建筑与新能源）、风景园林、建筑学等本科专业；中国农业大学开设了园艺园林、环境科学与工程、农业建筑环境与能源工程、大气物理学与大气环境、景观生态与乡村生态规划、环境科学与工程和资源与环境专业；华北电力大学设有电气与电子工程学院、能源动力与机械工程学院、新能源学院、环境科学与工程学院、水利与水电工程学院、能源互联网学院等学院，拥有"电力系统及其自动化""热能工程"2 个国家级重点学科、25 个省部级重点学科,在第四轮学科评估中,电气工程和动力工程及工程热物理两个学科分别位列 A 档和 A－档;"环境/生态学"学科进入基本科学指标数据库(essential science indicators,ESI)全球前 1% 行列;北京交通大学设有环境工程(智慧环境与低碳技术)、环境艺术设计、环境科学与工程、交通能源与环境工程、环境工程(专业学位);中国矿业大学设有建筑环境与能源应用工程、环境工程、环境科学、能源与环境金融、对外贸易与可持续发展、风景园林、环境设计专业;中国石油大学(北京)设有环境科学与工程类(环境科学、环境工程)、环境科学与工程类专业;中国地质大学(北京)设有环境工程、环境生态工程、海洋资源与环境、环境与资源保护法学专业;北京工业大学设有生态环境材料与资源循环、生态环境材料与资源循环技术、能源材料技术、循环经济技术及应用模式、资源环境经济理论与应用、供热、供燃气、通风及空调工程、可再生能源利用及碳中和理论与技术、环境规划与区域污染防治、污染控制化学、环境分析与监测、环境化工与固废资源化、水污染控制工程、大气污染控制工程、环境与能源催化、可再生能源利用与碳中和技术、能源动力系统优化及工程应用、制冷低温系统及其节能环保技术、低碳车辆动力系统技术、资源环境经济理论与管理等硕士专业,以及环境科学与工程类、能源动力类本科专业;北京化工大学设有能源化学工程、环境工程、环境微生物学专业;北京林业大学设有自然地理与资源环境、环境科学、环境工程、风景园林、水土保持与荒漠化防治、森林保护学、生态学、环境科学与工程,(专业学位)环境工程专业;北京农学院设有农业资源与环境、环境设计、风景园林、农业资源与环境、风景园林学专业。

在教学内容课程设置方面,有 7 所大学设有与可持续相关的课程。其中中国农业大学的碳中和与可持续发展课程;北京交通大学的环境工程原理、环境工程微生物学、环境监测、水处理工程、大气污染控制工程、固体废物处理与处置、环境规划与管理、环境工程智能建造、智慧环境工程运维与管理、清洁生产与可持续发展课程;中国矿业大学(北京)的矿山生态环境与可持续发展课程;中国地质大学(北京)的地下水可持续安全供给课程；北京化工大学的生物技术与人类可持续发展公开课；北京林业大学的环境生态学、环境工程原理、环境流体力学、环境地学、环境毒理学、环境经济学课程；北京农学院的环境监测、环境影响评价、资源环境信息技术课程。

在教学实践方面，14 所高校均举办了可持续相关活动，11 所大学采用了网络信息技术以实现可持续教学，13 所大学举办了可持续相关讲座。

在教学实践中提供可持续发展相关的定期讲座和研讨会以及主题活动方面，各高校开展情况如表 7-8、表 7-9 所示。

表 7-8　　　　　　　应用型大学与可持续相关的主题活动总结

学校名称	主题活动
北方工业大学	MBA 大视野系列讲座｜发展可持续可合作的工作价值
中国人民公安大学	碳标签"绿"动正当时，让低碳之风在校园盛行
中国农业大学	农大社区垃圾分类志愿服务
华北电力大学	"地球一小时"活动
北京交通大学	光盘行动进校园　营养节约两不误
北京信息科技大学	开展"保护生态环境　倡导文明风尚"主题党日活动
中国矿业大学（北京）	垃圾分类调研实践团开展"践行两山理论，守护生态城市"主题调研活动
中国石油大学（北京）	中石大举办"公益未来·可持续玛上'GO'"全国青年环保包装创新大赛校内赛
中国地质大学（北京）	再生纸兑换
北京工业大学	由北京工业大学主办的第 23 届 COTA 国际交通科技年会（CICTP 2023）在北京举行，主题聚焦"智能·低碳·互联：技术创新赋能可持续交通"
北京化工大学	化学学院开展以"厉行节约，反对浪费"为主题的团日活动
北京石油化工学院	开展了义务植树活动
北京林业大学	"美丽中国，青春行动"2022 年绿桥、绿色长征活动推进会
北京农学院	经济管理学院"檀州生态行动——低质林地还耕改造提升与可持续发展"暑期社会实践团

资料来源：笔者绘制。

表 7-9　　　应用型大学与可持续相关的主题讲座和研讨会总结

学校名称	主题活动
北方工业大学	第五届钱易环境奖颁奖暨获奖者学术成果报告会
中国人民公安大学	中国人民公安大学马骏教授"可持续交通管理"专题讲座
中国农业大学	"绿色增长和可持续发展"讲座，社会学系举办"全球可持续发展社区运动"主题讲座
华北电力大学	易建山主讲"绿色现代数智供应链的创新实践"
北京交通大学	"可持续城市交通发展策略"讲座
北京信息科技大学	—
中国矿业大学（北京）	"迈向绿色城市"精彩管理学术大讲堂
中国石油大学（北京）	可持续发展目标暨联合国人才发展演讲，经济管理学院和碳中和未来技术学院承办的"高等教育及可持续发展目标"政策对话与咨询会议，首都大学生资源生态环境论坛
中国地质大学（北京）	探矿工程技术与可持续发展研讨会，第十届地质资源管理与可持续发展国际学术会议，油气资源与可持续发展学术研讨会，区域治理与可持续发展研讨会
北京工业大学	"实现碳中和目标的政策和技术"第一次研讨会（与会专家围绕碳中和目标的提出背景与重大意义、实现碳中和目标的政策与技术路径、北工大在碳中和科技研发方面的主要优势以及北工大建设"绿色校园"的构想等方面进行了深入交流研讨）
北京化工大学	材料学院"走进缤纷的材料世界"系列学术讲座—材料在资源可持续利用中的作用
北京石油化工学院	化学化工学科"绿色与可持续化学"主题学术讲座
北京林业大学	从生态哲学到生态技术——可持续景观中的植物设计，"融合·共创"绿色可持续设计国际学术论坛
北京农学院	"都市现代农林进展"第四讲——都市农业绿色发展思考

资料来源：笔者绘制。

（二）绿色校园

在绿色校园可持续方面，应用型大学表现优秀。

　　从建设可持续的环境建设角度来看,首先在校园基础设施上,中国农业大学在 2016 年节约型校园节能监管平台通过验收,同时植保楼为二星级绿色建筑。北京化工大学昌平校区为国家二星级绿色建筑标准。在环境卫生状况上,中国农业大学为加快推进《健康中国行动(2019 - 2030 年)》控烟行动实施,贯彻落实《北京市控制吸烟条例》,进一步加强无烟学校建设工作。北京工业大学组织新时代爱国卫生运动大检查。在生态园林景观上,北方工业大学积极开展秋色叶植物在校园景观中的运用。中国农业大学校园中"春有花、夏有阴、秋有果、冬有绿",校园景象呈现出清新雅致的现代化气息和朴素丰厚的文化底蕴。华北电力大学目前已经建设完成牡丹、月季、海棠、红梅等特色景观园;促进校园景观的多面提升;持续推进 40 余种、1.2 万余棵苗木及近 18 万平方米的绿地养护与管理工作,提高苗木质量和成活率,绿化覆盖率相比 2016 年增长 15%,打造了良好的校园环境。中国地质大学(北京)2016 年创建生态园林学校,发挥环境育人作用。北京林业大学主要包括林中博物馆、林中密语、林之心生物圈环、梅园、樱花步道、校史泉、林沼、林葶、光雨之泉等 9 处特色景观节点和 19 处景观设计节点。在绿化美化工程上,中国农业大学绿化覆盖率达 51% 以上,绿地率达 46% 以上,有 128 种乔木,66 种灌木,35 种花卉。中国地质大学(北京)全校绿化面积约占校园总面积的 32%。北京工业大学校园四季景色宜人,是首都绿化美化花园式单位。北京化工大学昌平校区果园及荒山整体绿化(果树约 400 棵;荒山乔木约 5000 株、灌木约 8000 株、草坪及地坡约 11000 平方米)。在设备更新改造上,北方工业大学升级校园网网络出口设备。华北电力大学食堂改造。北京工业大学为学校无偿提供可操作的智能停车管理设备,并按照学校要求随时对管理设备及系统进行更新。北京林业大学开展校区配电设备、中水处理站等设备设施及部分楼宇维修项目。在污染控制措施上,华北电力大学陈海平教授主持的"煤炭清洁高效利用和新型节能技术"重点专项"燃煤发电机组水分高效低成本回收及处理关键技术研究与应用"能有效处理生活及实验室污水，与校内基础设施运行相结合，实现绿色学校运行管理。北京交通大学建造中水处理站。北京工业大学开展城市不透水地表降雨径流污染监测与研究，根据分析研究结果，提出了控制和治理城市降雨径流污染的建议。北京开展农学院污水运行项目。在校园布局结构上，北京林业大学打造生态景观综合体，校园建设实现"八个突破"。

从建设可持续的管理制度建设角度来看，9 所大学在可持续制度建设方面有所成就，建立了校园突发事件应急预案。

从建设可持续的节能减排改造项目建设角度来看，7 所大学进行了节能减排改造项目。从实施项目方向及技术上看，其中，北方工业大学开展了基于光伏新能源及群体智能的自主栽种灌、基于风光互补新能源发电自动跟随与智能、和光雾释——空气制水净手户外智能充电共享一体站、基于摩擦纳米发电机（Triboelectric Nanogenerators, TENG）发电的海漂垃圾智能回收并分类装置、"智网云联"——农牧光储一体化高压静电场生态种养系统、"自产自用"——基于压力发电的智能轮椅设计、社产社消——基于波卡西堆肥的厨余垃圾社区处理装置、碳中和时代背景下的技术尝试——基于建筑工业化的预制模块化生态节能公寓设计、校园浴室、水房、卫生间"三位一体"分流式可循环用水系统等项目。中国人民公安大学开展了照明系统改造；中国农业大学开展了水和照明系统改造；中国石油大学（北京）开展了建筑保温和能源监控改造；中国地质大学开展了空调、可再生能源以及建筑改造；北京工业大学把建设节能监测平台，作为资源科学管理、科学利用和可持续发展的重要举措，基于校园网络建设了"能源监控系统"，将水、电等能源进行远程管理——即物联网，努力提升节能减排管理水平，为建设数字化节约型校园提供基础保证。中国矿业大学（北京）未进行节能减排项目改造。而从节能效果及经济效益上看，北方工业大学节能减排改造效果不明，有 4 所学校达标，7 所学校不达标。应用型大学节能减排改造项目经济效益如图 7 – 17 所示。

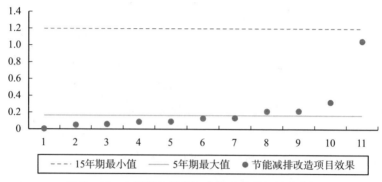

图 7 - 17 应用型大学节能减排改造项目经济效益

资料来源：笔者绘制。

在运营可持续方面，有 10 余所大学在食物与餐饮、交通、水资源方面有所成就，远优于其他类型的大学。

在食物与餐饮上，北方工业大学饮食服务中心认真贯彻落实建设节能节约型校园厉行节约、反对铺张浪费的号召，开展了一系列"光盘行动"主题活动；中国人民公安大学开展"光盘行动·从我做起"晒光盘行动，让节俭之风在公大校园盛行拒绝食品浪费；中国农业大学开展晒光盘赢定制餐具的活动，营养餐的窗口详细标注了各菜品的卡路里，而且菜品均可以选择半份或一份，同学们可根据自身食量以及卡路里需求合理点菜，在"光盘"的同时养成营养搭配的好习惯；华北电力大学大力倡导"光盘行动"外，推出半勺菜、小份菜等售卖方式，并且在原材料粗加工阶段减少不必要浪费；北京交通大学开展"光盘行动进校园，营养节约两不误"活动；北京信息科技大学积极践行光盘行动，反对餐饮浪费；中国矿业大学环境与测绘学院开展"光盘行动"活动；中国地质大学（北京）举办世界粮食日"光盘行动"公益报告会暨大学生"光盘行动"志愿服务队成立仪式；北京化工大学化学学院开展以"厉行节约，反对浪费"为主题的团日活动。北京林业大学家看协会倡议"光盘行动"；北京农学院学子开展"光盘行动"。

在交通上，有 5 所高校在校园内配备有共享单车，分别是中国农业大学、北京交通大学、中国石油大学（北京）、北京林业大学、北京农学院，同时中国农业大学规范了校内共享单车的摆放。北京信息科技大学践行绿色出行，开启健康运动，建议师生本月少开一天车，绿色出行，鼓励教职工积极参与学校组织的健步走活动或落实个人健康运动；中国地质大学（北京）设立自行车协会，为加强校园机动车辆管理，维护学校良好的教学、工作和生活环境，改善校园交通状况；北京工业大学对校区内的机动车实施全面的规范化管理，机动车出入口均已安装智能停车管理系统，仅供校园区办证车辆及预约车辆出入，车辆出入管理及收费由校保安负责。

在废弃物上，北方工业大学经管会计研究生党支部开展废旧电池回收活动，在校园中开展了"回收废旧电池，共建绿色校园"的主题环保宣传活动，并将各教学楼、图书馆以及公寓的废旧电池收集起来，送往回收站妥善处理；华北电力大学成立了垃圾分类工作领导小组，印发了《华北电力大学北京校部生活垃圾分类工作实施方案》，制定了垃圾分类工作年度计划，建立了考核奖惩机制，通过健全体系、制度保障等措施确保生活垃圾分类工作在学校有力、有序、有效推进；北京林业大学于 2020 年 6 月积极响应北京市"生活垃圾强制分类"新规，制定"坚持全校一盘棋谋划，明确两个工作目标，建立三个工作机制，组建四支工作队伍"的工作思路，并取得了明显成效，于 2021 年作为唯一一所北京高校获评"北京市生活垃圾分类推进工作先进集体"。北京林业大学根据楼宇特点，实施"一楼一方案"，确定各楼宇的投放点位，并招募志愿者定时进行"桶边值守"。北京林业大学餐厨垃圾就地资源化项目，采用微生物液化技术，通过微生物快速降解，使有机物在 24 小时内分解为液体，进一步处理达标后排入市政管网；少量不能分解的垃圾排出设备，进入其他垃圾外运处理，从而实现餐厨垃圾的就地处理，缓解城市餐厨垃圾的收运处置压力。

在水资源上，中国人民公安大学举行合同节水项目签约仪式。为了用水"节流"，中国农业大学 26.63 万平方米绿地已经全部改为微喷、滴灌技术，通过严格控制喷灌时间，比原来的漫灌节水 60%[①]；学生茶炉、浴室洗浴喷头均安装智能 IC 卡装置，对开水、洗浴用水实行计量收费；教学楼、行政办公楼、学生宿舍安装节水型龙头、节水型蹲便器，有效节约了水资源。北京交通大学将落到校园里雨水被收集、经过三级过滤系统后引入明湖，再通过地下管道连接校内图书馆、思源楼等绿地的自动喷灌设备，全校实现 70% 以上的绿地采用湖水（中水与雨水）浇灌，年可节约自来水 5 万立方米。中国矿业大学（北京）开展污水处理服务。中石大获评首批"北京市节水型高校"。中国地质大学校园内（含家属区）的化粪池及隔油池 64 座，污水井约 1200 座（包含游泳馆地下室污水泵井），污水管线约 3000 米，以及中水处理站泵井及管线。北京工业大学以科技为先导，着力提高校园水资源利用效率，产生了较好的生态效益、社会效益和经济效益。学校立足于智能感知、物联网、移动互联、大数据和云计算等技术支撑，采用"基础系统 + 聚合服务 + 融合应用 + 移动物联"模式，建设能源监控与智慧后勤物联网应用平台系统，实施用水漏损监测、水压和水温数据实时监测、无负压供水设备监测等项目，为校园节水、节电、安全用能提供了有力支持。北京化工大学将节水工作与教学科研紧密结合，对污废水处理工艺进行了改进和创新，昌平校区中水站可收集全校生活、办公、教学、实验区域的污水进行净化处理，产出的中水全部回用于绿化、冲厕和景观补水，实现污水零排放；东校区中污水站采用效果保证型合同节水管理模式，引入节水服务运营商来加强管理和技术改造，预计年节水量 2 万立方米。北京林业大学发布校区配电设备、中水处理站等设备设施及部分楼宇维修项目成交公告。北京农学院发布污水运行项目合同公告。

在能源上，华北电力大学建设智慧能源管控平台，充分利用光、地热能、空气能、污水热量等可再生能源，建设光伏发电、地源热泵、污水源热等系统，满足学校日益增长的冷、热、电、热水等负荷需求，提

---

① 魏昕悦、舒静雯：《高校节水 大有可为 北京七所高校共享节水经验》，载《北京日报》，https://new.qq.com/rain/a/20201207A03H3300。

高系统能效比,建立了"学生洗浴不出楼"的综合能源洗浴系统。陈海平教授主持的"煤炭清洁高效利用和新型节能技术"重点专项"燃煤发电机组水分高效低成本回收及处理关键技术研究与应用"能有效处理生活及实验室污水,与校内基础设施运行相结合,实现绿色学校运行管理。北京交通大学设立能源监管平台,全面安装 LED 节能灯、声控感应光控开关。中国矿业大学(北京)校园路灯照明控制系统节能智能化改造工程顺利竣工。在建设节约型校园中,北京工业大学积极运用节约资源新技术,改建校内部分供排水、供电、供热等系统,取得了较好的经济效益和社会效益。北京林业大学实施 LED 照明智能化技改项目。北京农学院设立节能监管平台。

除此之外,2021 年,在 14 所应用型大学中有 11 所高校通过能源管理体系认证,有 3 所高校未通过。而且所有应用型大学均具有能源管理师,其中北京工业大学最高为 5 位,其次是中国农业大学有 3 位,北京林业大学、中国地质大学(北京)、中国矿业大学(北京)、北京信息科技大学、华北电力大学、中国人民公安大学均只有 1 位能源管理师(见图 7 – 18)。

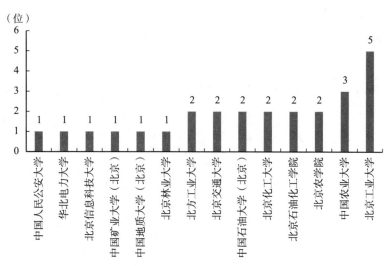

图 7 – 18   2021 年应用型大学能源管理师数量

资料来源:笔者绘制。

同时，通过统计应用型大学 2019～2021 年单位学生人数综合平均能耗数和单位建筑面积平均能耗数可以发现，在单位学生人数综合能耗上，中央农业大学以 9678 吨标准煤/万人位居首位，其次是北京农学院和北京石油化工学院位居第二、三位，中国人民公安大学以 3964 吨标准煤/万人位居末位（见图 7－19）；在单位建筑面积能耗上，北京信息科技大学以 226 吨标准煤/万平方米位居首位，其次是北京农学院和北京林业大学位居第二、三位，北京交通大学以 122 吨标准煤/万平方米位居末位。这说明北京农学院单位能耗量较高，北京交通大学单位能耗量较低（见图 7－20）。

在交通方面，应用型大学校园整体车辆数适中。北京交通大学校车数最多为 41 辆，其次是北京林业大学和华北电力大学，分别为 37 辆和 27 辆，中国矿业大学（北京）无校车，因此北京交通大学校园交通最为便利。除此之外，有 3 所研究型大学有新能源校车，分别是北方工业大学、中国地质大学（北京）、北京工业大学，其中北方工业大学有 2 辆新能源车，北京工业大学和中国地质大学（北京）均只有 1 辆新能源校车（见图 7－21）。

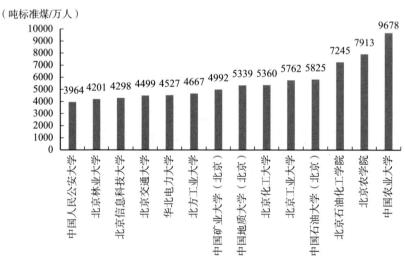

图 7－19 2019～2021 年应用型大学单位学生人数平均综合能耗

资料来源：笔者绘制。

（吨标准煤/万平方米）

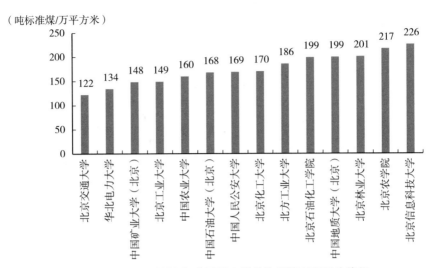

图 7－20　2019～2021 年应用型大学单位建筑面积平均能耗

资料来源：笔者绘制。

（辆）

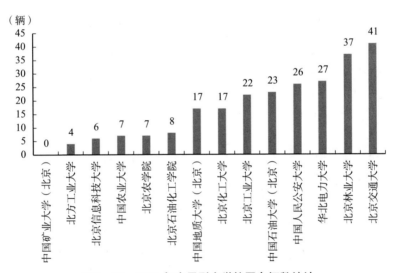

图 7－21　2021 年应用型大学校园车辆数统计

资料来源：笔者绘制。

在碳排放方面，中国农业大学碳排放量最多为 5.62 万吨，北京石油化工学院碳排放量最少为 1.34 万吨，具体如表 7－10 所示。

表 7 – 10　　　　北京市 17 所应用型高校的二氧化碳排放量平均值　　单位：万吨

学校名称	2019～2021 年二氧化碳排放量平均值
北方工业大学	1.67
中国人民公安大学	2.01
中国农业大学	5.62
华北电力大学	2.11
北京交通大学	3.10
北京信息科技大学	1.36
中国矿业大学（北京）	2.02
中国石油大学（北京）	2.40
中国地质大学（北京）	2.35
北京工业大学	3.44
北京化工大学	3.49
北京石油化工学院	1.34
北京林业大学	2.65
北京农学院	1.66

资料来源：笔者绘制。

（三）社会发展

在社会发展可持续方面，应用型大学表现良好。

在社会服务方面，有 5 所大学为社会可持续发展直接提供技术支持，有 6 所大学积极参与社区与可持续相关活动，促进公众参与社会决策，为社会可持续发展实践提供精神文明的支持，有 4 所大学推进学校所在社区或当地政府部门实施可持续发展方面的具体协定和成果，为政府提供可靠的决策依据。

具体来看，中国农业大学开发了一种太阳能输送带式自动晒盐装置及盐碱地洗盐废水的生态循环利用方法，中国矿业大学（北京）开展"环境及生态修复技术转让"项目，中国地质大学（北京）开发了一种可快速检测水环境中亚硝酸盐的传感器及检测方法专利，北京石油化工学院探索通过多学科交叉、产学研融合，大力推进绿色创新项目研发和成果转化，学校生物质发电成套设备国家工程实验室是目前国内生物质、烟气脱硝催化剂领域唯一具有国家认监委检验检测机构资质认定（China Inspection Body and Laboratory Mandatory Approval，CMA）资质的高校实验室，开发了具有自主知识产权的板式脱硝催化剂，技术国际领先。北京石油化工学院供暖锅炉采取"HDCR + 低温气相催化"联合脱硝工艺进行低氮排放改造，该工艺由"HDCR 工艺"和"低温气相催化工艺"两部分组成，不改变燃烧方式、不改动锅炉受热面，可将 NOx 排放量稳定控制在 30mg/m^3 以下（标态，干基，基准氧 3.5%），实现超净排放。同时，北京石油化工学院拥有北京高校唯一一台烟气余热回用锅炉，采用冷凝水回收再利用技术最大限度地节约资源能源。北京农学院开发了北京市设施蔬菜连坐障碍绿色防控关键技术。

北京交通大学为深入贯彻市政府关于垃圾分类工作的部署和要求，越来越多交大学子积极响应，在暑期回社区报到，以志愿者身份参与垃圾分类工作，服务社区，奉献社会。中国矿业大学（北京）环测学院"社会实践团"队赴家乡开展"环保知识宣传"活动。北京化工大学开展社区"垃圾分类桶前值守行动"志愿服务。北京林业大学社区举办2022 年"践行垃圾分类·共建美好家园"垃圾分类宣传彩绘文化墙活动。北京农学院经济系本科生党支部来到农学院社区参与垃圾分类志愿活动。中国农业大学开展社区垃圾分类志愿服务。

射阳县科技局赴北京拜访北方工业大学电气与控制学院，拜访团队先后参观了电力系统研究室、先进电力传动研究室、北京市电力节能协同创新中心等实验中心和科研平台，并就微电网储能系统的开发与运用、光伏发电数字化管理系统的优化和维护、智能检测技术与装置发展等新能源前沿技术的研究和产业化深入交流讨论。中国矿业大学（北京）打造能源安全领域创新中心。来自电力规划设计总院、南方电网能源发展研究院、国家电网、中国投资协会能投委、太原理工大学、北京工业大学等政策研究机构、智库、高校及企业、投资机构代表通过围绕"煤炭产业链相关企业的清洁能源转型战"及"欧洲尤其是德国清洁能源转型经验教训对中国尤其是山西省能源革命的政策启示"两个圆桌讨论，为中欧在以上领域的双边合作分享了各自的见解并指明方向。北京农学院围绕平谷区果蔬生产安全与有害生物绿色防控、果园沃土修复、果品品质提升、设施蔬菜产业发展、林下经济发展模式等产业发展需求，推进农业科技项目合作。

在社会评价方面，只有 1 所大学荣获可持续相关奖项。北京工业大学共 17 项教学成果荣获 2021 年北京市高等教育教学成果奖，其中"数字化绿色化协同的材料生命周期工程人才培养"成果获特等奖。①

在社会实践方面，有 4 所大学成立了可持续学生社团，有 4 所大学组织和参加可持续相关活动。其中，北方工业大学经济管理学院会计研究生党支部连续 5 年坚持开展"共建绿色校园"活动。中国农业大学成立绿脉环保协会，北京交通大学美丽中国暑期社会实践队环保宣传，中国矿业大学成立环境保护协会和绿缘根与芽社团，中国石油大学（北京）成立地球科学学院绿芽环保协会，中国地质大学（北京）成立蔚蓝环保社，北京工业大学本部校区分团委组织学生参加"为绿色首都播撒种子"义务植树活动，北京林业大学师生到孟津黄河湿地保护区开展暑期社会实践活动。

考虑到应用型大学的办学特色，本书未对应用型大学进行科研活动可持续方面的评价，但这不意味应用型大学未进行可持续科研活动。资料显示，50% 的大学有国家社科基金项目立项。北方工业大学储能技术工程中心成功申请到新能源与储能运行控制国家重点实验室开放基金项目（光伏电解水制氢建模仿真及控制策略研究），积极探索"光伏 + 氢能"模式的应用，围绕光伏制氢技术关键环节模型构建及控制策略开展研究，推动电—气多网互联融合、拓展综合能源业务发展，探究"电氢融合"的主要场景和模式，为氢能进一步研究和规模化应用提供支撑，助力国家能源转型和"碳中和"目标实现。目前，北方工业大学储能

---

① 《【奋进双一流】北工大 17 项教学成果荣获 2021 年北京市高等教育教学成果奖》，https：//news. bjut. edu. cn/info/1002/3393. htm。

技术工程中心承担的氢能项目有"光伏电解水制氢建模仿真及控制策略研究""光储绿氢系统高精度及先进控制策略研究""氢储能系统仿真建设及控制策略研究"。华北电力大学注册的"一种利用吸收式热泵的太阳能辅助垃圾焚烧热电联产系统"专利，集培训、教学、考核为一体，能够对风力发电的各典型环节进行全方位学习，软件构建了风力发电的典型场景及潮流数据模型，包括双馈式风力发电机组、箱式变压器、升压变压器、开关柜、地理信息系统（geographic information system，GIS）、电容器、电抗器、静止无功发生器（static var generator，SVG）等设备，以及风电并网的数学模型做数据支撑。应用型大学与可持续相关的研究项目如表 7–11 所示。

表 7–11　　　　应用型大学与可持续相关的研究项目汇总

高校名称	应用型大学与可持续相关的研究项目
北方工业大学	—
中国人民公安大学	—
中国农业大学	生态保护红线区生态补偿机制研究 环境治理与经济转型融合发展的国际经验及中国路径研究
华北电力大学	配额制实施背景下面向区域差异的新能源发展战略研究 能源革命背景下省域风光发电消纳责任权重分配研究 促进能源工业绿色转型的经济政策体系研究 "双碳"目标下传统能源与新能源优化组合机理与实现路径研究 京津冀新能源汽车与电网协同发展机制及政策创新研究
北京交通大学	绿色技术创新与生态文明转型的协同演化研究
北京信息科技大学	—
中国矿业大学（北京）	—
中国石油大学北京	"双碳"目标下考虑投资者预期的政府石油储备市场调节机制研究
中国地质大学（北京）	—
北京工业大学	共建共治共享理念下社会组织参与生态文明建设的机制研究 高耗能制造业升级的转型金融支持研究 "双碳"目标下温室气体自愿减排交易机制法律保障研究
北京化工大学	数字经济赋能制造业绿色转型升级的机制与效率提升研究

高校名称	应用型大学与可持续相关的研究项目
北京石油化工学院	—
北京林业大学	"双碳"目标下中国林产工业绿色低碳发展路径及政策研究 治理体系现代化背景下我国湿地资源确权效果评估与优化路径研究 野生动物栖息地保护体系和经济—生态—社会系统相互影响机理研究 森林生态系统碳汇监测核算体系构建与评价研究
北京农学院	—

资料来源：笔者绘制。

四、技能型高职

考虑到技能型高职主要培养掌握专业技能与实践操作能力的技能型人才，在科研活动方面投入产出较少这一特殊性，本书将从教育教学可持续、绿色校园可持续、社会发展可持续三个方面对技能型高职进行评价。评估结果显示，技能型高职总体表现一般。在教育教学可持续方面，3所高校对内容与实践均有涉及，但均为专业课程，缺乏面向全校学生的通识课程；在绿色校园可持续方面，在建设可持续方面表现良好，但在运营可持续方面表现不佳；在社会发展可持续方面，技能型高职还有待改进。

（一）教育教学

在教育教学可持续方面，技能型高职在教学内容指标表现良好。

3所高校均开设了相关专业与课程。其中，北京交通运输职业学院与北京电子科技职业学院均设立新能源汽车技术专业，北京城市学院开设的建筑学专业对绿色建筑有所涉及。但3所高校开设的课程均为专业课程，未找到面向全体学生的通识课程，覆盖面不足。同时技能型高职在教学实践方面也表现良好，每项指标的完成率都达到50%以上。北京交通运输职业学院举办了垃圾分类活动与"绿色科技构建生态宜居环境"主题讲座，北京城市学院举办了宜居城市主题活动，北京电子科技职业学院尝试通过打造高水平教学团队实现可持续教学。

（二）绿色校园

在绿色校园可持续方面，技能型高职在建设可持续方面表现良好。

在这方面北京电子科技职业学院，仅有管理制度建设一项指标未达标，其建设的匠心湖是一项集防汛蓄洪、雨水收集利用、污水综合处理应用、湿地展示为一身，融校园美化、文化建设、运动健身步道为一体的校园功能性综合生态提升改造工程。同时，北京电子科技职业学院在学生违纪处理规定中对破坏环境卫生的学生有相应的处罚，并充分挖掘校园独有特色，打造"一校一特色"的校园文化景观。而北京交通运输职业学院这方面表现不佳，仅通过校园绿化在环境建设一项指标中有所体现。北京城市学院通过设备更新换代、绿化改造等措施在环境建设指标取得一定成就。在节能改造方面，仅有北京交通运输职业学院一所高校进行节能改造项目，且经济效益未达标。在运营可持续方面，3 所学校均表现不佳。北京交通运输职业学院组织单车协会在交通指标得一分，北京电子科技职业学院通过分类保存和回收废弃物和节水岗位责任制得两分。在碳排放方面，北京城市学院碳排放量最高为 1.47 万吨，北京交通运输职业学院碳排放量最低为 0.49 吨。

除此之外，2021 年在 3 所技能型高职中有 1 所高校通过能源管理体系认证，即北京电子科技职业学院，有 2 所高校未通过，分别是北京城市学院和北京交通运输职业学院。而且北京电子科技职业学院能源管理师有 6 位，人数最多，北京城市学院仅有 1 位能源管理师，北京交通运输职业学院没有能源管理师。

同时，通过统计技能型高职 2019～2021 年单位学生人数综合平均能耗数和单位建筑面积平均能耗数可以发现，在单位学生人数综合能耗上，北京电子科技职业学院以 8285 吨标准煤/万人位居首位，其次是北京交通运输职业学院位居第二位，北京城市学院以 2394 吨标准煤/万人位居末位（见图 7－22）；在单位建筑面积能耗上，北京电子科技职业学院同样以 163 吨标准煤/万平方米位居首位，其次是北京城市学院位居第二，北京交通运输职业学院以 114 吨标准煤/万平方米位居末位。这说明北京电子科技职业学院单位能耗量较高（见图 7-23）。

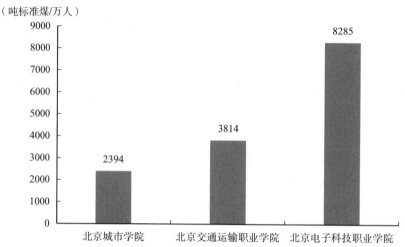

（吨标准煤/万人）

图 7-22　2019～2021 年技能型高职单位学生人数平均综合能耗

资料来源：笔者绘制。

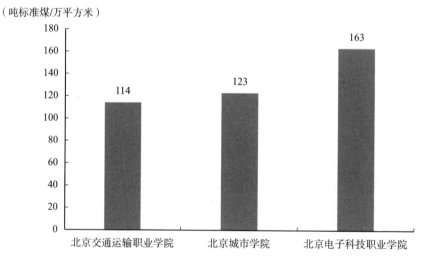

（吨标准煤/万平方米）

图 7-23　2019～2021 年技能型高职单位建筑面积平均能耗

资料来源：笔者绘制。

在交通方面，技能型高职校园整体车辆数偏少。北京城市学院校车数最多，为45辆，其次是北京电子科技职业学院，为20辆，北京交通运输职业学院校车数最少，为7辆，因此北京城市学院交通最为便利（见图7-24）。同样，有2所技能型高职有新能源校车，分别是北京城市学院有4辆新能源车，北京电子科技职业学院有2辆，北京交通运输职业学院无新能源校车。

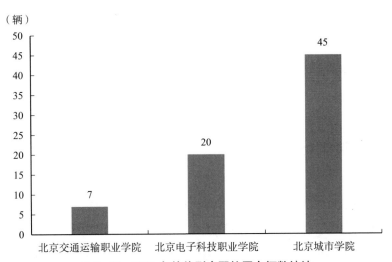

图7-24　2021年技能型高职校园车辆数统计

资料来源：笔者绘制。

在碳排放方面，北京城市学院碳排放量最多为1.47万吨，北京交通运输职业学院碳排放量最少为0.49万吨，具体如表7-12所示。

表7-12　　北京市3所技能型高职的二氧化碳排放量平均值　　单位：万吨

学校名称	2019~2021年二氧化碳排放量平均值
北京城市学院	1.47
北京电子科技职业学院	1.35
北京交通运输职业学院	0.49

资料来源：笔者绘制。

（三）社会发展

在社会发展可持续方面，技能型高职有所不足。

在社会服务方面，3 所高校均表现不佳。北京交通运输职业学院在社会支持方面有所表现，进行了"垃圾分类桶前值守活动"，北京电子科技职业学院与北京城市学院在这项指标表现较差。在社会实践方面，北京城市学院表现最佳，本部校区分团委组织学生参加义务植树活、航天城校区先锋赤旗社开展"光盘"行动；北京电子科技职业学院并无得分；北京交通运输职业学院暑期社会实践由学院选拔优秀师生 11 名赴宁夏固沙防护林工程，加深了学生们对于自然环境的重视和保护意识，感受到了绿树青山的独特魅力。

第三节　技术及案例参考

根据专家调研，目前应用于高校校园节能减碳改造的项目方向及技术，主要包括：保温系统、照明系统、空调系统、可再生能源、数字化监测等方面。本书简单梳理各类项目及技术的特征情况，用以评估其经济、社会绩效与财政投资可行性。

一、建筑保温改造

建筑保温主要分为外墙外保温和外墙内保温两种。

外墙外保温主要是在砖石或混凝土构成的垂直墙体外建造保温层，在主体墙结构外侧通过黏贴材料，并附上保温材料，再在保温材料外侧用玻璃纤维网加强涂刷黏接胶。最后通过在保温层外表涂抹聚合物黏贴胶浆形成面层，起到美观和保护的功能。目前，在建筑围护结构外墙外保温技术中，选用在市场上常用的外墙高性能保温材料有挤塑聚苯板（XPS）、石墨聚苯板（SEPS）、硬泡聚氨酯（PUR）及岩棉板（RW）等。

在北京市的气象参数条件下，投资回收期分别为 7～8 年，并可减少二氧化碳排放量、二氧化硫排放量、NO_x 排放量，污染物排放可减少 30%～33%，具有显著的经济效益。

外墙内保温技术作为墙体保温技术中使用较为普遍的技术，主要是通过将保温材料覆盖在墙体结构内侧，并在墙体结构内侧利用黏贴剂进行固定，最后在保温材料表面覆盖保护层和装饰面来完成。使用的材料有胶粉聚苯颗粒保温砂浆，无机轻集料保温砂浆，挤塑聚苯乙烯板，膨胀聚苯乙烯板。项目投资回收期一般在 2～5 年，经济效益显著，在北方地区适用性较高。

案例一：2021 年，北京石油化工学院对清源校区实训基地进行外墙保温改造，并更换节能门窗。该项目投资 498.2 万元，每年实现了约 10 吨标准煤的节能量。[①]

二、照明系统改造

高校在照明系统改造上多采用照明节能灯具替换，常用的有 LED 灯具。LED 节能灯具有高光效、高寿命、不含任何有毒金属气体的优势，且理论上能耗为白炽灯的 1/10，荧光灯的 1/2，寿命为白炽灯的 100 倍，荧光灯的 10 倍。在相同照度的前提下，使用节能灯具可节约近 60% 的电力资源，项目经济回收期为 6～8 年。

案例二：2019 年，首都医科大学将第一教楼、国际学院、科研楼南楼的传统荧光灯更换为 1.2 米声光控双亮度的 LED 灯管；将学术交流服务中心，第一教学楼 10～12 层、第二教学楼 1～3 层楼的楼道灯更换为 LED 智能声光控双亮度的楼道灯。这项节能改造工作投资 4.68 万元，每年实现了约 23.26 吨标准煤的节能量。[②]

三、空调系统改造

空调系统改造是节能减排改造项目的最重要内容之一，通常在北方

---

① 中国政府采购网，https：//www.ccgp.gov.cn/cggg/dfgg/zbgg/202112/t20211221_17422387.htm。
② 首都医科大学官网，https：//www.ccmu.edu.cn/gg_12897/zb_12908/99283.htm。

地区采用的空调系统改造技术包括：地源热泵、空气源热泵、水环热泵等。

（一）地源热泵

地源热泵本质上属于热能提升装置，就是在地表浅层能源中加入少量高品位能源，从而使其转化为高品位热能的装置，运行时仅需消耗少量电能，而其从环境介质当中所提取的热能至少是消耗电能的 4 倍以上。目前，地源热泵是供热行业中应用最为广泛的热泵供热形式，其供热成本约为 45 元/GJ，单位供热面积造价为 150 元/平方米左右。

（二）空气源热泵

空气源热泵是通过将空气中的能量转化为动力，实现能量的转移，能够有效地减少空气中污染物的排放，是目前应用最广泛的系统。与其他热泵相比，空气源热泵能够更方便地获取能源，有着使用成本低、易操作、采暖效果好、安全、干净等多重优势。空气源热泵成本约 10 元/平方米·年，回收成本约为 4 年，一般使用寿命不超过 15 年。

案例三：2019 年，北京交通大学在一食堂安装了空气源热泵，实现冷热联供，供给食堂热水的同时对食堂大厅制冷，有效降低能耗。该项目投资 30 万元，每年实现了约 23.26 吨标准煤的节能量。①

（三）水环热泵

水环热泵利用该水环路将多台热泵机组连接起来，通过将建筑内部的余热转移到供热区，避免建筑的冷热相消问题。水环热泵供冷成本不到 0.5 元/千瓦时，供热成本在 0.5 元/千瓦时左右，供冷供热综合成本为 0.468 元/千瓦时。通常项目的回收期在 18～19 年。

四、可再生能源系统

光伏发电是通过光照不均匀带来的半导体或半导体与金属组合不同

---

① 《公共机构节能示范案例——北京交通大学》，国家节能中心公共服务网，https://www.chinanecc.cn/upload/File/1480494263758.pdf。

部位电位差，将光能转化为电力的发电技术，转化率为 13% ~ 18%。光伏发电系统输出的电量，取决于安装太阳能电池板的面积，对于高校场景来说是非常适用的。光伏发电系统还可以配置备用蓄电池，可以在电网停电时，对负载继续供电。

目前，北京当地光伏组件平均造价（约 0.85 万元/千瓦时），按每千瓦时 0.37 元电补贴政策计算，平均 7.54 年可以回收成本；即便是没有市级补助，平均 9.86 年也可回收成本。

案例四：2021 年，北京科技大学完成图书馆分布式光伏发电项目。该项目投资额为 0，有效光伏发电面积共计 1200 平方米，发电功率约为 250 瓦，实施后年发电量约为 30 万千瓦时，每年实现了约 36.87 吨标准煤的节能量。[①]

太阳能热水应用具有节能性和安全性，利用太阳能的光热效应对低温水源进行加热，减少了很多安全隐患。太阳能热水应用会产生一定量的二氧化碳以及少量的有害气体和固体颗粒物，其环保、低碳的绿色属性让其成为国内热水生产的主要开发项目。无论是国家政策还是热水器市场，太阳能热水应用技术都具有巨大的发展优势和使用前景。太阳能热水系统成本约为 110 元/平方米，回收期为 6 ~ 7 年。

案例五：2021 年，北方工业大学投资 39.6 万元对学生八公寓浴室进行太阳能热源改造，减少了燃气的使用。与 2020 年 9 ~ 12 月相比，该项目使 2021 年 9 ~ 12 月减少燃气耗量 14597 立方米。[②]

五、数字化能源监测系统

智慧能源的主要理念是基于能源结构优化和科学管理，实现了对校园能耗采集设备的远程集中管理、配置和状态监控，使能源利用更加安全高效。节能精细化管理系统可针对校园任一场景，如图书馆、教学楼

---

① 北京市发展和改革委员会，https：//fgw. beijing. gov. cn/gzdt/tztg/202103/t20210301_2295063. htm。

② 中国政府采购网，https：//www. ccgp. gov. cn/cggg/dfgg/jzxcs/202012/t20201216_15640238. htm。

的照明、空调、风扇的智慧管理，系统可读取教学日历，根据教学日历安排运行相应的节能策略。能源监测管理系统软件成本并不高，但终端硬件监测设备的成本相对较高，如果能够和其他节能改造项目并行，能够发挥事半功倍的效果。

案例六：清华大学对校园能源监管平台进行分期建设，逐步将学校各大建筑接入智慧能源综合管理平台中。该项目在紫荆学生区示范项目的基础上新增 70 余栋建筑。通过充分掌握楼宇的用能情况，提高楼宇运维管理水平，该项目节能率可达 10% 以上。该项目从 2017 年持续到 2021 年，投入 363 万元，每年实现了约 196.6 吨标准煤的节能量。[①]

六、电机系统

电机基于电磁感应定律来实现电能的传递或转换。电机在传递和转换电能的过程中，因损耗、传递转换等因素，会造成输出能量小于输入能量，即存在能效问题。电机系统是由电机及其配套设备而组成的工作系统，配套设备主要包括变频器、伺服驱动器等。高效节能电机的能效比传统电机高，在同样输入能量的情况下，能够获得更多的输出能量。根据数据统计，高效节能电机相比普通电机，能够实现节能 4 个百分点以上，有的甚至超过 10 个百分点，近年来出现的永磁稀土高效电机，节能效果甚至超过 15 个百分点。

案例七：2021 年，中国地质大学（北京）在教学区域内更换老旧电梯 21 台，使用高性能节能电机。该项目投资 712.7 万元，每年实现了约 4 吨标准煤的节能量。[②]

七、节水系统

无负压供水技术是目前城市给水系统中普遍采用的技术之一，该技

---

① 清华大学后勤综合服务平台，https：//pt. tsinghua. edu. cn/home/frontAction. do？ ms = gotoThird&xxid = 241943。

② 全国招标信息网，https：//www. bidnews. cn/caigou/zhaobiao - 13986577. html。

术主要通过变频技术对市政供水管道进行增压，旨在满足高层建筑用户的供水需求。与传统修建蓄水池的供水方式相比，无负压供水系统直接与输水管线相连，省去了蓄水池的储水和供水环节，降低了能耗。无负压供水技术中的稳压补偿技术能够稳定给水管网的压力，智能控制技术能够对管网进行实时监测，不仅省时省力，而且实现了智能调控水压，保证连续供水。

案例八：2019 年，北京理工大学中关村校区供水管线存在阀门锈蚀和"跑冒滴漏"现象，部分二次供水设备设施存在安全隐患，为保障供水安全，减少水资源浪费，优化校区管网结构，积极推进五号教学楼二次供水设备改造项目。该项目投资 78.4 万元，每年实现了约 6 吨标准煤的节能量。[①]

八、保温门窗改造

断桥铝合金门窗的窗体是由铝合金和低导热系数的材料复合而成。其优点有：高保温性能；较高的弯曲弹性模量，即刚性好，适合在较大尺寸的窗户和高风高压场合中使用；耐严寒、耐高温，可以在严寒、高温地区广泛使用。其缺点是：膨胀系数较高，导致窗体的尺寸不够稳定，这就降低了窗户的气密性；铝合金窗体的耐腐蚀性能较差，使得其适用的环境范围受到了一定限制。

案例九：2019 年，中央财经大学将主教楼、办公楼和实验楼铝合金窗户更换为断桥铝窗户。该项目投资 400 万元，每年实现了约 181 吨标准煤的节能量。[②]

九、余热回收

烟气余热回收技术中应用较为普遍的一类装置是间接接触式换热器、直接接触式换热器。间接接触式换热器内冷热介质分别流经独立通

---

① 北京理工大学官网，https：//www.bit.edu.cn/publish/bit/tzgg17/ggxx/a179150.htm。
② 《中央财经大学节能减排管理和实施情况》，中央财经大学官网。

道，通过间壁面进行热交换，不发生直接接触。直接接触式换热器是指两种介质在同一空间内发生直接接触从而进行热量交换，吸热介质大多为水溶液。高温烟气流动上升过程中与喷淋水直接接触，喷淋水吸收烟气中显热和水蒸气潜热后升温离开系统，高温烟气通过与喷淋水的充分换热，降为饱和的低温烟气排出系统。

案例十：2019 年，北京交通大学为了减少余热回收系统的水垢产生，在换热器的进水管上安装了两台阻垢水处理器，阻止水垢产生，保持换热器的换热效率。该项目投资 7 万元，每年实现了约 37 吨标准煤的节能量。①

---

① 《公共机构节能示范案例——北京交通大学》，国家节能中心公共服务网，https：//www. chinanecc. cn/upload/File/1480494263758. pdf。

第八章

中国大学可持续发展的建议与展望

以上章节的分析发现，我国可持续大学在理论研究、指标体系设计与评价、可持续大学的实践等方面均取得一定成绩，但是，和国外一些可持续大学相比，仍然存在差距。根据全球高等教育分析机构（Quacquarelli Symonds，QS）发布的 2024 年世界大学可持续发展排名，中国大陆有 92 所上榜，世界排名第三，但是，无一家大学进入前 100 名。

中国大学在可持续发展的道路上还存在许多问题：一是在国家层面，尽管先后在教育改革和教育现代化的相关文件都提到可持续发展教育理念与中国教育实践相结合的问题，但在可持续大学的建设方面并没有形成针对性文件和行动指南。二是国内高校普遍面临着如何将理念层面的可持续发展理论转化为具体实践的难题。一些大学的可持续策略仍停留在顶层设计，缺乏完善的可持续治理机构和具体的措施，缺乏可持续发展研究的落实机制。一些学校内可持续发展活动的开展也流于形式，没有动员起校内的所有师生和职工积极参与和融入，没有把可持续真正融入校园文化和师生的日常生活和工作中。三是高校普遍缺乏可持续发展方面的专业师资力量与资金支持，很多活动与项目难以开展；四是没有形成政府、企业、高校有效的合作机制，无法形成可持续大学的溢出效应。

基于以上问题，本书从国家、高校与青年三个层面，提出如何推动中国大学的可持续发展的政策建议，以期为推动中国大学的可持续发展提供政策借鉴。

一、推动高校融入国家可持续发展进程中

推动高校可持续发展，需要将高校科研创新和国家战略相结合。在可持续科研方面，推动高校全面参与国家创新体系建设，与国家部门、科研单位合作，提高可持续科研创新能力，同时，组织和支持高校积极参加国家科技计划和国家级科技创新基地建设，承接国家重大科研项目，推动可持续发展领域的基础研究和应用研究；在社会参与方面，发挥高校的理念、人才与技术优势，聚焦社会可持续发展难题，开展相关治理、改造项目，在推动社会可持续发展的同时提高高校可持续社会参与水平和应用能力。

推动各地区高校融入国家重大战略发展。推动高校结合地缘、文化和自然禀赋和地方发展战略需求，优化各地方高等教育的区域分布、类型结构、学科专业，形成特色发展深度合作新格局①，为地区经济社会发展提供人才支持与智力支撑②，逐步推动高校融入国家可持续发展进程。

二、出台相应政策与制度

推动高校可持续发展，需要加强顶层设计和发展目标的细化。我国大学的教学、科研以及人才培养必须探索如何服务于经济、社会与环境的三重底线，平衡好公平与效率。大学教育，一方面可以为社会培养可持续发展领域的专业技术人才和拥有可持续发展理念的经济、社会建设

---

① 《中央深改委会议透露重大信号　有关外贸、教育、医疗…》，https：//finance. sina. com. cn/china/gncj/2020－09－02/doc-iivhuipp2009126. shtml。

② 《国家教育事业发展"十三五"规划》，2017 年 1 月 19 日，https：//www.gov.cn/zhengce/zhengceku/2017－01/19/content_5161341. htm。

者，因其未来的行为和决策能力正是由其校园生活经历和专业素养的培育所给予的；另一方面，可以通过全面整合校园生活的各个方面将可持续大学树立为可持续发展领域的典型，在大学的教学、科研、机构管理和系统运行中融合可持续发展理念与原则并付诸实践，探索解决环境、社会与经济协调发展的问题，为全球、国家和地方推进可持续发展贡献解决方案。从中外可持续发展大学的实践和理论研究可以得知，已有越来越多的大学从战略的、系统的角度定义可持续大学以及探究如何促进可持续大学的建设，并日益关注如何实质性地推动大学的可持续转型。现有研究的关注点往往在于对可持续发展大学的评估以及系统转型的内容、路径和障碍，然而，纵观国内外可持续大学的建设历程，可持续大学建设的第一步应该是顶层设计，应当由政府或大学联盟组织推进可持续发展大学建设的制度安排。进一步来说，推动高校可持续发展，需要发挥国家对可持续教育的宏观调控作用：加强对高等教育可持续发展的顶层设计，结合国家可持续发展战略，出台相关政策，定位高育人目标、可持续发展科研目标，细化可持续大学创建内容和发展规划，统筹高校整体建设和学科建设，避免碎片化发展；鼓励和支持不同类型的大学和学科差别化发展，明确不同类型高校可持续发展目标和重点并出台相应政策措施，促进合理分工，优化高等教育结构。同时，政府应转变对高校的管理模式和相应职能：改革政府与高校关系，需要弱化政府管控高校职能、简化程序，扩大高校发展自主权，充分解放可持续发展的活力和创造力，建立更加灵活的可持续发展运行机制；引入公众参与、专家论证、风险评估等作为高校重大决策法定程序，多形式、多渠道听取公众和社会各界对重大教育决策的意见和建议，提高高校可持续发展决策水平；重视建设服务型政府，优化政府高等教育可持续发展服务，如基建保障、质量检测评估、统筹教育资源等服务。

注重高等教育公平，优化高等教育资源布局。推动政策向可持续高等教育落后地区合理倾斜，促进教育资源公平合理分配，提高国家高等教育可持续发展整体效率；推动各区域高校充分交流协作、优势互补。

优化高等教育对外开放布局，为高校可持续发展交流提供制度保障，加强与国外高校的学历互认、师生交流、合作办学等活动，建立更加密切的高校对外交流合作机制，提高高校可持续发展水平。

创建国家层面的教育资源，助力良好社会氛围的形成。疫情防控期间，线上学习活动不断活跃，为后续资源开发提供了新思路，各地区教育行政部门与所在地区高校合作通过网络和有线电视录制优质课程资源，将可持续发展目标渗透各个学科课程。注重指导学生进行多种形式的自主探究，开展教师—学生、家长—学生、学生—学生互动互助与合作学习。鼓励各级教育科研、教研与进修部门为更新课程内容、更新教学与学习方式及更新教师培训形式等方面开展创新研究并提出实用性建议。[1]

总之，可持续发展大学建设是当前世界各国大学正面临的新课题。全方位的大学可持续发展转型是一个长期的过程，需要有相应的治理结构和运行机制才能保证转型得以实现。

三、绩效评价与加强监管

推动高校可持续发展，需要健全高校可持续评价体系。高校可持续发展评价体系是高校可持续发展的科学度量与风向标，是监督与激励高校可持续发展的重要工具。可持续发展评价体系，能反映高校可持续建设情况，把握可持续发展进程，反映可持续建设中的问题并作为调整可持续大学建设路径和政策的依据。目前，我国在国家层面缺乏大学可持续发展评价体系，应以习近平生态文明思想为指导，立足国家可持续发展战略要求，将高校绿色校园建设情况、高校可持续领域人才培养、科研创新、社会参与等方面纳入评价体系，推动高校可持续发展进程。

推动高校可持续发展，政府应发挥监管职能。政府在简政放权的同时，监测高校可持续发展实施情况和可持续发展资金拨款的使用效能，

① 《生态文明与可持续发展教育势在必行》，史根东，人民网－教育频道，2020 年 2 月 26 日，http://edu.people.com.cn/n1/2020/0226/c1006－31605776.html。

实现放管结合。① 此外，高校应坚持公开透明，及时公开必要的信息；政府应制订更加科学合理的可持续发展绩效评价方法，对可持续发展项目实行过程中各阶段进行绩效评价和第三方评估，并强化社会监督。通过完善监管体系，形成高校可持续发展激励约束机制，可以激发高校可持续发展建设活力。

四、财政补贴校园绿色建设

推动高校可持续发展，国家应给予更多财政补贴，促进校园绿色建设。高校教育、科研等项目支出压力大，在绿色建设改造方面的资金往往不足；而校园绿色建设和改造往往规模较大，实施周期较长，所需费用较多。目前，各级政府关于国内高校节能改造相关基金支持较为欠缺，节能投入机制缺失。并且由于高校建设的公共属性较强，相关金融机构信贷与社会资金对高校绿色建设投入不足，亟须加大财政补贴力度。

推动高校可持续发展，应建立高效率的财政投入决策、发放与反馈机制，提高财政补贴校园绿色建设的工作执行效率和最终效果。结合财政管理现状，国家应建立"三位一体"的财政投入管理机制，包括政府、高校、银行机构三类主体。其中，政府是财政公共资金的管理者，负责制订财政公共资金投入决策的规则及管理办法，进行财政公共资金投入的具体决策；高校作为节能减排改造项目的实施单位，是财政公共资金投入的对象，负责立项、提交实施方案、可行性论证、项目申请、项目执行，并按照管理规定，定期向政府部门报告绩效收益等情况；银行机构是受政府委托的财政公共资金投入的执行方，负责执行项目立项申请审查、放款条件核实以及受托支付操作。"三位一体"的财政投入管理机制可为财政补贴高校绿色建设提供制度支持。

---

① 福建省教育厅. 福建省教育厅等五部门关于深化高等教育领域简政放权放管结合优化服务改革的实施意见，2018 年 11 月 27 日，http：//jyt. fujian. gov. cn/xxgk/zywj/201811/t20181127_4685129. htm。

此外，扩大高校对财政经费使用的自主权，完善经费管理制度，提高高校财政经费可持续建设效果，可以减少资金的浪费和低效配置；[①]政府完善财政拨款绩效考评，形成激励约束机制，也可以提高资金的使用效率。

五、推进国际合作

推动高校可持续发展，应推动高校加强国际合作。世界风云变幻，可持续发展教育需要面向未来，达成全球共识。高校应该与时俱进，连接世界，满足人类日益多样化的发展需求，增进全球交流互助，加强高等教育"全球共同利益"。国家和国际社会等集体组织需要增加交流机遇，发挥规范共同利益的作用并承担相应责任，制订规范性的教育目标，在不断变化和不确定性的世界中开创新的可能性。

国家需采取政策对话和行动倡议，在肯定民族多样性和文化多元性的基础上，开展交流合作，共创优秀的教育资源，增加交流机会，相互取长补短，致力于建立和改进高等教育内部质量保证体系和机制，加强高等教育国际合作的政治意愿，推动政策和方案的发展，形成更加完整的国际教育合作系统，确保高等教育学习的多样化和灵活性。同时，优化高等教育公共投资策略，维持和发展全球高等教育基金等。[②]

第二节　高校如何推进可持续发展建设

一、建立多元主体参与的治理结构

推进高校可持续发展，需要吸引多元利益主体参与其中。各个领域

---

① 《两部门印发通知　扩大高校经费使用自主权》，中国新闻网，2022年12月9日，https：//www.chinanews.com.cn/cj/2022/12-09/9911601.shtml。

② 余丽丽、潘涌：《绘制世界高等教育可持续发展蓝图》，《中国教育报》第10版，2022年6月2日，http：//www.chinateacher.com.cn/zgjyb/images/2022-06/02/10/ZGJYB2022060210.pdf。

主体的相互合作正是大学推进可持续发展的根本动力所在。① 从国外的经验来看，师生参与对可持续发展大学建设的推进具有重要意义，校园可持续发展建设不仅仅是后勤部门的专职工作，其更应由教学、科研、行政管理等部门开展联合行动，在教师、学生和职工之间达成共识。可持续大学的建设应当通过建立工作小组、咨询小组和指导小组对具体部门的可持续发展行动提供建议以加强引导和监督。近年来，随着绿色校园项目的不断建立与推进，越来越多的教师、职工和学生的利益被卷入其中，公众参与也在不断变化和扩大。通过绿色校园网络可以将与可持续发展大学建设相关的信息公开，让任何一个想参与可持续发展大学建设的教师、职工、学生以及其他利益相关者都能从中获取信息。

随着国家碳中和战略的兴起，高校作为重点用能单位，也需要响应国家号召开展绿色节能减排工作，建设低碳校园。目前我国大学的可持续发展存在以下问题：第一，工作内容分工不明确，很多大学与绿色相关的工作没有明确责任部门，仅聘请了校外物业管理人员，但并未配备能源管理师等工作人员，导致每年上交发改委的能源使用报告存在数据缺失、不准确的问题。第二，工作中缺乏多部门参与和配合。由于没有明确的主导部门，相关工作开展困难重重。第三，没有明确的资金预算。由于绿色校园工作没有明确的资金预算来源，绿色活动开展相较于其他校内活动缺乏优先性。因此，高校应该创办绿色办公室统领全校各部门实现绿色校园可持续发展。绿色办公室作为一个可持续发展中心，可以通知、联系和支持学生与教职工采取可持续发展行动。第一个绿色办公室于 2010 年在马斯特里赫特大学成立，现在欧洲有60 多个绿色办公室遍布全球。通过建立绿色办公室部门，可以有效解决上述问题。绿色办公室将聘请专业人才，开展校园绿色低碳节能改造工作，节省能源消费成本；有效参与碳排放权交易市场，降低碳配额购买支出。

---

① 晏昱：《解构与建构：大学治理现代化中的多元利益主体定位与关系重塑》，红网，2022 年 9 月 7 日，https://www.163.com/dy/article/HGMU07RD0514EV7Q.html。

二、加强可持续发展研究建设

培养具有可持续意识与解决可持续问题能力的人才是建设绿色大学的根本目的之一，而可持续教育是实现这一目的的关键路径。大学教育是青年建立价值观、世界观的重要过程，将可持续教育纳入大学教育体系，提高可持续教育在大学教育中的比重将助力青年培养可持续的意识、价值观与生活方式。

首先，大学要加强可持续教育在大学教育的地位与比重。这一目标可以通过多种措施实现，比如在教学大纲中渗透可持续概念；设置明确以可持续发展为主题或与可持续发展相关的课程；在培养方案中将可持续课程纳入必修或明确要求学生选修与可持续内容相关的课程；为教师开设可持续课程提供激励与支持，将可持续课程开设纳入升职评比；邀请可持续方面的著名专家学者开展讲座，帮助学生了解有关政策与现状；在教学过程中，引入更加先进的教学技术与方法，以学生为中心，为学生提供可持续的实践教学内容，将所学知识技能应用到现实中，如结合校园环境提供实地教育，带领学生对校园中的植物种类进行研究总结和实物学习。此外，还应结合学校与学科特色开设相关专业；培养学生可持续的生活方式与消费习惯，避免受消费主义与快餐文化的影响；培养垃圾分类等良好的生活习惯。

其次，大学应该助力可持续发展研究发展。大学有着一国最深厚的科研实力与最有能力的科研人才，走在科研的最前沿，承担引领科研的重责。因此，在可持续发展的大势下，大学要加强可持续发展的研究，助力国家的可持续建设。学校可以结合自身特色建设可持续发展方面的研究中心，为学校科研工作者提供聚合场所和资源；提供可持续研究专项资金，解决科研经费短缺问题；通过奖金、升职机会等激励政策吸引教师加入科研，通过竞赛、学分奖励、科研补贴等政策吸引学生加入科研项目或者自行为可持续发展研究助力；成立相关平台、媒体号等将研究成果、论文等资料进行全部或者一定范围公开，同时与政府联动，为政府可持续发展所遇难题提供解决方法。

最后，学校需要重视教职工的力量。教职工作为大学校内人员的关键组成部分，是连接学校和学生之间的桥梁，是培育思想的重要人物，具有可持续素养的教师队伍更好地适应于学校可持续发展战略，同时可以为学生提供可持续氛围，助力学生可持续学习。因此，学校要为教职工提供可持续教育的机会，如为可持续教育提供书籍与资料并开展相关培训，为教职工的可持续学习提供假期与奖金支持，制订保护教师创新性、符合教师特点的培养方案等。

三、实施节能改造项目

目前各个大学已开始实施校园低碳节能改造项目。虽然项目改造进程落后，但仍然有许多大学做出了示范。我们寻找了以下与可持续发展有关的技术建议和节能改造项目应用实例，希望为大学改造提供思路。

热电联产和燃料转换：活动包括加热、冷却和水系统的设备升级和/或从石油加热转向更清洁的天然气。北京科技大学曾对小营、清河、健翔桥三个校区的 13 台燃气锅炉进行更新锅炉或更换低氮燃烧器改造施工。[1]

发电和供热结合起来以最大限度地提高能源效率的系统。目标是升级系统，以利用更清洁的燃料和/或提高这些系统的能源效率。比如北京交通大学学苑公寓安装烟气源热泵系统，冬季时将学苑公寓采暖锅炉排出的烟气的余热回收，加热自来水，储存在水箱内，供浴室使用热水，实现了废热的再次利用。

照明改造：活动包括用新的高效照明系统取代旧的高耗能照明系统。例如，将荧光灯照明系统转换为 LED 照明系统，或将标准照明镇流器替换为智能/有源镇流器，以减少电力负荷。比如北京大学曾经运用比较先进的 LED 照明系统改善校园用电情况，采用松下 EHF 三基色 16W 荧光灯替换原有普通 20W 荧光灯，以及用松下 EHF 三基色 32W

---

① 北京科技大学锅炉房低氮改造项目－锅炉安装及整体改造工程，中国政府采购网，2017 年 8 月 7 日，http://www.ccgp.gov.cn/cggg/dfgg/gzgg/201708/t20170807_8643535.htm。

荧光灯替换原有普通 36W 荧光灯，预计节电率能够达到 20% 左右。①
中国矿业大学也曾将路灯灯头更换为 LED 灯头，并加装雷达感应装置，
实现了公用路灯的节能改造。

可再生能源：活动包括在校园内生产可再生能源。常见的例子有位
于校园建筑或停车场的太阳能光伏系统。比如北京邮电大学的太阳能开
水工程，在锅炉房楼顶安装太阳能真空管集热器，锅炉房西侧开水间东
侧一间装修成"机房间"，机房间内安装太阳能循环水箱与开水箱、自
动分水器、自控电源柜，机房内上下水、排气、照明等配置齐全。

锅炉改造、中央供暖和冷却系统升级：活动包括设备升级，以提高
中央供暖和冷却设备等关键系统的效率。中国人民公安大学团河校区的
供热节能改造项目，对锅炉房进行自动控制，实时监测系统的运行状
况；烟气余热回收，避免能量浪费；分时分区控制，按需求供暖；热计
量改造，实现能耗的分项计量。这大大提升了中央供暖系统的用能效
率。一个例子还包括用辐射热水系统取代过时的蒸汽锅炉。②

建筑系统回溯调试和升级，包括自动化：活动包括深入的建筑审
查，旨在改善现有设施中当前设备和系统的共同功能，通常可以解决设
计或施工期间发生的问题，或解决在建筑使用过程中出现的问题。

回溯调试通常会改善建筑的运营和维护 LEED 认证/绿色建筑：活
动包括实施节能建筑改进，以获得美国绿色建筑委员会开发的 LEED
认证。

其他创新战略：减少温室气体排放的战略，包括常规方法之外的活
动/技术。例子包括地热加热/冷却系统，改进的空间占用管理/利用，
改进的被动式照明/加热/冷却策略，生物燃料的开发和使用，高峰/非
高峰能源管理，以及增强的能源监测，包括使用能源仪表板等工具。

---

① 北大宿舍教学楼更换节能灯预计节电率达 20%，北京大学新闻网，2011 年 1 月 21
日，https：//news. pku. edu. cn/xwzh/129 - 192810. htm.

② 资料来源：普林斯顿新型低温热水能源系统，搜狐网，2022 年 8 月 7 日，https：//
www. sohu. com/a/574831752_121123896；武汉传媒学院超低温空气源热泵热水机组，搜狐网，
2023 年 5 月 22 日，https：//it. sohu. com/a/677910591_100135583.

四、强化高校社会责任意识

鉴于高等院校在一国中的特殊地位，实施可持续发展战略、促进社会可持续发展，应当强化高校的社会责任意识，促进高校与可持续发展相结合，让高等教育机构成为可持续发展的催化剂，最终将可持续发展的进步成果辐射到全球，积极地将可持续发展有关的科学素养融入教学实践中。

一方面，学校可以开展活动以推动可持续建设。学校可以出版可持续书籍，介绍与可持续发展相关的政策、问题，推广一些可持续的生活方式；通过绿色校园带动周围社区培养可持续生活方式；开展可持续讲座，对附近社区进行可持续知识宣讲；通过联盟等形式进行合作，结合不同学校的优势与特点加速可持续大学的建设过程、进行校间课程分享培养全面人才；与企业合作解决他们在可持续转型中的具体问题，推动产业可持续发展；为可持续政策提供研究支持；解决绿藻污染等可持续发展的实际问题。

另一方面，学校可以通过培养可持续人才来实现。培养可持续人才的最终目的是解决可持续问题，在学校时，学校就要为学生提供相关机会，为以后工作积累经验。学校可以举办可持续实践、可持续竞赛，鼓励绿色社团进行可持续活动，通过合作机构提供相关实习机会或在教师带领下的社会实践。

第三节　青年如何积极投身于可持续发展

一、开展可持续发展活动与项目

（一）举办关于可持续发展目标的创意活动

举办可持续发展目标海报活动。举办研讨会，让学生制作关于可持续发展目标的海报——每个可持续发展目标一张海报。海报可以描绘事实，解释每个可持续发展目标是什么，或者展现可持续发展目标与学生和教职员工的关系。首先通过网络海选，选出最佳的一组海报，其次将海报散乱分布到校园不同地方，开展限时打卡活动，参与者按照地图提示，自行规划路线进行打卡盖章，在打卡地参与和可持续发展有关的小游戏即可盖章，并与海报拍照完成打卡，最后按照返回时间顺序决出冠军，分发奖品。北京大学此前就举办过类似的海报设计比赛，每张海报融合了主流的环保理念和学生独有的对环保的理解，以及北京大学标志性的元素，艺术气息十足，同时也达到了宣传可持续发展的目的。

进行可持续发展项目评估。举办评估竞赛，分成三大赛道——动画视频、静态海报、图表专栏，竞赛内容为盘点所在大学在教育、研究和运营方面的 17 个可持续发展成果，邀请学校老师、管理人员进行评分，结合网络投票最终选出冠军。动画视频赛道需要制作介绍视频，不限制出镜人员，将从创意性、视频完整性和盘点全面性进行评分；静态海报赛道需要制作宣传海报，突出重大成果，将从宣传性、创意性进行评分；图表专栏需要将成果数据可视化，同时制作一份图片专栏展示，将从盘点全面性、数据可视度和排版美观度进行评分。

举办主题月活动。每个月由不同学院主办主题月活动，该学院需要结合学院特色，融入抽取到的可持续发展目标，结合所在月份的教学安排，举办面向全校的主题月活动，学校将提供一定的资金，活动不限于讲座、竞赛、视频放映、外出实践、研讨会等。

展出校友画像。展示所在大学对应在 17 个可持续发展目标有突出成果的 17 位校友，可以举办成果展，放置宣传摊位在教学楼门口、食堂门口等人流聚集地，激励更多学生走上类似的职业道路。

举办可持续发展目标艺术展。与学校的艺术社团活动进行合作，在操场等大型活动场所举办艺术活动日，学生可以向社团负责人领取材料进行艺术创作，创作主题围绕 17 个可持续发展目标。最后收集作品举办艺术展览，让学生在动手实践和参观中更加了解可持续发展目标。

举办系列讲座。举办系列讲座，邀请讲者介绍 4~6 个可持续发展目标。发言者可以来自企业、民间社会和地方政府，系列讲座可以持续一个学期，同时可以奖励参加关键数量讲座的学生以课程学分或证书。如果没有足够的演讲者来组织系列讲座，也可以放映可持续发展纪录片（例如Chasing Coral，Tomorrow，The 4th Revolution：Energy autonomy）。

确定可持续发展目标日。了解哪些学生团体积极参与可持续发展目标。然后邀请这些学生团体组织一整天的活动，就可持续发展目标进行不同的活动。例如，可以举办有关回收或可持续食品的研讨会（可以参考不同的权威标准进行评判）。

举办问答之夜活动。首先准备一个测验，其中包含有关可持续发展目标相关问题的不同问题。然后邀请学生和教职员工参加测验之夜。团队相互竞争，回答最多问题的团队获得奖励。

组织短途旅行。了解所在地区的地方政府、民间社会组织和公司在可持续发展目标方面所做的工作。组织学生参与考察访问，向这些组织了解他们为帮助实现可持续发展目标而采取的实际行动。

倡导可持续生活运动。可持续发展目标对学生来说往往是抽象的。通过可持续生活运动实现这些大目标。例如，可以找到已经采取行动减少自身环境和社会足迹的榜样，鼓励学生进行效仿，在日常生活中实现可持续发展目标。

（二）运行关于绿色大学的可持续发展理念的创意项目

绿色大学的概念不同于可持续发展大学。绿色大学的想法明确侧重于改善建筑物和校园对环境的影响。要创建绿色大学，需要在以下方面运行项目：有机食品；可再生能源；园艺、景观和生物多样性；低碳交通；干净的水；回收。

有机食品。工业化农业通过使用杀虫剂、人工肥料和转基因作物来伤害动物和自然。我们可以通过推广可持续食品选择来有所作为。以下是举措范例：为所在的大学获得公平贸易认证；与当地农民合作，让学生和教职员工每周购买装有有机、当地和可持续食品的袋子；与餐饮服务商合作，推出更多素食、有机、当地、公平贸易和纯素食餐点和饮料；容许学生自行上餐，例如透过自助餐式的用餐选择，以减少食物浪费；捐赠食堂剩菜。

可再生能源。化石燃料的燃烧污染了空气，并导致全球变暖。我们理应摆脱这种古老的能源，更有效地利用能源。以下是举措范例：在大学的屋顶上安装太阳能电池；优化楼宇管理系统的通风、空调和供暖；降低电脑屏幕的亮度；安装自动运动传感器以关闭建筑物中的灯；空闲时关闭电脑或进入待机模式。

园艺、景观和生物多样性。我们可以到户外去，享受一些新鲜空气，用双手创造一些实用的东西。以下是举措范例：用草药和昆虫酒店建造校园花园；维护花草地；推出无毒清洁产品；让学生和教职员工在大学附近种植一片小森林；建造绿色屋顶和屋顶花园，真正拥有绿色大学。

交通可持续发展项目。这方面涉及大量的旅行。以下是在学生和教职员工中促进可持续交通的一些想法：向学生和教职员工分发免费或补贴的公共交通通行证；安装视频会议软件并培训员工使用它；免费向学生出租货运自行车，并为员工补贴自行车；制订移动政策，强制要求补偿任何与飞行相关的温室气体排放；将电动汽车引入大学车队并提供充电站。

水。水是一种美丽的资源，孕育了这个星球上的生命。将屋顶的雨水储存在水箱中；在马桶和标签上安装节水装置；用自来水冷却器代替瓶装水冷却器；一个好的可持续发展项目理念是使用雨水冲厕所；安装加水站。

与回收相关的可持续发展项目创意。我们目前的经济模式以自然资源为投入，以废物为产出。循环经济旨在消除浪费。以下是我们可以帮助促进大学回收的方法：在整个校园内为手机、钢笔、记号笔和荧光笔设置回收站；引入双面打印以减少纸张浪费；实施电子废物政策，妥善回收电子废物；将旧但仍能正常工作的电子设备捐赠给慈善机构；促进购买大学办公室二手家具。

（三）举办可持续发展活动

鉴于大学生对可持续发展认知水平的不同和活动筹备的难度不同，本章将可持续发展活动划分为初级、中级和高级这三个等级。高校可根据现实情况，循序渐进地开展可持续发展活动以提升大学生对可持续发展的认知水平。

初级可持续发展活动。这些可持续发展活动的想法对刚开始学习如何组织活动的学生团体有好处，需要相对较少的计划，预算较低，并且可以由一个小团队组织。我们可以这么做：组织鼓舞人心的演讲或放映可持续发展纪录片或电影；举办交换活动，让学生交换不再需要的衣服或学习书籍；举办一次网络会议，以便所有以可持续发展为重点的学生团体都可以相互了解；组织该地区的可持续发展项目游览，例如自然保护区，风力公园，有机农场或废物处理设施；经营一家修理咖啡馆，教学生如何修理损坏的物品；组织一次"博客跑步"，让学生在跑步时做运动和收集废物。

中级可持续发展活动。如果我们已经对大学的可持续发展有了更多的了解，有更多的项目管理经验和更大的网络，那么我们可以实现其中一些可持续发展活动的想法，比如：在介绍周期间设置一个信息摊位，以促进大学的可持续发展工作以及如何向学生展示如何参与；提供可持续发展之旅，展示校园内的创新可持续发展项目，例如新装修的建筑、太阳能电池或绿色屋顶；实施"学生烹饪日"，允许学生向其他学生出售自制的可持续食品；与大学管理层就大学可持续发展问题组织小组讨论；与可持续发展学生团体合作，组织可持续发展日、会议、信息市场或节日，让学生更多地了解可持续发展主题，例如零浪费或能源转型。

高级可持续发展活动。以下事件需要更多的计划、时间和与外部利益相关者的协作。如果我们有一个庞大而忠诚的团队，就考虑实现它们。比如：创建"可持续商业之战"，激励学生为当地公司开发可持续商业案例；在一个学期内组织一个讲座系列或一个关于社会环境主题的替代介绍周；举办"教师挑战赛"，不同的学院竞争谁是最具可持续理念的教师；组织一个温暖的毛衣日，将建筑物的温度降低三度，从二手商店分发免费毛衣，并提高对能源消耗对气候变化影响的认识；提供关于全球变暖、生物多样性或循环经济等可持续发展主题的暑期学校课程。

（四）明确大学回收理念的建议

了解废物管理实践。在我们想要更改任何内容之前，了解当前系统的运行方式会有所帮助。我们可以问自己以下一些问题：目前谁负责废物管理和回收？回收政策是否到位？废物是如何收集的，由谁收集？哪些政府法规会影响您的大学必须回收哪些材料？

收集和分析数据。要采取战略性行动，建立基线非常重要。通过问自己以下问题来建立基线：我们能否从废物经理或废物运输商那里获得有关收集的废物类型的数据？目前回收了多少？这些数据是否适用于不同的建筑物和年份？我们能看到哪些趋势？根据这些数据，我们能否确定一些"回收热点"或大量废物进入垃圾填埋场的建筑物？这些是我们有可能希望首先定位的区域。

规范垃圾箱和标签。有些建筑物可能没有任何垃圾箱。此外，箱的类型及其标签方式可能会有所不同，这可能会让人们感到非常困惑。标准化垃圾箱的类型及其在所有建筑物中的标签方式使大学回收变得更加容易。作为第一步，如果我们检查建筑物，它会有所帮助：是否安装了回收箱？它们被放在哪里？它们是如何贴标签的？然后与废物协调员或设施服务总监一起制订如何改进的建议。

设定大学回收目标。全校范围的回收目标可以帮助您设定明确的目标，即在大学中改善回收的程度。如果没有目标，可能很难使为什么要投入金钱和时间来改善回收利用合法化。一旦你有了全校范围的目标，你就可以更容易地使你的项目合法化，并在目标没有实现时让机构负责。

举办比赛。我们可以有一个基线和标准化的垃圾箱，贴上标签并设定目标。但是如何提高回收率呢？一个好方法是举办比赛。以建筑物、院系或宿舍为比赛，以提高其回收率。跟踪进度并用丰厚的奖品奖励获奖者。

举办活动，传播回收理念。我们可能已经举办活动来提高认识、教育和改变行为。如果没有，这里有一些大学回收项目的想法可以帮助我们入门：举办升级再造工作坊，学生利用废物生产袋子、钱包或其他产品；组织一个维修咖啡馆，学生和教职员工将他们损坏的东西带到并修理它们；进行交换商店或交换派对，人们带上旧衣服并交换它们；收集已打印在一面的废纸，然后运行一个活动，让学生将纸张装订到新文件夹中；放映有关废物的可持续发展纪录片，然后与人们讨论可以做些什么来改善校园的回收利用；将学生志愿者培训为回收英雄，让他们站在繁华地区的垃圾箱旁边，向人们解释如何回收废物。

变更采购合同和做法。采购描述了我们所在大学在市场上购买产品和服务的过程。采购部门决定购买哪些家具、食品和电子产品，以及如何丢弃它们。

以下是您可以与采购部门一起实施的一些大学回收想法：购买二手家具、使用寿命更长或更容易回收的家具；一旦我们想再次摆脱它们，就迫使电脑、手机和显示器的供应商收回它们；批量订购产品或需要较少包装的产品；使其成为餐饮合同的一部分，餐饮服务商努力减少食物浪费。

解决低门槛领域。除了这些活动和采购实践之外，您还可以对以下大学回收项目采取行动：引入双面打印作为打印机的标准设置；在洗手间安装干手器，并取下手巾；集中收集电子垃圾并将其捐赠给慈善机构；以电子方式交付出版物，而不是打印出版物。

二、研究课题与未来发展方向

当前，虽然关于高校可持续发展的议题已扩展至较为广泛的领域，但对于相关领域在可持续发展方面的研究和规划都只停留在表层。因而，针对高校可持续发展，本书梳理出以下十七个领域，并提出各个领域相关研究课题的未来发展方向（见表8-1）。

表 8 - 1 关于高校可持续发展的研究课题

领域	研究课题发展方向
教育	可持续发展教育的不同定义有哪些优缺点？您的大学可以采用哪种定义？
	可持续发展教育在多大程度上已经在贵校的课程中实施？
	在您的课程中推进可持续发展教育的优势和局限性是什么？
	与其他高等教育机构相比，您的大学在可持续发展教育方面处于什么位置？
	学生对更多、不同或更好的可持续发展教育的需求是什么？
	校园内现有的可持续发展项目如何用于教育目的，例如参观屋顶上的太阳能电池作为工程课程的一部分？
研究	您的大学应该接受可持续发展研究的什么定义？
	您的大学已经在多大程度上进行了可持续发展研究？
	与其他高等教育机构相比，该机构的可持续发展研究组合的优势和劣势是什么？
	您所在大学可持续发展研究的驱动因素和障碍是什么？
	可持续发展研究如何帮助学生研究校园内的可持续发展问题并为实际变革项目提供信息？
	促进可持续发展研究有哪些机会和成本？战略推进它的行动计划是什么样的？
社区	学生和教职员工对可持续发展的看法和态度如何？
	在学生中推广可持续生活方式的方法有哪些？
	学生和教职员工在多大程度上了解联合国可持续发展目标（SDG）？
	学生和教职员工对该机构的可持续发展目标有多了解？
	更好地传达大学可持续发展工作的方法有哪些优点和缺点？
	让学生和教职员工参与大学的可持续发展工作有哪些挑战？
	有哪些方法可以提高校园社区的参与度，例如组织可持续发展活动？
能源	改善建筑隔热以节省能源的机会和成本是什么？
	市场上有哪些更节能的照明系统？
	安装新照明系统的商业案例会是什么样子？
	校园能源的主要消费者在哪里？
	该机构本身开发了哪些创新能源技术？这些可以在多大程度上直接在建筑物中安装和测试？
	对于工作和学习场所来说，哪些勒克斯值足以使场所获得适当的照明而不会浪费太多电力？

续表

领域	研究课题发展方向
建筑物	不同可持续建筑标准的优点和缺点是什么？
	哪些建筑标准最适合为机构的可持续建筑政策提供信息？
	不同类型的绿色屋顶有哪些成本和收益？
	可以在哪些建筑物上安装绿色屋顶？
食品	餐饮和食品在多大程度上被认证为有机或公平贸易食品？
	学生对食堂出售的有机和公平贸易产品有多重视，为什么重视？
	如何让学生和员工更加了解可持续（有机、公平贸易、当地）食品的多重好处，例如健康、环境、经济？
	学生愿意为更多的有机或公平贸易产品支付多少费用？
浪费	该机构由谁和在哪里产生哪些类型和数量的废物？
	过去几年，废物流是如何发展的？
	在减少垃圾填埋或焚烧方面有哪些创新做法？如何应用这些？
	与废物回收相关的成本和收益是什么？
纸张	有哪些选择可以从纸质工作和学习形式转向更数字化的工作和学习形式以减少纸张消耗？
	推进更多数字化工作和学习的不同选择在环境、经济和社会方面的利弊是什么？
生物多样性	哪些物种生活在不同的校园位置？
	学生、教职员工在多大程度上重视这种生物多样性？
	有哪些方法可以增强校园生物多样性？
温室气体	不同的温室气体核算准则的优缺点是什么？
	该机构应使用哪种标准来制定温室气体排放清单？
	该机构的温室气体排放在哪里发布？
	该机构的温室气体足迹有多大？
采购	可持续采购在大学背景下意味着什么？
	目前采购是如何组织的？可持续性标准在多大程度上已经应用于招标？
	大学可以在多大程度上实施超出法定最低标准的可持续性标准，以提高招标的环境、经济和社会效益？

续表

领域	研究课题发展方向
水	最大的水消耗者是什么？
	该机构的直接和间接水足迹是多少？
	减少用水量的机会和成本是什么？
运动和移动性	学生和教职员工目前如何前往大学以及作为学习或工作的一部分？
	这些旅行行为对环境有何影响？如何减少影响？
	公司和其他高等教育机构有哪些最佳实践来减少员工旅行或激励不同的旅行行为？
行为改变	通过改变行为来减少资源消耗的潜力是什么？
	高等教育机构行为改变干预的最佳实践是什么？
	这些项目在多大程度上也可以应用于您的大学？
策略	可持续性对高等教育机构意味着什么？
	可持续高等教育机构的综合概念是什么样的？
	该大学的长期可持续发展愿景会是什么样子？如何通过路线图实现这一愿景？
	通过自下而上的方法为大学制定可持续发展战略的创新方法是什么？
	哪些道德要求高等教育机构关心它们对地球、人类和利润的影响？
	高等教育机构在应对贫困、性别不平等和气候变化等全球挑战方面有哪些责任？
监测和报告	哪些数据对于监测机构的环境影响很重要？如何收集和分析这些数据？
	不同的可持续发展报告标准有哪些优缺点？
	大学应遵守哪些可持续发展报告标准？
	在组织内组织可持续发展报告的有效方法是什么？
	在学生、教职员工和外部参与者之间交流结果的最佳方式是什么？
融资	计算可持续发展投资的财务成本和收益的不同方法（例如回报或净现值）的优势和劣势是什么？
	机构应采用哪种方法？
	可持续发展项目在多大程度上可以通过循环贷款基金融资？
	通过能源合同让外部组织参与的可能性有哪些？
	国家和城市层面有哪些补贴来发展绿色校园？
	该大学如何利用这些融资方案来推进其能源转型？
	将负外部性纳入大学会计计划的方法是什么？
	建立大学拥有的能源公司会带来哪些机会、好处和风险？
	世界各地公共机构为能源效率和可再生能源项目融资的最佳实践是什么？
	如何改变激励计划，使能源最终用户直接受益于减少能源使用？

资料来源：笔者绘制。

第四节　危机应对下的可持续发展管理

下文分享了新冠疫情期间可持续大学管理者在处理教学工作、学生学习、能源管理、食物供应、废物处理和与利益相关者福祉相关的问题的经验。此外，还报告了它们在运行和维护节能基础设施、节约用水、关注与大流行病有关的运输的碳足迹以及与可持续性有关的学习和研究方面的作用。大学生可持续发展绩效排名年度国际排名（UI Green Metric）组织了八个网络研讨会系列，主题分别是可持续性、食品安全、废物管理、教学和研究、能源管理、讲座和学生福利，在疫情期间为进一步合作提供了机会。

一、教学与工作

2020 年初，突如其来的新冠疫情使许多大学被迫暂停了它们的活动，阻碍了正常的教学进度，大多数人将目光转向了虚拟模式下的远程学习，改变了"传统"的大学面授教学方法，以此来应对新冠疫情对线下正常教学的干扰，相关机构为在短时间内向大学的学生、教师、服务人员提供资源和技术支持付出了巨大的努力，并且这次数字化转型也降低了学生、学术、研究和行政人员对旅行、通勤、电力和暖通空调系统的需求。大学将需要增加他们的技术基础设施，安装更多的带宽，并增加网络安全性，提供流媒体服务和平台和工具的软件许可证来支持教学过程。

这次疫情危机在高等教育领域产生的积极作用有：增强数字能力、新的教学方式、新的通信和协作工具、加强在线图书馆的使用、减少各种大学建筑的能源使用。从学生反馈情况来看，在线教育在学习时间安排上更加灵活，线上的课程内容可以灵活获取，具有交流积极性、学习材料多样性，视听媒体和视频作业等方面普遍受到好评。除此之外，电子教学法、开卷考试等方面也可能值得考虑，作为在线教育和面授教育未来发展的潜在领域。

这场新冠疫情清楚地表明了对科学和技术专业知识的需求，大约25个研究团队在奥维耶多大学的不同知识领域（如医学、生物、数学、能量和流体力学、物理学和分析化学、法律和社会科学等）已开始开发和实施研发项目，并呼吁进行与新冠疫情相关的教育。里加技术大学整合资源和知识并引入研究和创新平台以应对新冠疫情危机，该平台为研究人员提供了参与进来的机会，目标是进行快速技术创新和项目研究来应对危机，它还显示了哪些项目和研究人员是最好的适应方案，并在不断变化的环境下快速提供最好的解决方案。此外，大学可以引入长期的金融工具，以支持这种可以商业化的短期项目开发。

二、食物充足性

新冠疫情期间，许多国家遭受了粮食危机，据世界粮食计划署估计，2021年，43个国家中有4500万人面临饥荒，新冠疫情使2.83亿人陷入突发性粮食危机，这一数字几乎是疫情前水平的两倍。[①] 应重新评估现有的粮食安全措施，并反思严重依赖全球供应链进口食品带来的相关固有风险，在完全依赖本地食品或完全种植的两个极端之间作出选择平衡生产链，追求更有利于当地粮食充足性和环境安全的经济和生产模式。

在全球粮食分配机制发生中断时，高等教育机构也可以提供帮助，使当地食物供应变得更有弹性。屏东科技大学在疫情防控期间开展了大学社会责任范围内的活动，如通过校园种植和产出食品并售卖、推广当地食品、生产经验等，在一定程度上提高了当地食物的充足性。此外，屏东科技大学正在努力为当地农业部门创造新的发展模式，以保护自然资源，促进老年人更健康和更幸福的生活。[②] 随着2020年11月第一届

---

① 2021年度报告｜灾难交织，全球行动紧迫而重要，https://zh. wfp. org/news/2021 niandubaogaozainanjiaozhiquanqiuxingdongjinpoerzhongyao。

② 《屏东食安防疫有成　护民众健康》，中时新闻网，2024年2月2日，https://www. chinatimes. com/cn/realtimenews/20240202000033 - 260421？ ctrack = mo_main_rtime_p05& chdtv。

国际可持续发展会议（The First International Sustainable Development Conference 2020，ISDC 2020）的召开，屏东科技大学希望有机会让各种利益相关者参与社会的共同创造和再创造，使其在面对危机时更有弹性。新冠疫情期间，来自佛罗里达大学的健康蔬菜供应在保证校园食物安全和充足方面发挥了作用，该智能生态校园项目将校园中的闲置空间转化为生产性土地，不仅可以为校园供应新鲜的蔬菜，也能满足部分科研需求。雪朗大学（Universitas Negeri Semarang，UNNES）作为一个可持续发展的校园，开创了食物安全方面相关项目和活动，通过开拓卓越中心（Center of Excellence，CoE）以及校外土地利用等各种活动，维持和保证粮食的获得性以及食品价格的稳定性，并开展了相关科学研究。

三、废物处理

废物处理和回收活动是创造可持续环境的主要因素，特别是在校园环境中。有机废物处理工作在特尔科姆大学（Delft University of Technology，TU Delft）独立进行，被指派管理废物的人员将收到由收集小组收集的落叶，切碎后放入水缸里，之后堆肥中可以产生沼气，一天可以处理250~300公斤的落叶等垃圾，并且使用这种堆肥处理系统100%的叶渣可以被处理。TU Delf 的无机废物处理是通过使用焚烧炉燃烧废物来进行的，焚烧炉是一种废物处理技术，即在高温下燃烧废物。每天学校中产生约38公斤的无机废物由焚烧炉处理。在尼格里帕东大学（Times Higher Education，THE），废纸和塑料由程序进行分类，促进学术服务和在线学习的数字化，同时减少纸张浪费；在新冠疫情暴发期间，学校所有讲座和学术活动都在网上开展，同时，为了回收垃圾，学校开展了各种活动，包括举办社区废物回收利用的讲座、线上知识竞赛运动、在美术教育部门回收废物并进行艺术创新、在袋子上绘画和用垃圾做成雕塑、在生物实践花园制作堆肥等。

四、能源管理

新冠疫情期间，大学校园加强了能源管理。哈洛里奥大学（Universitas Halu Oleo，UHO），从 2016 年开始，在安杜奥诺胡校区建立了自己的植物园。UHO 植物园占地 22.8 公顷，将为该地区提供高质量的氧气，同时也是二氧化碳的吸收器，UHO 植物园的主要愿景是成为在特有植物的保护、教育和研究领域世界一流的多样性植物园。在节能方面，哈洛里奥大学采用了可再生能源政策，利用太阳能发电，太阳能用于光伏（PV）路灯和小型屋顶 PV 光伏，可以很大程度上减少电力消耗。关于新的再生设施，哈洛里奥大学在安都诺胡校区准备了 14.4 公顷的土地，建设总容量为 1 兆瓦的并网光伏发电站，一些研究人员目前正集中研究生物质作为替代可再生能源。

新冠疫情期间，印度尼西亚泗水理工大学（Institut Teknologi Sepuluh Nopember，ITS）采取了多项旨在应对危机的措施，如其智能生态校园倡议、节能和管理以及支持环境健康。为了改进能源管理，综合培训处对校长楼、研究中心、物理工程楼和数学楼进行了能源审计，并就改进这三栋楼的公用事业管理提出了建议，通过在钢筋混凝土建筑物的电网上安装太阳能电池，节省了高达 62.3% 的电力成本。ITS 实施的"新常态"符合卫生协议，具体措施包括在每个建筑物出入口设置 4 个洗手点，为每位师生发放和使用口罩和防护面罩，以及在所有建筑物内喷洒消毒剂。此外，在 2011 年学院成立了生态园区，主要运营与可持续发展相关的项目以及节能、节水等环保方法和回收固体废物。

五、社会福祉

可持续大学在可持续管理方面的努力能够为校园、社区甚至社会创造福祉。特库乌马尔大学（University of Turku，UTU）位于印度尼西亚苏门答腊岛北部，是由印度尼西亚政府公司于 2014 年建立的相对较新的公立高等教育机构。UTU 开发了总面积为 3.4 英亩的 UTU 农场，作为发展农业和加工有机食品的场所，该农场种植了大约 1000 种香蕉、榴莲、无花果、枣椰树和其他树木，主要森林植被约有 380500 平方米，被指定为校园森林，这有助于阻止全球气候持续变暖。新冠疫情期间，在实验室负责人的指导下，UTU 在一个综合实验室中生产了多达 400

瓶的洗手液并免费分发给校园社区，并且洗手液的生产质量符合世界卫生组织的标准；新冠疫情特别工作组还聚集学生和校友制作并分发口罩，一些学院也会向公众免费发放口罩。UTU 还通过商业和技术孵化器（inkubator bisnis teknologi，IBT）中心，建设了大学农场中心和特库乌马尔大学健康与咨询中心，旨在通过利用土地用作草本花园来开展关于草本植物的研究。

附　　录

附录 1　北京市 47 所高校分类表

高校类型	高校名称
研究型大学	北京大学
	清华大学
	中国科学院大学
	中央民族大学
	北京航空航天大学
	中国人民大学
	中央财经大学
	对外经济贸易大学
	中国政法大学
	首都经济贸易大学
	北京师范大学
	北京理工大学
	北京邮电大学
	北京科技大学
	北京工商大学
	北京外国语大学
	首都师范大学
特色型大学	北京电影学院
	中央音乐学院
	北京语言大学

高校类型	高校名称
特色型大学	北京体育大学
	中央戏剧学院
	中国传媒大学
	北京建筑大学
	北京印刷学院
	首都体育学院
	外交学院
	国际关系学院
	首都医科大学
	北京中医药大学
应用型大学	北方工业大学
	中国人民公安大学
	中国农业大学
	华北电力大学
	北京交通大学
	北京信息科技大学
	中国矿业大学（北京）
	中国石油大学（北京）
	中国地质大学（北京）
	北京工业大学
	北京化工大学
	北京石油化工学院
	北京林业大学
	北京农学院
技能型高职	北京城市学院
	北京电子科技职业学院
	北京交通运输职业学院

附录 2　北京市 17 所研究型大学的可持续相关科研课题项目表

高校名称	可持续相关科研课题
北京大学	环境规制对僵尸企业形成的影响机制与异质性研究（标注）国际基金企业魏晋玄学中的自然与治道研究
清华大学	国际海底区域资源用益制度的法经济学研究，2022 年北京冬奥会背景下体育与生态文明协同发展研究，"双碳"目标下智能技术赋能需求侧绿色治理机制研究，碳中和目标约束下建筑碳排放总量省域分配研究
中国科学院大学	可持续发展视角下中美俄在北极的战略竞合研究
中央民族大学	"生态文明"视域下绿色技术创新推进民族地区高质量发展的机制和路径研究
北京航空航天大学	马克思主义视域下的生态城市理论构建研究，"人与自然和谐共生的现代化"绿色转型话语体系研究，比例原则视角下生态环境损害法律责任体系化研究，后疫情时代全球气候治理体系变革与中国气候外交对策研究
中国人民大学	促进与适应新能源大规模消纳视角下的电力市场设计与市场改革研究，生态文明视野中的气候正义问题研究，2022 冬季奥林匹克运动可持续发展中国方案研究
中央财经大学	我国环境政策效应的测度与评价研究，碳达峰背景下环境政策不确定性影响中国工业企业减排的机制与政策提升研究，人类命运共同体理念下开发外空资源国际法制度研究，公共资源竞争性分配规则研究，数字货币促进绿色消费长效机制研究，绿色金融政策社会福利效应的统计测度研究，"双碳"目标下我国对外贸易绿色低碳发展路径及政策优化研究，美国城市文学的生态叙事传统研究
对外经济贸易大学	气候变化议题的公众细分与传播对策研究，高质量发展视域下绿色技术创新的统计监测研究，城市生活垃圾分类模式优选及扩散机制研究
中国政法大学	自然灾害综合防治立法研究，生态环境损害赔偿视域下鉴定评估意见的认证规则研究，黄河流域生态保护和高质量发展法律制度体系研究，国有企业 ESG 战略管理控制系统实现路径及经济后果研究，环境健康权保护的公私法协同进路研究

高校名称	可持续相关科研课题
首都经济贸易大学	城市群视角下人口—经济与环境空间耦合机理与调控路径研究，我国天然气多元化海外供应体系的实现路径与保障机制研究
北京师范大学	生态系统视角下开放政府数据价值实现研究，中国特色自然资源资产产权制度体系研究，基于大数据和社会学习的城市居民低碳消费行为研究，新中国生态文明制度建设史研究，中国居民线上消费碳中和路径研究，目标治理视域下我国绿色金融政策评估与创新路径研究
北京理工大学	机构投资者投资偏好与企业 ESG 绩效提升研究
北京邮电大学	—
北京科技大学	将碳达峰碳中和纳入生态文明建设整体布局的基本问题研究，"双碳"背景下高耗能制造业绿色转型绩效测度与环境政策研究，生态恢复工程的哲学研究
北京工商大学	面向藻类水华治理的应急决策机制与关键方法研究，畜牧业生态化养殖的实现路径和政策保障研究，数字赋能制造业企业绿色转型影响机理、路径与政策研究
北京外国语大学	生命共同体视域下的《资本论》生态思想研究
首都师范大学	CO 直接酯化的绿色低碳技术：煤制甲酸甲酯、碳酸二甲酯

参 考 文 献

［1］北京大学：《"可持续发展、生态文明建设与环境政治"学术研讨会》，载于《理论建设》2016 年第 2 期。

［2］陈文荣、张秋根：《绿色大学评价指标体系研究》，载于《浙江师范大学学报》2003 年第 2 期。

［3］陈晓清：《绿色研究托起可持续校园——耶鲁大学建设绿色大学的理念与方略》，载于《清华大学教育研究》2015 年第 6 期。

［4］陈运平：《论高等教育的可持续发展》，载于《江西农业大学学报》2002 年第 2 期。

［5］崔艳丽：《可持续发展观与当代中国大学理念的转向》，载于《高等理科教育》2013 年第 1 期。

［6］高桂娟、蔡文迪：《"可持续大学"：概念形成与理念阐释》，载于《当代教育论坛》2014 年第 1 期。

［7］郭卫宏、周勤：《可持续发展的大学校园环境建设探析——广州某大学为例》，载于《科技通报》2008 年第 5 期。

［8］郭秀青、张鸣：《可持续发展战略思想与高校人才的培养》，载于《思想·理论·教育》1996 年第 12 期。

［9］郭永园、徐鹤：《新时代绿色大学建设实施方略》，载于《城市与环境研究》2021 年第 4 期。

［10］郭永园、白雪赟：《绿色大学：习近平生态文明思想在高等教育中的"打开方式"》，载于《思想政治教育研究》2019 年第 5 期。

［11］黄俭、肖学农：《民办高校可持续发展评价指标体系的构建》，载于《江西师范大学学报（哲学社会科学版）》2014 年第 2 期。

［12］黄文琦：《绿色大学评价指标体系设计初探》，载于《环境科

学与管理》2009年第9期。

[13] 黄宇：《大学可持续性的评测与排名：绿色指数大学排名评析》，载于《大学教育科学》2017年第3期。

[14] 姜霄：《高校实施可持续发展教育的重要性及对策研究》，载于《成功（教育）》2012年第4期。

[15] 姜英敏、贾瑞棋：《荷兰大学推动〈2030年可持续发展议程〉的战略与实践路径》，载于《比较教育研究》2022年第7期。

[16] 金凤：《碳中和世界大学联盟成立》，载于《科技日报》2021年第2期。

[17] 李化树：《论高等教育的可持续发展》，载于《教育研究》1998年第5期。

[18] 李久生、谢志仁：《论创建"绿色大学"》，载于《江苏高教》2003年第3期。

[19] 李莉：《绿色管理对于社会可持续发展的现实意义——以高校校园绿色建设为例》，载于《企业经济》2010年第10期。

[20] 李世新：《大众化教育背景下的精英化管理》，载于《河北理工大学学报（社会科学版）》2010年第6期。

[21] 李箫童、魏智勇：《高校环境与可持续发展教育研究综述》，载于《环境与可持续发展》2014年第5期。

[22] 李盈盈、刘凡奇、丁俊：《澳大利亚大学的可持续发展实践及其对中国大学可持续发展的启示》，载于《环境保护与循环经济》2016年第2期。

[23] 廖先琼：《高等教育可持续发展的策略与行动——以同济大学为例》，载于《湖北开放职业学院学报》2022年第35期。

[24] 刘华东：《关于高等教育可持续发展的认识与思考》，载于《中国高教研究》2001年第11期。

[25] 刘静玲、杨姝文：《我国高校可持续发展教育一展望与实施途径》，载于《环境教育》2005年第7期。

[26] 刘宁、周爱云：《论高等教育可持续发展的理念及思路》，载

于《求索》2003 年第 5 期。

[27] 刘文杰：《大学对未来发展负责：全球视域下可持续发展大学研究》，载于《比较教育研究》2023 年第 2 期。

[28] 吕斌、阚俊杰、姚争：《大学校园可持续性测度及其评价指标体系构建研究》，载于《当代教育科学》2011 年第 13 期。

[29] 毛程锦：《提高大学可持续发展教育实效性的研究》，载于《辽宁教育行政学院学报》2008 年第 7 期。

[30] 潘懋元：《潘懋元论高等教育》，福建教育出版社 2000 年出版。

[31] 皮尔斯（Pearce，D. W.）、沃福德（Warford，J. J.）著，张世秋等译：《世界末日经济学、环境与可持续发展》，中国财政经济出版社 1996 年版。

[32] 钱丽霞：《联合国可持续发展教育十年的推进战略与实施建议》，载于《全球教育展望》2005 年第 11 期。

[33] 世界环境与发展委员会：《我们共同的未来》，吉林人民出版社 1997 年版。

[34] 世界自然保护同盟，联合国环境署和世界野生生物基金会：《保护地球——可持续生存战略》，中国环境科学出版社 1992 年版。

[35] 孙定建：《论加强高等院校环境教育》，载于《黑龙江高教研究》2001 年第 6 期。

[36] 孙静艺：《中美高校教育可持续发展要素比较研究》，载于《黑龙江高教研究》2016 年第 8 期。

[37] 唐飞燕：《中国高等教育可持续发展研究综述》，载于《高等建筑教育》2017 年第 5 期。

[38] 万钢：《建设可持续性大学将成为中国大学变革趋势》，载于《中国科技产业》2007 年第 6 期。

[39] 王大中：《创建"绿色大学"实现可持续发展》，载于《清华大学教育研究》1998 年第 4 期。

[40] 王大中：《清华大学建设"绿色大学"研讨会主题报告节录——创建"绿色大学"示范工程，为我国环境保护事业和实施可持

续发展战略做出更大的贡献》，载于《环境教育》1998 年第 3 期。

[41] 王德宠：《确立 21 世纪高等教育的可持续发展理念》，载于《北京邮电大学学报（社会科学版）》2001 年第 2 期。

[42] 王巍：《我国高校可持续发展教育存在的问题与对策》，载于《考试周刊》2012 年第 39 期。

[43] 王亚芳、张弛：《基于可持续的时尚教育——以伦敦艺术大学为例》，载于《中国艺术》2022 年第 2 期。

[44] 文凡：《日常的可持续建筑——以香港大学百周年校园为例》，载于《住宅与房地产》2019 年第 24 期。

[45] 吴静、贾峰、李曙东，等：《基于联合国可持续发展目标的绿色大学建设——以日本冈山大学为例》，载于《环境教育》2020 年第 Z1 期。

[46] 武高辉：《哈工大"绿色教育"行动计划》，载于《环境与社会（大学绿色教育专辑）》2000 年第 2 期。

[47] 晓谈：《中国人民大学可持续发展高等研究院揭牌》，载于《中国牧业通讯》2009 年第 22 期。

[48] 谢菲：《论欧洲可持续性设计教学模式及其启示——以诺丁汉大学和湖南大学建筑设计专业为例》，载于《大学教育科学》2015 年第 1 期。

[49] 许洁：《可持续发展大学建设的治理结构和运行机制研究——以哈佛大学为例》，载于《同济大学学报（社会科学版)》2017 年第 1 期。

[50] 杨斌：《清华大学 SDG 行动报告》，清华大学全球可持续发展研究院，2021 年。

[51] 杨晁采：《如何运用创意推动大学可持续校园建设——以美国弗吉尼亚联邦大学为例》，载于《文化创新比较研究》2018 年第 32 期。

[52] 杨欢：《高等教育可持续发展系统的协调理论方法与应用研究》，天津大学，2005 年。

[53] 叶平：《大学"绿色文明"的荣誉和形象》，载于《环境教育》2001 年第 4 期。

[54] 尹新珍、童建：《应用型大学可持续发展研究》，载于《佳木斯职业学院学报》2018 年第 11 期。

[55] 余海波：《英国爱丁堡大学可持续发展策略的实践及启示》，载于《国家教育行政学院学报》2013 年第 2 期。

[56] 张莉：《论我国高等教育的可持续发展》，华中师范大学，2004 年。

[57] 张男星、王春春：《"可持续发展大学"理念的确立与践行——访同济大学校长裴钢》，载于《大学（学术版）》2012 年第 10 期。

[58] 张其香、赵静幽、王汉昌：《国外大学可持续发展专业人才培养的研究和实践探析》，载于《中国人口·资源与环境》2016 年第 5 期。

[59] 张强：《中国绿色大学建设发展探讨——以北京师范大学为例》，载于《住区》2017 年第 S1 期。

[60] 张嫱、臧鑫宇、陈天：《墨尔本大学六星级绿色校园建设经验及其对我国的启示》，载于《中国勘察设计》2018 年第 9 期。

[61] 张希胜：《可持续发展大学的内涵研究》，载于《邯郸学院学报》2012 年第 2 期。

[62] 张祥永、于鲸：《高校环境与可持续发展教育实施路径研究》，载于《环境与可持续发展》2017 年第 2 期。

[63] 张晓新、张彬：《区域性大学联盟可持续发展建设路径研究》，载于《北京教育（高教）》2017 年第 1 期。

[64] 张新平、佘林茂：《对教育高质量发展的三重理解》，中国教育报，2021 年 3 月 18 日，https：//theory. gmw. cn/2021 – 03/18/content_34696795. htm。

[65] 张远增：《绿色大学评价》，载于《教育发展研究》2000 年第 5 期。

[66] 赵庆年：《高等教育可持续发展探析》，载于《煤炭高等教

育》2001 年第 6 期。

［67］赵宗锋、崔玉晶：《可持续发展大学：从理念到实践》，载于《黑龙江高教研究》2008 年第 1 期。

［68］周晨虹：《西方大学可持续发展教育的课程设置策略》，载于《江苏高教》2014 年第 2 期。

［69］周光迅、吴晓飞：《创建绿色大学的现状和展望》，载于《高等教育研究》2018 年第 8 期。

［70］周天寒、徐峰：《大学校园可持续指标评价体系研究》，载于《中外建筑》2012 年第 7 期。

［71］周娅娜、王旭峰：《绿色校园实践模型探析：以耶鲁大学为例》，载于《住区》2019 年第 5 期。

［72］朱丽萍：《高等教育可持续发展的内涵》，载于《天津师范大学学报》2007 年第 6 期。

［73］AASHE. STARS Technical Manual—Version 2. 1 Administrative Update Three ［M］. Association for the Advancement of Sustainability in Higher Education：Philadelphia，PA，USA，2017.

［74］Alshuwaikhat H M，et al. Sustainability assessment of higher education institutions in Saudi Arabia ［J］. Sustainability，2016，8（8）.

［75］Amaral A R，et al. A review of empirical data of sustainability initiatives in university campus operations ［J］. Journal of Cleaner Production，2020，250.

［76］Amaral L P，et al. Quest for a sustainable university：a review ［J］. International Journal of Sustainability in Higher Education，2015，16（2）.

［77］Andersson L. Enacting ecological sustainability in the MNC：a test of an adapted value-belief-norm framework ［J］. Journal of Business Ethics，2005，59（259–305）.

［78］ANU. The Australian National University ［R］. Annual Report of the Environmental Management Planning Committee to the Vice–Chancellor，2007.

[79] Arroyo P. A new taxonomy for examining the multi-role of campus sustainability assessments in organizational change [J]. Journal of Cleaner Production, 2017, 140 (1763 – 1774).

[80] Atici K B, et al. Green University and academic performance: An empirical study on UI GreenMetric and World University Rankings [J]. Journal of Cleaner Production, 2021, 291 (125 – 289).

[81] Berzosa A, et al. Sustainability assessment tools for higher education: An empirical comparative analysis [J]. Journal of Cleaner Production, 2017, 161 (812 – 820).

[82] Beynaghi A, et al. Towards an orientation of higher education in the post Rio + 20 process: How is the game changing? [J]. Futures, 2014, 63.

[83] Carpenter S, et al. Climate and Sustainability | The Roles of Social Media in Promoting Sustainability in Higher Education [J]. International Journal of Communication, 2016, 10.

[84] Cole L and Wright T. Assessing sustainability on Canadian University campuses: development of a campus sustainability assessment framework [J]. Unpublished master's thesis, Royal Roads University, 2003.

[85] Cotton D R E, et al. Is students' energy literacy related to their university's position in a sustainability ranking? [J]. Environmental Education Research, 2018, 24 (11).

[86] Das D, et al. Developing a Smart and Sustainable Campus in Singapore [J]. Sustainability, 2022, 14 (21).

[87] de Souza Silva J L, et al. Case study of photovoltaic power plants in a model of sustainable university in Brazil [J]. Renewable Energy, 2022, 196.

[88] Dumitrascu O and Ciudin R. Modeling factors with influence on sustainable university management [J]. Sustainability, 2015, 7 (2).

[89] Fadzil Z F, et al. Developing a campus sustainability assessment

framework for the National University of Malaysia [J]. International Journal of Environmental and Ecological Engineering, 2012, 6 (333 – 337).

[90] Fischer D, et al. Getting an empirical hold of the sustainable university: a comparative analysis of evaluation frameworks across 12 contemporary sustainability assessment tools [J]. Assessment & Evaluation in Higher Education, 2015, 40 (6).

[91] Fussler C and James P. A breakthrough discipline for innovation and sustainability [M]. Environmental Science, Business, 1996.

[92] Gómez F. Adaptable Model for Assessing Sustainability in Higher Education [J]. J Clean Prod, 2015, 107 (475 – 485).

[93] Grabara J, et al. Sustainable university development through sustainable human resources and corporate entrepreneurship: The role of sustainable innovation and work environment [J]. Amfiteatru Economic, 2020, 22 (54).

[94] Husaini M Z, et al. Analysis of Sustainability Assessment Tools (SATs) for Higher Education Institutions (HEIs) [J]. International Journal of Academic Research in Business and Social Sciences, 2018, 8 (8).

[95] Kościelniak C. A consideration of the changing focus on the sustainable development in higher education in Poland [J]. Journal of Cleaner Production, 2014, 62.

[96] Lauder A, et al. Critical review of a global campus sustainability ranking: GreenMetric [J]. Journal of Cleaner Production, 2015, 108 (852 – 863).

[97] Lozano R. Incorporation and institutionalization of SD into universities: Breaking through barriers to change [J]. J Clean Prod, 2006, 14 (787 – 796).

[98] Lozano R. The state of sustainability reporting in universities [J]. International Journal of Sustainability in Higher Education, 2011.

[99] Martin S and Jucker R. Educating earth-literate leaders [J].

Journal of Geography in Higher Education, 2005, 29 (1).

［100］Mazon, G, et al. The promotion of sustainable development in higher education institutions: top-down bottom-up or neither? ［J］. International Journal of Sustainability in Higher Education, 2020, 21 (7).

［101］McMillin J and Dyball R. Developing a whole-of-university approach to educating for sustainability: Linking curriculum, research and sustainable campus operations ［J］. Journal of education for sustainable development, 2009, 3 (1).

［102］Menon S and Suresh M. Synergizing education, research, campus operations, and community engagements towards sustainability in higher education: A literature review ［J］. International Journal of Sustainability in Higher Education, 2020, 21 (5).

［103］Mohamad Saleh M S, et al. The influence of sustainable branding and opinion leaders on international students' intention to study: a case of University Sains Malaysia ［J］. International Journal of Sustainability in Higher Education, 2022, 23 (3).

［104］Mosier S and Ruxton M. Sustainability university-community partnerships: Lessons for practitioners and scholars from highly sustainable communities ［J］. Environment and Planning C: Politics and Space, 2018, 36 (3).

［105］Nagy S and Veresne Somosi M. Students' Perceptions of Sustainable Universities in Hungary: An Importance – Performance Analysis ［J］. Amfiteatru Economic, 2020, 22 (54).

［106］Nejati M and Nejati M. Assessment of sustainable university factors from the perspective of university students ［J］. Journal of Cleaner production, 2013, 48.

［107］Oyama K, et al. Transition to sustainability in macro-universities: The experience of the National Autonomous University of Mexico (UNAM) ［J］. Sustainability, 2018, 10 (12).

[108] Ramos T B, et al. Experiences from the implementation of sustainable development in higher education institutions: Environmental Management for Sustainable Universities [J]. Journal of Cleaner Production, 2015, 106.

[109] Ress, W E and Mathis W. Ecological footprints and appropriated carrying capacity: Measuring the natural capital requirements of the human economy [J]. Environment & Urbanization, 1992, 4 (2).

[110] Roefie H and Lucas R. Broad sustainability contra sustainability: the proper construction of sustainability indicators [J]. Ecological Economics, 2004, 50 (3 −4).

[111] Roorda, N. Assessment Instrument for Sustainability in Higher Education [M]. Atichting Duurzaam Hoger Onderwijs (DHO): Amsterdam, The Netherlands, 2001.

[112] Şerban E C, et al. Sustainable Universities, from indifference to joint action—A panel data analysis [J]. Amfiteatru Econ, 2020, 22.

[113] Shriberg M. Assessing sustainability: criteria, tools, and implications [M]. In Higher education and the challenge of sustainability, 2004.

[114] Sonetti, G, et al. True green and sustainable university campuses? Toward a clusters approach [J]. Sustainability, 2016, 8 (1).

[115] Stoian C E, et al. A comparative analysis of the use of the concept of sustainability in the Romanian top universities' strategic plans [J]. Sustainability, 2021, 13 (19).

[116] Suwartha N and Sari R F. Evaluating UI Green Metric as a tool to support green universities development: assessment of the year 2011 ranking [J]. Journal of Cleaner Production, 2013, 61 (46 −53).

[117] Tumbas P, et al. Sustainable university: assessment tools, factors, measures and model [R]. In Conference paper, 2015.

[118] Velazquez L, et al. Sustainable university: what can be the matter? [J]. Journal of cleaner production, 2006, 14 (9 −11).

［119］ Williams Rachel. Greenwich tops the university Green League ［R］. London： The Guardian, 2012.

［120］ Wright T and Horst N. Exploring the ambiguity： what faculty leaders really think of sustainability in higher education ［J］. International Journal of Sustainability in higher education, 2013, 14 （2）.

［121］ Wright T S A and Wilton H. Facilities management directors' conceptualizations of sustainability in higher education ［J］. Journal of Cleaner Production, 2012, 31.

［122］ Yarime M and Tanaka Y. The Issues and Methodologies in Sustainability Assessment Tools for Higher Education Institutions ［J］. A Review of Recent Trends and Future Challenges, 2012, 6 （1）.

［123］ Zahid M, et al. A step towards sustainable university： A case of university technology PETRONAS （UTP） Malaysia ［J］. Global Business and Management Research, 2017, 9 （1s）.